Die Memoiren des Hu Ningsheng

Hu Ningsheng

Die Memoiren des Hu Ningsheng

Vom Sitzenbleiber zum Spitzenforscher

Studium, Forschung, Erlebnisse und Anekdotisches

aus dem Chinesischen übersetzt von Konrad Herrmann

Inhalt

Vorwort

Kapitel 1 Unwissende Kinderjahre
Meine Kinderjahre 9
Vorstellung der chinesisch-westlichen Mädchen-Mittelschule. 10
Die der chinesisch-westlichen Mädchen-Mittelschule angegliederte Grundschule 10
Hymne der chinesisch-westlichen Mädchen-Mittelschule 11
Schwester Zhang erzählt von der chinesisch-westlichen Mädchen-Mittelschule. 12
Ausbildung von Selbstvertrauen 14
Weiteres über die der chinesisch-westlichen Mädchen-Mittelschule
angegliederte Grundschule 15

Kapitel 2 „Man möchte, dass ich lerne" oder „Ich muss lernen"
Die Ansichten des Kindes zum Lernen 18
Das Ende eines englischen Pressezars. 19
Meine Ansichten zum Lernen kleiner Kinder 21
Ein amerikanischer Lehrer gibt einem Grundschüler ein Aufsatzthema. 23

Kapitel 3 Die Zeit in der Armeeschule
Eintritt zum Studium in der Universität für Militärpolitik 24
Blick aus heutiger Sicht auf die Probleme des naturwissenschaftlichen
Unterrichts in der Armeeschule. 25
Das Vermögen der Verfahren der Näherungsrechnung. 26

Kapitel 4 Leben als Student und Lehrer in der Schule der Luftstreitkräfte
Als Student in der Schule der Luftstreitkräfte 27
Reiche Ernte in der Schule der Luftstreitkräfte 28
Ein Studium wie das Aufsaugen von Wasser durch einen Schwamm 29
Die Situation der Lehrkräfte beim Aufstand. 29
Beginn des Selbststudiums. 30
Verlauf und Verständnis des Selbststudiums 32
Über das Selbststudium des Märchenkönigs Zheng Yuanjie 40
Der Zustand, dass Kinder zu Lernrobotern werden, muss sich ändern 41
Die Perspektive von Personen in China, die durch Selbststudium ihre
Talente ausbilden 43
Ich verlasse die Schule der Luftstreitkräfte 44

Kapitel 5 Verlauf des Studiums an der Nanjing-Universität und Arbeit im Werk für astronomische Geräte
Beginn des Studiums der Astronomie 46
Eintreten gegen die Rechtsabweichler-Bewegung. 46
Großes Stahlschmelzen und Großer Sprung voran. 47

Zum Werk für astronomische Geräte Nanjing der Academia Sinica 48
Ein erster Erfolg. 48
Entwicklung und Herstellung der Ausrüstungen für den Start von Chinas
ersten künstlichen Satelliten – Optischer Trackingtheodolit 51
Untersuchung der Genauigkeit eines astrometrischen Geräts 53
Der Rädelsführer des astrometrischen Fehlers ist gefunden 54
Wie ich die Schwierigkeiten der englischen Sprache meisterte 56
Die Neuerung bei der Entwicklung und Herstellung eines
fotoelektrischen Astrolabiums 59
Das Verschwinden der erdgestützten Astrometrie 62
Beginn der Untersuchungen für ein Gerät zur Beobachtung der Sonne 63
Wie ich diplomatisch aktiv wurde 67
Eine Begebenheit, wie Frau Meinel China missverstanden hatte 68

Kapitel 6 Arbeit nach der Pensionierung
Gründung eines Entwicklungsinstituts für neue Erzeugnisse 71
Ein übernommenes Projekt höchster Genauigkeit: Entwicklung eines
drehmomentgesteuerten Gyroskops 73
Das japanische Forschungsinstitut für Kosmoswissenschaften, in dem man
keine Vorstellung vom Klassenkampf hat 74
Notiz, wie ich bei der Begutachtung zum Akademiemitglied durchfiel 77

Kapitel 7 Verfassen populärwissenschaftlicher Bücher
Lösung mehrerer im Weltmaßstab schwieriger Probleme der Mechanik:
Das Rätsel der Linien von Nazca 78
Warum haben Insekten sechs Beine? 80
Lösung des Geheimnisses um Zhang Hengs 1.800 Jahre altes Seismometer 81
Die Lüftung des Geheimnisse um Zhang Hengs Seismometer 82
Mechanisches Prinzip der empfindlichen Schwingungsprüfung mit einer stehenden
Säule: Bedingung, dass die empfindliche stehende Säule stehenbleiben kann 85
Vorstellung des Experiments der Schwingungsprüfung mit einer stehenden Säule 87
Korrekte Erklärung der Stabilität eines Fahrrads. 89

Kapitel 8 Anekdotisches
Erlebtes aus den politischen Kampagnen 93
Anekdoten aus der Welt der Astronomie 102
Anekdoten aus dem früheren Leben 107

Anhang
Analyse des Netzes zum Einfangen von Flugzeugen 129
Das Potential der Verfahren der Näherungsrechnung. 130
Über einige Besonderheiten von Bombenflugzeugen 131
Die Besonderheiten des Bombardierens aus der Luft 133
Maßnahmen, um in den Flügeln der Flugzeuge Eisbildung zu verhindern 136

Ein Flugmotor, der die Vollkommenheit anstrebt 137
Ein Teleskop zur Beobachtung der Bahnen von Satelliten 138
Prinzipien der Beobachtung der Bahnen von Satelliten 139
Verbesserung der Konstruktion des schrägen Achslagers eines Teleskops 141
Materialien über die Forschung des Autors zur Rekonstruktion von
Zhang Hengs Seismometer. 145
Der gebührende Platz von Zhang Heng in der Weltgeschichte von Wissenschaft
und Technologie 147
Ein Vorschlag zur Propagierung von Zhang Hengs Seismometer, um den Ruhm der
Erfolge von Wissenschaft und Technologie in Chinas Altertum zu mehren 153

Über den Autor 159

Vorwort

Dieses Buch ist ein autobiografisches Tatsachenbuch. Ich empfehle, gestützt auf persönliches Erleben, den Familienvorständen: Wenn Kinder in der Grundschule keine guten Ergebnisse erzielen, ist das nicht so schlimm (Jack Ma, der Gründer des Internetverkaufsportals Alibaba, hat das im Jahr 2017 auch gesagt!). Wenn er oder sie, erwachsen geworden, die in der Praxis erfolgreiche Methode des fleißigen Selbststudiums anwendet, kann man immer noch seine Talente ausbilden.

In diesem Buch werden zahlreiche Forschungen vorgestellt, die ich selbst betrieben habe. Weil sehr wenige Menschen öffentlich die Forschungserfahrungen eines ganzen Lebens zusammenfassen können, ist dieses Buch wohl eine sehr geeignete Lektüre für Studenten und Aspiranten der Natur- und Ingenieurwissenschaften. Für Studenten der Geisteswissenschaften kann es hingegen schwieriger sein, die zahlreichen wissenschaftlich-technischen Inhalte zu verstehen. Sie brauchen die im Anhang zusammengestellten Materialien nicht unbedingt zu lesen. Dann schlage ich vor, dass man den Inhalt der Lehrfächer für die Schüler stark kürzen sollte, damit sie sich aus dem Meer der Bitternis unaufhörlichen Lernens, in dem sie leben, befreien. Zugleich zeige ich, dass Menschen, die in China durch Selbststudium zu Talenten wurden, eine helle Perspektive haben.

Ich glaube, dass die Leser noch nicht eine Autobiografie gelesen haben, die mit Anekdoten abgeschlossen wird. Man erzählt sich, dass, nachdem dieses Buch erschienen war, in einer gewissen Stadt ein Immobilienhändler und der Direktor einer berühmten Schule gemeinsam eine Veranstaltung organisierten, um eigens über dieses Buch zu diskutieren. Weil dieses Buch behauptet, ein Grundschüler müsse nicht eine berühmte Schule besuchen und sogar das Sitzenbleiben sei nicht schlimm, könne er dennoch in der Zukunft seine Talente ausbilden. Wenn die Leser, so der Immobilienhändler, seiner Irrlehre Glauben schenken, dann müssten für das Geschäft berühmter Schulen große Rabatte gewährt werden, und außerdem würden die Mieten für die Schülerinternate ins Bodenlose fallen. Eine unerträgliche Vorstellung! Nach der Veranstaltung wurde eigens gleich ein Fräulein aktiv, indem sie die Berechtigung der Bezeichnung „Spitzenforscher", die der Autor sich selbst verliehen hatte, überprüfte. Da er kein Akademiemitglied ist, sollte es unschwer zu beweisen sein, dass es bei ihm nicht zum „Spitzenforscher" reichte, dann könnte seine „Irrlehre" als Ganzes zurückgewiesen werden und sein Buch würde zu einem Haufen Papierabfall werden.

Nach einem Monat hieß es in dem Bericht, den das Fräulein lieferte, dass aufgrund der Überprüfung nun klar sei, dass der Autor tatsächlich als „Spitzenforscher" zu gelten habe, dass er sogar der Weltspitze angehöre. Sein Niveau reiche an den größten Wissenschaftler in der Geschichte Chinas, Zhang Heng, heran, als sei er dessen Wiedergeburt, obwohl er das selbst nie behauptet habe. Offensichtlich ist es unmöglich, dieses Buch zu negieren. Aber das Fräulein hatte dennoch einen Gegenvorschlag, nämlich, dass der Verband der Immobilienhändler, denen das Geld locker sitzt, das verdammte Buch zu einem hohen Preis vollständig aufkauft und sofort in die Papierfabrik schickt, um daraus Pulpe zu machen. „Wie viel sie auch drucken, so viel werden wir aufkaufen. Wir wollen doch sehen, wer hier wen in die Knie zwingt!"

Hu Ningsheng, im Oktober 2017
E-Mail: 13809031359@163.com

Kapitel 1

Unwissende Kinderjahre

Meine Kinderjahre

Ich bin in einer Gelehrtenfamilie aufgewachsen, die man wirtschaftlich der Mittel- oder Oberklasse zurechnen kann. Mein Vater war Journalist und meine Mutter eine Intellektuelle, die ein Lehrerbildungsinstitut absolviert hatte. Ich hatte fünf Geschwister. Wir bewohnten im westlichen Abschnitt der Yan'an-Straße Shanghais ein ausländisches, dreistöckiges Haus in einer westlich anmutenden Gasse. Der deutliche Unterschied zwischen einer westlich anmutenden Gasse und einer Gasse chinesischer Shikumen-Häuser[1] ist folgender: Das große Tor eines Shikumen-Hauses ist fest verschlossen, sodass es Passanten unmöglich ist, einen Blick von jenseits der Mauer zu erhaschen, während unser Haus in einer westlichen Gasse ein kleiner Vorgarten ziert. So können die Passanten durch das eiserne Zaungitter ungehindert jeden Baum und Strauch im Gärtchen beschauen. Der Zaun unseres Hauses war ganz mit blühenden Osmanthus-Sträuchern bewachsen. Jedes Mal im Frühling kontrastierten die Mauern mit vielen kleinen Blüten, die einen betäubenden Duft verströmten.

Damals arbeitete mein Vater außerhalb, sodass ich ihn selten sah. Der Haushalt wurde völlig von der Tante väterlicherseits besorgt. Sie hatte in der Kindheit ihren Vater verloren und musste von der Stiefmutter viel Bitteres schlucken. Als sie vom Lande im Dorf Hucun in unserem Haus Zuflucht suchte, war sie erst 17 Jahre alt, doch sie hatte schon viel Lebenserfahrung. Sie besaß nicht nur ein gütiges Herz, sonders wusste auch, mit Menschen umzugehen und Probleme zu lösen.

Das war in den Vierzigerjahren des vorigen Jahrhunderts. Die sogenannte „kaiserliche Armee" Japans hatte Shanghai besetzt, doch alle Angelegenheiten der Stadtregierung wurden von der Marionettenregierung Wang Jingweis[2] behandelt. In der Stadt konnte man oberflächlich nicht spüren, dass wir uns im Krieg befanden, nur gelegentlich sah man auf der Straße einen Armen, der tot umgefallen war, aber die Leichen wurden bald mit einem Pferdewagen abgeholt, der aus dem Bergdorf Pushan-Shanzhuang kam.

---

1 Ein traditioneller Hausbaustil in Shanghai, in dem westliche und chinesische Elemente miteinander verknüpft sind
2 Wang Jingwei (1883 – 1944) war ein enger Gefolgsmann von Sun Yatsen in der Guomindang. Nach Suns Tod verlor er den Machtkampf gegen Tschiang Kaischek. Er gehörte ursprünglich zum linken Flügel der Guomindang. Nach dem Ausbruch des Krieges mit Japan nahm er eine Einladung Japans an, Präsident der von Japan besetzten Teile Chinas in Nanjing zu werden. Er starb an einer Wunde, die ihm bei einem Attentat im Jahre 1939 beigebracht wurde. Wang Jingwei wird in China allgemein als Verräter Nr. 1 im Antijapanischen Widerstandskrieg angesehen.

Vorstellung der chinesisch-westlichen Mädchen-Mittelschule

Eine Gelehrtenfamilie konnte natürlich ihre Kinder auf die bestmögliche Schule schicken, auch wenn das Schulgeld sehr hoch war. So hatte ich das Glück, in der Grundschule eingeschult zu werden, die der chinesisch-westlichen Mädchen-Mittelschule von Shanghai, der berühmtesten des modernen Chinas, angegliedert war. Obwohl es sich um eine Mädchen-Mittelschule handelte, nahm aber die Grundschule ebenso auch Jungen auf, wahrscheinlich weil zwischen Jungen und Mädchen im Kindesalter noch kein großer Unterschied besteht. Dass es zwischen Jungen und Mädchen zu keinem direkten Kontakt kam, wurde auch von den Ausländern beachtet. Wen wundert es, wenn die Engländer bei einem Baby nicht von Junge oder Mädchen sprechen, sondern es immer mit dem neutralen „es" bezeichnen?

Es ist es wert, auf die chinesisch-westliche Mädchen-Mittelschule einzugehen. Sie wurde im Jahre 1892 von der amerikanischen katholischen Gesellschaft gegründet. Außer den Chinesisch-Stunden wurde eine vollkommen amerikanische Erziehung praktiziert. Die Schülerinnen der Mittelschule mussten in der Schule wohnen. Obwohl Verwaltung und Erziehung streng waren, herrschte doch ein sehr humanes Klima, sodass die Schulkameraden auch nach mehreren Jahrzehnten alle bestätigten, sie hätten die glücklichste Zeit ihres Lebens in der chinesisch-westlichen Mädchen-Mittelschule verbracht. Diese Schule erzog in jenen hübschen, verwöhnten, reichen adligen Fräulein sowohl eine kulturelle Bildung als auch noble Anlagen. Man kann sich die Schwierigkeiten vorstellen, bis solche prominenten Schönheiten das Leben meistern können.

Zuerst wurde die Liebe zur Arbeit anerzogen. Darum mussten die Schüler die Schlafräume selbst aufräumen, und jemand kontrollierte immer, ob der Boden richtig eingesprengt wurde. Die Fräulein hatten alle von zu Hause verschiedenes Naschwerk mitgebracht, aber es war ihnen nur erlaubt, es in einer halbstündigen Pause zu essen, wenn es Tee und Gebäck gab, und es zu genießen. Es war nicht daran zu denken, dass die Mädchen sich schminkten. Beim Empfang von Gästen waren, was Männer anging, außer dem Vater selbst Cousins nicht erlaubt. Beim Lernen wurden verschiedene wirksame Methoden praktiziert, ohne die Schüler unter Druck zu setzen. Eine Schulkameradin erinnerte sich, dass sie bis zum Abgang nach der dritten Klasse der Oberschule keine einzige Prüfung zu absolvieren hatte. Die Lehrer beurteilten stets die alltäglichen Ergebnisse der Schüler.

Die der chinesisch-westlichen Mädchen-Mittelschule angegliederte Grundschule

Ich hatte ab der dritten Klasse der Grundschule Englischunterricht. Wir benutzten ein Lehrbuch für amerikanische Grundschüler, eingebunden und bunt bebildert. Dieses Lehrbuch hatte die Schule an uns ausgeliehen. Nach dem Schuljahr sammelte die Schule die Lehrbücher wieder ein, um sie im nächsten Schuljahr den neuen Schülern zu übergeben. Ich erinnere mich, dass der Englischunterricht damals wie ein Gesellschaftsspiel ablief. Sagte der Lehrer „happy", dann musste der Schüler, der vor der Brust eine Tafel mit diesen Buchstaben trug, nach vorn kommen und die Buchstaben in der richtigen Reihenfolge anordnen. So kann man wirklich mit halber Anstrengung doppelten Erfolg erzielen.

Zum Mittagessen betraten die Schüler im Gänsemarsch den Speiseraum, es erklang vornehme Klaviermusik, denn der Musiklehrer aß nicht mit. Jeder nahm sich einen Teller und selbst das Essen. Die Bibel hatte uns gelehrt, dass das Korn von Gott gegeben sei. Darum wurde das Erntedankfest gefeiert, außerdem musste der Bauer Schweiß vergießen, um zu säen, darum durfte man nichts verschwenden. Es war nicht erlaubt, auch nur eine halbe Schnitte Brot übrigzulassen. Beim Essen durfte nicht geredet und mit dem Besteck nicht geklappert werden. Viele Jahre danach, als ich in der Luftwaffenschule der Volksbefreiungsarmee mit Angehörigen der Luftwaffe, die sich gegen die Guomindang[3] erhoben hatten, Lehrer war, erfuhr ich von ihnen, dass die Flieger der Guomindang beim Essen zu schweigen hatten. Gab es einmal einen Laut, stand sofort der Kompanieführer auf und rief: „Wer war das?"

Aber ich habe jetzt über die Wirksamkeit der Sitten beim Essen so meine Zweifel. Wie berichtet, wurde an einem Tag im Jahre 1953 über Korea der Pilot Fischer[4], die „doppelte Trumpfkarte" der amerikanischen Armee – er beherrschte natürlich den Brauch des sittlichen Gebrauchs des Bestecks – von dem jungen Piloten Han Decai der chinesischen Volksfreiwilligenarmee, der beim Essen immer gern schwatzte, abgeschossen. Nachdem er mit einem Fallschirm abgesprungen war, wurde er gefangen genommen. Mehrere Jahrzehnte später haben sich Fischer und Han Decai in China freundschaftlich getroffen.

Hymne der chinesisch-westlichen Mädchen-Mittelschule

In der Schule fand jede Woche ein Gottesdienst statt, aber ich achtete nicht darauf, was der Pfarrer predigte. Ich erinnere mich nur, dass von meinem Nachbarplatz ein an einem Stock hängender tiefer Beutel herübergereicht wurde. Wenn du Geld spenden wolltest, konntest du es in den Beutel tun, und dann hast du den Beutel zum nächsten weitergereicht. Damals hatte ich mir immer Gedanken gemacht, ob vielleicht jemand nicht nur nichts in den Beutel tun würde, sondern das Geld daraus stehlen könnte. Zum Abschluss des Gottesdienstes sangen wir die Schulhymne. Diese Schulhymne, die Hymne der chinesisch-westlichen Mädchen-Mittelschule, hatte noch mehr Schwung als die der Universität. Sie ging so:

An den Ufern des Yangzijiang, am Huangpu-Fluss
steht eine Mädchenschule, die die Welt beglänzt.
Frühlingswind weht mild im Lesesaal,
die Lehrer schreiten aufrecht.

---

3   Die Guomindang (Nationalistische Partei Chinas) ging aus der Revolutionären Allianz (Tongmenghui) hervor. Kurz nach der Revolution von 1911 wurde die Guomindang von Sun Yatsen gegründet. Nach dem Tod Sun Yatsens im Jahre 1925 errang Tschiang Kaischek die Macht in der Partei. Die Guomindang existiert noch heute auf Taiwan.

4   Harold E. Fischer (1925 – 2009) war ein Pilot der US Air Force, der im Zweiten Weltkrieg, im Koreakrieg und im Vietnamkrieg diente. 1953 wurde er nördlich des Yalu-Flusses über chinesischem Territorium abgeschossen und in einem chinesischen Gefängnis interniert. Er wurde erst 1955 freigelassen.

Jung wachsen wir lernend auf, Volkes Hoffnung,
Talente des Landes, Stützen des Staats.
Wir sammeln China, tragen es nach draußen, korrekt und ernst.
Mit dem studierten Wissen sorgen wir für Rechtlichkeit.
Wir wollen Körper und Seele gesund und stark.
Berühmt in China und im Westen ist dieser Bildung Hort,
die Regeln der Schule sind weich und fest.
Wir wollen die Sitten ändern, dass sie rein und gut.
Der Geist ist ewig, die Zeit ist lang,
fleißig und unentwegt heben wir ihren Namen hoch,
unsere Mädchenschule soll hundert Generationen blühen,
unsere Schule soll ewig leben!

Wie historische Dokumente belegen, wurde das ewige Leben im chinesischen Altertum erfunden ... Obwohl die Schule immer wieder das ewige Leben besang, hatte die katholische Gesellschaft im Jahre 1952 die chinesisch-westliche Mädchen-Mittelschule doch an die Behörden der chinesischen Seite übergeben, und mit einer anderen zweiten Schule wurde sie zur dritten Mädchen-Mittelschule vereinigt.

Da man eine so großartige Schulhymne besaß, musste man schon einige hervorragende Schönheiten heranziehen – aber die chinesisch-westliche Mädchen-Mittelschule hat gleich Zehntausende berühmte Schülerinnen ausgebildet. Unter ihnen war neben einigen Prominenten auch eine Vorsitzende des Staates. Diese Absolventin war Song Qingling[5], doch auch ihre ältere sowie ihre jüngere Schwester Song Ailing[6] und Song Meiling[7] besuchten diese Schule. Unter den berühmten Schülern befand sich die Literatin Zhang Ailing[8]. Es bedarf nur eines Satzes, um Zhang Ailing vorzustellen. Jemand pries, ihr Niveau des Chinesischen und des Englischen wären ebenbürtig gewesen. Ein anderer rühmte, da man sie hat, kann die Erdkugel sechs verschiedene Schwingungen erzeugen.[9]

Schwester Zhang erzählt von der chinesisch-westlichen Mädchen-Mittelschule

Die Enkelin des Herrn Zhang Yuanji, Begründer des Verlags Commercial Press, deren ehrenwerter Name mir leider unbekannt ist, ist eine Schulkameradin der chinesisch-westlichen

---

5   Song Qingling (1893 – 1981) war eine der drei Song-Schwestern, die Töchter von Sun Yatsen waren. Song Qingling schloss sich den Kommunisten an und wurde 1949 zur stellvertretenden Vorsitzenden der Zentralregierung der VR China gewählt.
6   Song Ailing (1890 – 1973) war die älteste der drei Song-Schwestern, sie war mit dem reichsten Mann Chinas, H.H. Kung, verheiratet.
7   Song Meiling (1897 – 2003) war die zweite Ehefrau von Chiang Kaischek und übte als „Madame Chiang Kaischek" großen politischen Einfluss aus.
8   Zhang Ailing (1920 – 1995) war eine berühmte chinesische Schriftstellerin.
9   Da man sie hat, kann die Erde sechs verschiedene Schwingungen erzeugen. Die Erde vollführt fünf verschiedene Oszillationen. Die sechste wird durch Zhang Ailing ausgelöst.

Mädchenschule. Im Internet hatte sie den Bericht „Die chinesisch-westliche Mädchen-Mittelschule lehrte mich …" veröffentlicht, der ihre persönlichen Erfahrungen widerspiegelt. Ich zitiere kühn den ganzen Aufsatz:

„Ich, Schwester Zhang, habe ab der vierten Klasse, als ich der der chinesisch-westlichen Mädchen-Mittelschule angegliederten Grundschule beitrat, bis zum Jahr 1947, als ich die Oberschule absolvierte, kein einziges Mal eine Prüfung gemacht, nicht die Feuertaufe des Eintritts in die Grundschule, des Übertritts von der Grund- in die Mittelschule, noch nicht einmal Prüfungen der Art ‚beim Überwinden der fünf Pässe werden sechs Generäle enthauptet'[10], wie die Zwischenprüfung in der Mittelschule oder die Abschlussprüfung. Unser Resultat war die Summe der an normalen Tagen erhaltenen Punkte, einschließlich kleine Tests und Versuche durchführen, Aufsätze und Wochenberichte schreiben, schriftliche Berichte lesen, Vorträge halten, Theater spielen, das Benehmen, die Fähigkeit des Handelns und anderer zusammengefasster Resultate. Wenn ich sehe, wie heutzutage die Nachbarskinder angestrengt büffeln, schätze ich mich glücklich, dass die eigene Mittelschulzeit meine fröhlichste im ganzen Leben und zugleich die goldene Zeit war, in der ich am meisten in mir aufgenommen habe.

Als ich in die Schule kam, sagte mir eine Schulkameradin aus einer höheren Klasse, dass, wenn ich einen Lehrer und Mitschüler sehe, ich sie höflich begrüßen sollte. ‚Danke' und ‚Verzeihung' wären die wesentlichen Worte über die Art, mit Menschen umzugehen. Einst hatte ich den Film ‚Die letzten Adligen' gesehen, in dem die chinesisch-westliche Mädchen-Mittelschule gefilmt war. In dem Film waren die Schülerinnen als verhätschelte adlige Fräulein dargestellt, sie trugen hochhackige Schuhe, sie hatten sich bei Freunden eingehakt und tanzten beschwingt. Wer wüsste nicht, dass es in der chinesisch-westlichen Mädchen-Mittelschule nicht erlaubt war, dass sich die Schülerinnen luxuriös kleideten, noch weniger war es erlaubt, sich zu schminken! Wenn ein Lehrer einmal entdeckte, dass eine Mitschülerin rote Fingernägel hatte, dann befahl er ihr vor versammelter Mannschaft, dass sie erst zum Unterricht zurückkehren könnte, nachdem sie die rote Farbe entfernt hatte. Dann hatten wir eine Mitschülerin, deren Onkel ihr einen zweiseitig tragbaren Mantel geschenkt hatte. Die eine Seite war in einem leuchtenden Grün und die andere Seite schwarz gehalten. Immer trug sie nur die schwarze Seite, weil sie fürchtete, dass das frische Grün zu auffällig wäre.

Die Strenge der Erziehung in der Schule erfasste alle Seiten des Lebens. Wenn wir zum Beispiel ausgingen, verlangte die Sitte, anderen den Vortritt zu lassen; wenn man husten oder niesen musste, hatte man ein Taschentuch vor Mund und Nase zu halten; wenn man durch das Klassenzimmer oder die Bibliothek ging, hatte man sich auf die Zehenspitzen zu stellen, noch weniger durfte man durch lautes Reden die anderen stören. Alles in allem sollte man stets an die anderen denken. Von zu Hause mitgebrachtes Naschwerk durfte man nicht in den Schlafraum mitnehmen, in der Regel wurde es deshalb im ‚Speiseraum' eingeschlossen. Jeden Tag nach dem Unterricht von vier bis halb fünf war die einzige Zeit, um Naschereien zu essen. Damals wohnten wir alle in der Schule. Die Forderungen

---

10 Anspielung auf eine Geschichte im Roman „Die Drei Reiche". Sie erzählt, wie Guan Yu zahlreiche Schwierigkeiten überwindet, um seinen Widersacher Cao Cao in Bedrängnis zu bringen.

an Hygiene und Sauberkeit im Schlafraum waren noch strenger. Obwohl das alles nur Kleinigkeiten sind, spiegeln sie aber gut die Lebensgewohnheiten wider und zeigen, ob ein Schüler Erziehung genossen hat.

Ausbildung von Selbstvertrauen

Die chinesisch-westliche Mädchen-Mittelschule übertraf aufgrund ihres hervorragenden Englischunterrichts immer wieder die anderen Schulen und war deshalb berühmt. Man kann sich vielleicht schwer vorstellen, dass wir damals keine speziell für den Englischunterricht redigierten Lehrmaterialien hatten, noch weniger gab es Bücher der englischen Grammatik; wir lasen Romane der klassischen Literatur in englischen Originalausgaben, die unteren Klassen lasen Märchen und Geschichten. Shakespeares Dramen waren unser Lehrbuch in der Oberschule. Der Lehrer behandelte die Kapitel mit ausgesuchten Schwerpunkten in der Klasse, die übrigen Teile lasen wir als Hausaufgabe. Grammatik, Morphologie usw. wurden im Verlaufe der behandelten Texte zusammengefasst durchgenommen. Der Lehrer leitete uns an, unter dem Aspekt der Literatur den Text zu verstehen und zu genießen. Oft ließ er uns den Text ins Herz aufnehmen. Anhand dieser klassischen Werke konnten wir nicht nur eine sinnliche Erkenntnis vom Reichtum der englischen Sprache in uns aufnehmen, noch mehr erweiterten wir unseren Horizont, erfuhren von der Kultur, der Geschichte, der Humanität und den Sitten des Westens. So lernten wir, wie man die Ideen in englischer Sprache nutzen und die Ausdrucksformen der englischen Sprache anpassen kann, um englische Aufsätze oder Berichte über gelesene Bücher zu schreiben.

Die Übungen waren vielfältig. Nach dem Vorbild der Originalwerke verfassten wir eigene kleine Geschichten oder verwandelten einzelne Kapitel von Originalwerken in kurze Theaterstücke. Der Lehrer ließ uns oft unsere selbst geschriebenen Geschichten vor der Klasse vortragen. Ich erinnere mich, dass, als ich das erste Mal vor der Klasse eine Geschichte vortrug, ich angesichts der konzentrierten Blicke aller Klassenkameradinnen vor Schreck am ganzen Körper zu zittern anfing. Aber diese Art Übung trug einen ständigen Charakter. Mit der Zeit wurde das Halten von Vorträgen oder das Theaterspielen vor der Klasse zu etwas Alltäglichem, sodass der gelernte Wortschatz, die Grammatik, sogar die Aussprache, die Ausdrücke sich in lebendiges Wissen verwandelten. Im Wesentlichen mussten wir nicht etwas stur auswendig lernen. In der Schule hatten wir eine sehr gute Bibliothek mit offenen Regalen. Die Lehrer ermutigten uns, viel zu lesen. Das wesentliche Prinzip der chinesisch-westlichen Erziehung bestand darin, die Denkfähigkeit der Schüler auszubilden und das Potential, dass wir uns selbstbewusst Wissen aneignen, zu wecken. Zum Beispiel legte der Lehrer bei Aufsätzen oft nur das Genre fest: entweder eine Erzählung oder eine Beschreibung oder eine Erörterung, aber hinsichtlich des Inhalts legte er niemals irgendetwas fest. Das war ganz anders als die heutzutage allgemein praktizierte Erziehung nach dem Muster einer Gänsemast und den sogenannten ‚Standardantworten'.

Wenn ich mich an die damaligen Jahre erinnere, hatte die chinesisch-westliche Mädchen-Mittelschule von klein auf in uns Selbstvertrauen ausgebildet, unabhängig zu denken, sie erzog uns zu einem guten Verhalten, ‚ehrlich aufzutreten und realistisch zu handeln'. Die Fähigkeiten eines Menschen haben Vorzüge und Schwächen, aber im Bereich der eigenen Fähigkeiten besitzen wir ein starkes Pflichtbewusstsein, angesichts von Herausforderungen sind wir mutig. Dieser Grundsatz des Unterrichts kann bei Weitem nicht mit dem heutigen Streben nach einem hohen Grad der Aufnahme von der Schule in die Universität und dem Nützlichkeitsdenken, hohe Unterstützungsgelder einzufordern, erreicht werden."

Der zitierte Aufsatz von Schwester Zhang endet hier. Wir danken Schwester Zhang, dass sie ihre Erkenntnisse mit uns teilte.

Weiteres über die der chinesisch-westlichen Mädchen-Mittelschule angegliederte Grundschule

Obwohl ich (Hu) in eine so gute Schule eintrat, hatte ich keine Lust zum Lernen, im Unterricht hörte ich nicht aufmerksam zu. Darum kam sich der Lehrer der Sonderklasse so vor, als ob er einem Ochsen auf der Zither vorspielte. Nach dem Unterricht, auch bei kurzen Unterrichtspausen, konnten wir auf den Sportplatz rennen, um Fangen zu spielen. Um den Verfolger herauszufordern, zuerst mich zu verfolgen, wollten alle zuerst ihn verspotten. Kam die Reihe an mich, jemanden zu fangen, geschah es, dass jemand absichtlich laut vor mir rief: „Vor dir steht ein silbernes Auto!"

Ich war mehrere Jahre in der Grundschule, doch ich kann mich überhaupt nicht an eine Unterrichtssituation, aber noch an manche Spiele erinnern. So hatte ich einmal am Rande des Sportplatzes beobachtet, wie eine Biene aus einer Blüte Honig sog. Dann hatte ich mit den Fingern der Hände ihre beiden Flügel ergriffen. Ich wollte sie greifen, ohne dass sie mich stechen könnte. Gesagt, getan, aber ich hatte nicht bemerkt, dass ich nur einen Flügel hatte, sodass die Biene ihren Körper leicht herumdrehen konnte. Ich ließ dann die Biene fallen und nahm die Beine in die Hand. Aber zwei Beine sind nicht so schnell wie zwei kleine Flügel. Nachdem ich 50 Meter wie wild gerannt war, spürte ich im Nacken plötzlich einen jähen Schmerz. Obwohl ich mich vor Schmerz noch nicht krümmte, war ich nahe dran. Danach war es mir ganz unerklärlich, wie die Biene mit ihrem winzigen Köpfchen in einem Moment eine so komplizierte Entscheidung treffen konnte: „Ich muss ihn verfolgen und ihn erbarmungslos einmal stechen, auch wenn der Stachel meine Eingeweide herausreißt und ich dadurch das Leben verliere. Ich werde mich für das ganze Bienenvolk heldenmütig aufopfern. Heißt das nicht Ruhm, auch wenn ich sterbe? Ich werde den, wie sie sich selbst nennen, klügsten Tieren eine ernste Lektion erteilen: Auch wenn wir klein sind, darf man uns doch nicht quälen!"

Gewöhnlich schaute ein Lehrer am Rande des Sportplatzes zu, wie die Schüler spielten. Einmal sah ich, wie die Mama meines Mitschülers Xie Dasi den Lehrer aufsuchte. Als der Lehrer sagte, dass Xie Dasi im Unterricht sei, hörte ich nicht nur nicht auf ihn, sondern behelligte andere und trug Xie deshalb auf, er sollte darum bitten, den Unterricht verlassen zu dürfen. Als die Mama das hörte, veränderte sich plötzlich ihre Gesichtsfarbe. Damals erschütterte mich ihr trauriger Blick und ihr schamerfüllter und zugleich einschmeichelnder Ausdruck zutiefst, sodass seither in meinem ganzen Leben das, was mir völlig gegen den

Strich ging, war, jemanden unterwürfig um etwas zu bitten. Viele Jahre später hatte ein Kommilitone an der Universität die Gewohnheit, immer andere um etwas zu bitten. Jedes Mal, wenn er mich aufsuchte, besorgte ich mir einen gedünsteten Doufu[11] mit Salzgemüse (wir hatten das bereits so abgemacht). Das Übrige war leicht zu besprechen; nur wenn er glaubte, dass ich für ihn jemanden bitten sollte, war es zwecklos.

Meine Einstellung zum Lernen, es nicht ernst zu nehmen, führte dazu, dass ich in der ersten Klasse sitzenblieb, und in der dritten Klasse blieb ich noch einmal sitzen und wurde so zu einem zweimaligen Sitzenbleiber. So hatte ich bis zur fünften Klasse dahingelebt. Wenn ich zurückblicke, hatte ich doch einiges gelernt. Vor allem wenn ich Englisch hörte, war es mir nicht mehr fremd. In Mathematik konnte ich immerhin addieren, subtrahieren, multiplizieren und dividieren; hinsichtlich Sprache und Literatur konnte ich den Inhalt einer Zeitung vollständig verstehen, es gab nur eine Ausnahme: An einem Tag im Jahre 1946 vermeldete die Zeitung, dass morgen der Verräter Nr. 2 Chen Gongbo[12] erschossen werden würde, und sie veröffentlichte ein Gedicht, dass er vor der Hinrichtung verfasst hatte:

Blaugrüne Wellen türmen sich wie tausend Himmel,
die Abendsonne will sinken, aber noch bei den Menschen bleiben.
Ein leichtes Boot reißt erschrocken die Fische aus ihrem Traum,
in Schwärmen steigen sie aus den Wellen auf und fliegen wie Schwalben dahin.

Obwohl ich alle Schriftzeichen dieses Gedichts vollständig verstanden hatte, hatte ich aber seinen Sinn überhaupt nicht verstanden.[13]

Im Jahre 1947 suchte ich Zuflucht bei einem Verwandten, der in Hangzhou einen Porzellanladen führte. Dann bewarb ich mich mit einem falschen Nachweis über meinen Bildungsweg in einer neu gegründeten privaten Mittelschule, der Volkswohlfahrt-Mittelschule. Nach mehreren Tagen ging ich, um die Aufnahmeliste durchzusehen. Damals hatte ich wenig Selbstvertrauen und wie Hu Shi[14], der in früheren Jahren auf der Immatrikulationsliste für Studenten, die in Amerika auf Staatskosten studieren konnten, suchte ich vom Ende der Liste nach oben meinen Namen. Ich hatte damals schon eine ganze Weile gesucht, aber meinen Namen nicht gefunden und wurde innerlich schon ganz aufgeregt. Schließlich sah ich wider Erwarten meinen Namen am Kopf der Liste, und es war noch vermerkt, dass ich auf Staatskosten lernen könnte, aber ich brauchte einen Nachweis der Familie über den Armutsstatus. Jetzt atmete ich schließlich erleichtert auf. Ich dachte mir, dass man in einer namhaften Schule nicht umsonst gelernt hat und sich

---

11 Doufu ist ein Sojabohnenkäse, eine in China in zahlreichen Variationen sehr beliebte Speise.
12 Chen Gongbo (1892 – 1946) war ein chinesischer Politiker, der in der Endphase des Antijapanischen Widerstandskrieges als Nachfolger von Wang Jingwei Präsident der von den Japanern eingesetzten Marionettenregierung war. Als Verräter Nr. 2 nach Wang Jingwei wurde er im Jahre 1946 hingerichtet.
13 Das Gedicht drückt die Sehnsucht Chen Gongbos aus, noch leben zu wollen und dass sein politisches Streben von der Gesellschaft missverstanden worden ist (und er deshalb zu Unrecht hingerichtet wurde).
14 Hu Shi (1891 – 1962) war ein chinesischer Philosoph und Schriftsteller, er war der geistige Führer der demokratischen Bewegung des 4. Mai 1919.

so das hohe Niveau der der chinesisch-westlichen Mädchen-Mittelschule angegliederten Grundschule erklärt.

Die Volkswohlfahrt-Mittelschule fing gerade zu arbeiten an, sodass es in der ganzen Schule nur die erste Klasse der Mittelschule gab. Die Schule hatte noch nicht einmal eine offizielle Adresse, schließlich mietete man in einem geschlossenen kleinen Tempel eine Hälfte für die Klassenzimmer und das Schülerinternat. In der großen Tempelhalle lebten die Familienangehörigen von unteren Offizieren der Guomindang zur Miete. Sie fürchteten nicht, dass der Bodhisattva[15] sie Tag und Nacht beobachtete.

---

15 Im Buddhismus werden Bodhisattvas als nach höchster Erkenntnis strebende Wesen angesehen. Sie sind auf dem Weg, Buddhas zu werden.

Kapitel 2

„Man möchte, dass ich lerne" oder „Ich muss lernen"

Die Ansichten des Kindes zum Lernen

Alle wissen, dass einige Jugendliche und Kinder, ganz gleich wie geduldig und wohlwollend die Eltern warnen: „Wenn man sich von klein auf nicht bemüht, ärgert man sich im Alter umsonst", empfinden aber Kinder die Worte der Erwachsenen wie Wind am Ohr. Sie denken, wenn sie nicht zum einen Ohr hinein- und zum anderen Ohr hinausgehen, dann werden die Ohren in der Kälte steif, und die Worte fallen heraus!
Warum können Kinder selbst solche verständlichen Wahrheiten nicht begreifen? Ich meine, dass Kinder nicht etwa die Anteile von Glück und Unglück im zukünftigen Leben begreifen. Nur weil die Lebenserfahrung und das Denkvermögen eines Kindes noch nicht ausgereift sind, kann es passieren, dass die Dinge absolut nicht zum gewünschten Ergebnis führen. Zum Beispiel sind in den Augen eines Kindes seine Kenntnisse noch sehr oberflächlich. Obwohl es in der Gesellschaft unter den Menschen Unterschiede zwischen hoch und niedrig, arm und reich gibt, wissen Kinder noch nicht, wie groß die Unterschiede zwischen beiden sind.

Sehr wahrscheinlich besteht in den Augen eines Kindes zwischen einem Straßenfeger, mit dem die Erwachsenen es immer unter Druck setzen, und einem Firmenchef kein so großer Unterschied. Schau, kann ein Firmenchef dreimal mehr essen als ein gewöhnlicher Mensch? Der Firmenchef wird nur etwas besser essen. Obwohl er Markenkleidung tragen kann, wird aber der Straßenfeger im Winter nicht auch eine dicke Jacke tragen, um nicht zu frieren? Darum unterscheiden sich der Firmenchef und der Straßenfeger fast gar nicht. Wenn ich groß bin, muss ich mich nicht mit dem Lernen abplagen, um Firmenchef zu werden. Jetzt spiele ich lieber nach Lust und Laune. Denkt nicht, dass Straßenfeger zu werden mich schrecken könnte! (Wirklich, die jetzigen Computerspiele auf dem Handy kann man tatsächlich wunderbar spielen. Kein Wunder, dass Kinder sie so gern spielen, ohne müde zu werden, sogar dass sie nicht mehr aufhören können!)

Ein Kind kann über die Vor- und Nachteile der Dinge ziemlich vollständige Kenntnisse erst erlangen, nachdem es über eine bestimmte Zeit Lebenserfahrungen gesammelt hat. Ich meine, dass ein Jugendlicher erst, wenn er die Unterstufe der Mittelschule oder sogar die Oberschule absolviert hat, genügend soziale Erfahrungen besitzt und recht komplizierte Angelegenheiten analysieren kann. Entsprechend den eigenen Erfahrungen habe ich erst mit siebzehn, achtzehn Jahren die Notwendigkeit begriffen, mich selbst zu entwickeln. Nehmen wir das vorige Beispiel des Vergleichs zwischen dem Straßenfeger und dem Firmenchef. Für einen Erwachsenen besteht ein sehr großer Unterschied zwischen den beiden, weil eben nicht nur oberflächlich unterschieden wird. Zum Beispiel erhält der Firmenchef beim Einkommen das Hundertfache des Straßenfegers. Was das Wohnen angeht, lebt der Straßenfeger oft sehr dürftig, während der Firmenchef meist eine Villa mit Garten besitzt, außerdem hat er Diener. Es heißt, dass in Indien nur sechs Personen zu den Reichsten gehören, aber sie bewohnen ein 60-stöckiges Hochhaus und haben mehrere Hundert Bedienstete. Auf den übrigen Gebieten weiß man nicht, wie viel besser der Firmenchef gegenüber dem Straßenfeger gestellt ist. Der Firmenchef hat ein großes Gefolge, er kann sich ziemlich frei jeden Wunsch erfüllen, seine Kinder können die beste Ausbildung genießen und im Ausland studieren. Unsere Leute in Zhejiang haben einen Spruch: „Ist der Vater Beamter, genießt der Sohn das Glück, pflügt der Ochse das Feld, frisst das Pferd nur Gras." Es stimmt fürwahr, wenn ein Mensch das Dao erlangt, können sogar Hühner und Hunde zum Himmel aufsteigen! Außerdem kann ein Firmenchef ständig die ganze Welt bereisen. Wenn ein Familienangehöriger erkrankt, kann er die beste Therapie bekommen. Demgegenüber müssen sich der Straßenfeger und seine Kinder schinden, um ihr Leben zu bewältigen. Tatsächlich kann auch die Gesellschaft nicht die Arbeit des Straßenfegers verringern. Einst gab es eine Nachrichtenmeldung: In einer Stadt im Ausland streikten die Arbeiter im Bereich von Umwelt und Hygiene. Das Ergebnis war, dass die ganze Stadt zu einer Müllkippe wurde, die Einwohner konnten nicht mehr normal leben. Aber zum Vergleich kann der Beitrag eines Firmenchefs größer sein, er muss den normalen Betrieb eines ganzen Unternehmens leiten, zumindest muss er für das öffentliche Wohl freigebig spenden.

Bei dieser Gelegenheit soll gesagt sein, dass in der heutigen Welt nur die Jugend in den Entwicklungsländern noch davon träumt, eines Tages Firmenchef werden zu können. Die Jugend in Japan hatte vor fünfzig Jahren auch so geträumt, aber nachdem mit der Popularisierung des Fernsehens die japanische Jugend viele Serien gesehen hatte, fand sie, dass die Firmenchefs in den Filmen alle in ständige Intrigenspiele verwickelt waren, die ihre Existenz bedrohen. Der seelische Druck, dem sie ausgesetzt sind, übersteigt bei Weitem den gewöhnlicher Menschen. Sie erfahren nicht nur psychisches Leid, und wenn es nicht gut läuft, können sie gezwungen sein, sich aus dem Fenster zu stürzen. Darum will die heutige Jugend in Japan lieber wie gewöhnliche Menschen leben.

Das Ende eines englischen Pressezars

In den Achtzigerjahren des vorigen Jahrhunderts war ich auf Einladung der schwedischen königlichen Akademie mit zweien ihrer Vertreter nach England gereist, um den damaligen Pressezar Robert Maxwell mit dem Ziel zu treffen, dass er ein Projekt internationaler Zusammenarbeit zum Bau eines Sonnenteleskops unterstützt. An diesem Tage empfing uns Maxwell in seiner luxuriösen Villa in einem Londoner Vorort. Schließlich war er doch nicht bereit, 5 Millionen Dollar zu spenden. Während der Verhandlungen unterbrach ihn sein Sekretär, indem er mitteilte, der spanische König hätte ihn angerufen. Nach dem Ende der Verhandlungen bat uns Mister Maxwell höflich, zum Mittagessen zu bleiben. Beim Essen war noch ein japanisches Paar anwesend. Nach dem Treffen sandte er das Paar mit einem hübschen Hubschrauber, der in seinem Garten stand, zum nicht weit entfernten Flughafen Heathrow. Da ich gerade neben Mister Maxwell saß, fragte ich ihn: „Ihre Rezeption hat schon 14 Autos, und die Hauptstadt London verfügt über den Luftraum, sodass keine Hubschrauber benutzt werden dürfen. Wie kommt es, dass Sie trotzdem diesen Hubschrauber besitzen?" Mister Maxwell erwiderte, die Londoner Luftverteidigung hat Lizenzen für zwei Hubschrauber vergeben, die nach London fliegen dürfen. Einer gehört der Queen und der andere mir. Daran konnte man die Höhe seiner Stellung in der englischen Gesellschaft ersehen. Aber der Leser muss ihn nicht beneiden, denn nur drei Jahre später brachten die Zeitungen folgende Meldung: „Der Prominente Robert Maxwell hat sich von seiner Yacht ins Meer gestürzt und ist ertrunken, weil sein riesiges Imperium pleite war."

Was den spanischen König angeht, als ich in den Neunzigerjahren im Sierra Nevada Observatorium Spaniens tätig war, befand sich neben dem Observatorium in den Bergen ein Skihang. Ein Einheimischer erzählte mir, dass ein Jugendlicher, als der König vor nicht langer Zeit hier Ski gelaufen war, ihm bei einem Zusammenstoß den Knöchel gebrochen hatte. Der Mann, der den Vorfall verursacht hatte, wusste nicht, dass der Verletzte der König war, und der König hatte auch nicht den Verursacher belangt.

Kinder sehen oft nur das Augenblickliche und können sich nicht vorstellen, ihr Tun könnte zu irgendwelchen ungünstigen Folgen führen. So ist es nicht verwunderlich, dass Kinder schwer einsehen, ihr schlechtes Lernen könnte Nachteile haben. Hier kann ich selbst als ein Beispiel angeführt werden, das dieses Problem anschaulich zeigt: Ich erinnere mich, als ich neun Jahre alt war, sah ich in der Tasche des Mantels meiner Cousine, der am Kleiderhaken hing, eine Tüte mit Zucker glasierter Kastanien. Ich habe ihr die ganze Tüte Kastanien entwendet und aufgegessen. Nach dem Abendessen bat die Cousine meinen älteren Bruder, er solle die Kastanien holen, damit alle davon probieren könnten. Aber der ältere Bruder kam zurück und meinte, er könne sie nicht finden. Die Cousine war ratlos: Schlimm, ich muss sie mir eingebildet haben. Aber am nächsten Tag fand jemand im Papierkorb meines Zimmers eine Menge Kastanienschalen. Jetzt war ich wirklich der Dumme! Unerwartet hatte ich nicht die Folgen bedacht und war überführt! Ein weiteres Beispiel, dass Kinder nur das Augenblickliche, aber nicht das Spätere sehen können, ist das Schachspiel. Wenn der Gegner eine Schachfigur zum Munde führt, geht es ihm nicht darum, sie zu essen, sondern er will der ihm vom Gegner gestellten Falle entgehen. Außerdem kann ein Kind nur sehr wenig psychischen Druck aushalten. Wenn es einen falschen Schritt getan hat und eine Figur verlieren wird, dann möchte es den Zug zurücknehmen, aber der Gegner lässt es nicht zu. Daraufhin geraten beide in einen Streit, der dann ausufert. Wenn die Mutter ihre Kinder streiten hört, kommt sie, schlichtet den Streit und hält ihnen vor: „Euer Vater spielt oben auch Schach. Seht nur, wie sie schweigsam zivilisiert spielen. Gehen wir nach oben, sodass ihr euch ein Beispiel nehmen könnt!" Dann gehen die drei nach oben, aber als sie folgende Szene beobachten, erschrecken sie. Sie sehen, dass einer den Hals des anderen gepackt hat, sodass dieser kaum atmen kann, und ihn zwingt, die Figur auszuspucken, die der andere herunterschlucken will. Dieser Fall zeigt, wenn selbst die Erwachsenen nicht genug psychischen Druck aushalten können, kann man es nicht von einem Kind verlangen. Diese Geschichte über den zurückgenommenen Schachzug ist einem chinesischen Buch des Altertums entnommen.

Im Hinblick auf die Wahl „erst das Bittere und dann das Süße" oder „erst das Süße und dann das Bittere" ist es für Kinder einfach: Sie werden größtenteils „erst das Süße und dann das Bittere" wählen – genau, wie auch Affen wählen würden. Es gibt eine Anekdote, dass ein Affenpfleger den Affen sagte, er gebe ihnen jeden Tag sieben Pfirsiche. Ob sie morgens drei und am Abend vier wollten? Oder morgens vier und am Abend drei? Die Affen wählten, dass sie zuerst vier haben wollten. Bei den Kindern ist die Wahl „zuerst das Süße und dann das Bittere" oder „zuerst das Bittere und dann das Süße" nicht so viel anders, selbst wenn die Länge der Zeit für das Bittere und das Süße gar nicht gleich ist. Darum ist es für Kinder sehr schwer, erst hart zu lernen, sie wollen lieber zuerst das Süße, nämlich erst spielen, und sich nicht mit dem Lernen plagen. Wenn wir jetzt möchten, dass sich die Kinder möglichst früh nach dem großen Prinzip „zuerst das Bittere und dann das Süße" richten sollen, so ist das natürlich sehr schwierig. Alle Familienvorstände können nach einer Selbsterforschung hierüber ihre Einsichten austauschen.

Kleine Kinder haben fast keine Kraft, etwas auszuhalten, sie können nicht wie Erwachsene Schmerz ertragen, ohne zu weinen. Kleine Kinder haben auch keine Kraft, sich selbst zu beherrschen. Wenn sie einen schönen Gegenstand sehen, möchten sie ihn unbedingt haben. Darum müssen die Eltern den kleinen Kindern etwas Geld geben, damit sie sich frei entscheiden können, sonst kann es leicht passieren, dass sie Geld stehlen. Ich meine übrigens, dass, wenn ein Kind selbst erst mit 18 Jahren oder noch später an Klarheit gewinnt und es in die Etappe „Ich will lernen" eintritt, aber die von mir gebrauchte Methode des Selbststudiums benutzt, es immer noch erfolgreich lernen kann.

Meine Ansichten zum Lernen kleiner Kinder

Jemand kann fragen, wie kannst du einfach von engen privaten Interessen her einen Schüler unterweisen? Du sollst einen Schüler unterrichten, und er muss gut lernen, damit er dem Volk noch besser dienen und darum kämpfen kann, den Kommunismus zu verwirklichen. Tatsächlich hatte meine Generation in der Jugend gesungen: „Wir sind die Erbauer des Kommunismus." Wirklich gut lernten wir, damit das Leben des Einzelnen sich zum Guten wendet und damit er noch besser das Wissen und die Fähigkeiten, die er beherrscht, anwendet, um das Glück des Volkes zu erschaffen. Wenn er durch fleißiges Studium ein Ingenieur, Lehrer oder Arzt wurde und für die Gesellschaft einen Beitrag leisten kann, dann ist das bestimmt gegenüber einem Arbeiter, der nur einfache Tätigkeiten verrichten kann, von viel höherem Gewicht.

Ich frage, warum gibt es in China so viele Kinder, die keine Lust zum Lernen haben? Vielleicht liegt es daran, dass viele Kinder von den Eltern (besonders von den Großeltern) verzogen werden, Einzelkinder werden noch mehr verhätschelt. Deshalb wird ihnen von klein auf eine Abhängigkeit anerzogen, ja, selbst wenn sie erwachsen sind und eine Familie gründen, gibt es immer noch Eltern, die ihnen das Hochzeitszimmer einrichten. Warum soll ich dann von klein auf hart lernen? Vergleichsweise können die Kinder in den Entwicklungsländern recht selbstbewusst lernen, was vielleicht damit zusammenhängt, dass sie von klein auf arbeiten müssen. Das Arbeiten kann die Kinder dazu bringen, dass sie von klein auf begreifen, wie schwer es ist, das Leben zu genießen. Damit ich künftig normal leben kann, muss ich von klein auf fleißig lernen. Ich erinnere mich, dass ich, als ich 1981 in Dänemark eines Tages ein Observatorium besuchte, als Gast im Hause eines Assistenzprofessors wohnte. Am nächsten Tage fehlte beim Frühstück sein achtjähriger Sohn. Auf meine Frage sagte er, der Sohn sei arbeiten. Damals fragte ich erschrocken, was für einer Arbeit kann ein achtjähriges kleines Kind nachgehen? Der Assistenzprofessor berichtete, dass er mit einem kleinen Fahrrad Zeitungen austeilt. Zum Ende des Monats kann er sich für den erhaltenen Lohn ein Spielzeug kaufen, das er sich wünscht. Wenn das

Geld nicht reicht, geben wir ihm etwas dazu. Nachdem der Assistenzprofessor erfahren hatte, dass chinesische Kinder niemals arbeiten gehen, war ihm das unbegreiflich.

Die Kinder in Amerika streben von klein auf danach, selbst möglichst früh auf eigenen Beinen zu stehen. Es heißt, dass manche Eltern für ihre Kinder nur bis zu einem Alter von 18 Jahren sorgen. Wenn die Kinder wie vordem noch zu Hause wohnen, fangen die Eltern an, von ihnen die Wohnungsmiete zu verlangen. Die Kinder zahlen sie, weil sie nur so zugleich studieren und arbeiten können.

Ich erinnere mich, dass 1985 der Professor Master von der Entwicklungsgruppe des Keck Teleskops mit 10 Meter Öffnungsdurchmesser, der auf meine Einladung China besuchte, mir in einem ruhigen Moment erzählte, dass kürzlich sein 16-jähriger Sohn in der Nähe ein Kaffeehaus mit einem Kredit von 40.000 Dollar gekauft hätte. Dieses Geld hatte er nicht von seinen Eltern geliehen (weil Kinder in Amerika meinen, dass Abhängigkeit von den Eltern wenig glorreich sei). Sein Sohn hatte vordem dort gearbeitet, darum wusste er beizeiten genau, wie man ein Kaffeehaus führt. Daran kann man sehen, dass sich in Amerika manche Eltern um Leben und Lernen ihrer Kinder im Wesentlichen keine Sorgen machen müssen. Aber in China sehnen sich Kinder aus armen Familien oft danach, eines Tages selbst Bildung zu erhalten, damit sie, erwachsen geworden, das Joch der Armut abschütteln können. Im Fernsehen wurde einst ein kleines Mädchen gezeigt, dass ein Küken hielt, welches im Gras eine Feldheuschrecke gepickt hatte. Es sagte zu ihm, wenn ich dich groß gefüttert habe, verkaufe ich die Eier, die du legst, damit ich in die Schule gehen kann. Ich glaube, dass dieses Mädchen einmal eine ausgezeichnete Schülerin werden wird.

Wenn ein Mittelschüler erst spät mit 17, 18 Jahren Klarheit gewinnt, eifrig zu lernen, so meine ich, dass es für ihn nicht zu spät ist. Wenn er unermüdlich entsprechend der Selbststudiumserfahrung vorgeht und wenn er keine zu geringen Fähigkeiten besitzt, kann er gewiss alle Unterrichtsfächer der Mittel- und Oberschule, ja, sogar einen Teil der Universitätsfächer beherrschen.

Der Gründer der Internetplattform Alibaba, Jack Ma[16], hat 2017 erklärt, dass schlechte Ergebnisse in der Grundschule nicht entscheidend seien, er hätte die Grundschule schließlich auch nur acht Jahre besucht. Ein Lehrer einer Sonderschule hat zu diesem Thema Folgendes gesagt:

(1) Der Hauptfaktor, der die Ergebnisse eines Schülers beeinflusst, ist nicht die Schule, sondern die Familie, besonders ob der Schüler selbst lernen kann (den letzten Nebensatz habe ich hinzugefügt, das Folgende sind die ursprünglichen Worte dieses Lehrers).
(2) Ein Schüler, der ernsthaft im Unterricht zuhört, hat ab und zu gute Ergebnisse, aber ein Schüler, der ernsthaft selbst lernt, hat immer gute Ergebnisse.

---

16 Jack Ma (geb. 1964) war ein Englischlehrer, der 1999 den Online-Shop Alibaba gründete, der der größte in China wurde. Ma entwickelte sich zum Multimilliardär.

Ein amerikanischer Lehrer gibt einem Grundschüler ein Aufsatzthema

Ein Grundschullehrer in Amerika hatte einem Schüler chinesischer Abstammung der dritten Klasse einmal folgendes Aufsatzthema gegeben: „Chinas Vergangenheit, Gegenwart und Zukunft." Wegen dieses Themas, das der Schüler über den Vorsitzenden dieses Staates machen musste, konnte er nicht umhin, im Internet über Chinas Geschichte und gegenwärtige Lage zu recherchieren und selbst die Zukunft Chinas einzuschätzen. Waren seine Fähigkeiten zum Selbststudium etwa nicht stark genug?

Kapitel 3
Die Zeit in der Armeeschule

Eintritt zum Studium in der Universität für Militärpolitik

Anfang des Jahres 1949, als die Volksbefreiungsarmee mit einer Million Helden[17] bereits ihre Soldaten nördlich des Jangtse stationierte, war für das Heer der Guomindang in Hangzhou die Zeit eines überstürzten Rückzugs angebrochen. Anfang April erschien auf den Straßen eine Bekanntmachung: „Die Offiziersschule der nationalen Seestreitkräfte nimmt Mittelschüler zum Studium in Taiwan auf." Damals besuchte ich die zweite Klasse der Unterstufe der Mittelschule. Ich wusste eigentlich nichts über den Unterschied zwischen Guomindang und Kommunisten, darum beschäftigte ich mich mit dem Gedanken, ob ich mich anmelden sollte, aber als ich weiter darüber nachdachte, dass ich schon für die nächsten Monate das Geld für Essen und Unterkunft bezahlt hatte, wollte ich bis zum Ende des Schuljahrs warten und dann weitersehen. Wer hätte gedacht, dass die Volksbefreiungsarmee einen Monat später, ohne auf Widerstand zu stoßen, in die Stadt Hangzhou einmarschieren würde? Danach gaben die Zeitungen bekannt, dass die von der Volksbefreiungsarmee neu gegründete Ostchinesische Universität für Militärpolitik Ober- und Mittelschüler in die Armee zum Studium aufnahm. Nach drei Jahren Ausbildung sollten wir Zugkommandeure werden. Damals war ich 15 Jahre alt, meldete mich aber als 17-Jähriger an. Als der Militärarzt bei der Gesundheitsuntersuchung zweifelhafte Herztöne hörte, ließ er mich niederhocken und dann schnell aufstehen. Als ich das zwanzigmal wiederholt hatte, schlug mein Herz beschleunigt. Der Militärarzt hörte die Herztöne und meinte, es gäbe kein Problem. Eine Schülerin, die neben mir auch untersucht wurde, wurde gewogen, doch sie erreichte noch nicht die niedrigste Norm von 40 Kilogramm. Ich sah nur, wie der Arzt die Stirn runzelte, da sie selbst beim Körpergewicht nicht die Norm erreichte. Dennoch trug er 40 Kilogramm in die Spalte ein. Ich wartete also auf den Tag, an dem die Immatrikulationsliste bekanntgegeben wurde. Die ganze Zeitung war voll mit den Listen der Aufgenommenen. In der Spalte der aufgenommenen Schüler fand ich auch meinen Namen. Ich ging, um mich anzumelden, das war der 16. Juli. Ich war nun in der Armee. Unser Zug wohnte unerwartet in der großen Schatzhalle des berühmten Lingyin-Tempels[18], und wir schliefen unter den Füßen des Bodhisattvas.

An dem Tag der Anmeldung wurden Uniformen ausgegeben. Diese neuen Uniformen waren aus grobem Stoff genäht. Kein Schüler hatte je solche Kleidungsstücke aus grobem Stoff gesehen. Deshalb waren wir erst unzufrieden, aber haben sie dann als normal hingenommen. Beim Essen saß die ganze Gruppe im Kreis auf der Erde. Aus hölzernen Eimern

---

17 Anspielung auf das Gedicht „Die Volksbefreiungsarmee besetzt Nanking" von Mao Zedong vom April 1949, in dem es heißt: „Million des tapferen Heers setzt über den Großen Strom" (Übersetzung von Joachim Schickel).
18 Der Lingyin-Tempel (Tempel der Seelenzuflucht) wurde im Jahre 328 gegründet und ist ein Kloster des Zen-Buddhismus nordwestlich von Hangzhou.

gab es roten Gaoliang-Brei[19]. Diese Speise war nicht schwer zu essen, aber wer es aß, konnte eine Verstopfung bekommen. Nun wurden Klagen laut, und das Ergebnis war: Nach einer Woche wurden die Uniformen aus dem groben Stoff wieder eingezogen und gegen Uniformen aus feinem Stoff ausgetauscht, statt des Gaoliang-Breis gab es weißen Reis.

So vergingen zwei Wochen. Die Armeeschule siedelte mit einem Güterzug nach Suzhou um. Unsere Gruppe wurde eingeteilt, in einem abgegebenen großen Zimmer eines ausländischen Hauses der mittleren Bourgeoisie, das sich in einer Gasse befand, zu wohnen. Da wir keine Betten hatten, schliefen wir auf dem Fußboden. So konnte in einer Gasse eine ganze Kompanie wohnen.

Nach einem Monat zogen wir zweitausend Mann schließlich in eine große Kaserne außerhalb des Chang-Tores von Suzhou um. Drei Monate später wurden die auf verschiedene Orte verteilten zwanzigtausend Schüler im Truppenlager am Xiaoling-Grab außerhalb des Zhongshan-Tors von Nanjing konzentriert, das jetzt das große Schulinternat der Nanjing Universität für Naturwissenschaften und Technologie ist. Aber wir befinden uns am Ende des Jahres 1949. Außer, dass die Dimensionen dieser Universität für Militärpolitik sehr groß waren, entsprach das Unterrichtsniveau dem einer mittleren Fachschule. In Politik wurden Probleme der chinesischen Revolution, der Geschichte der Kommunistischen Partei Chinas und der Mao Zedong-Ideen behandelt. Die militärische Ausbildung war auch nicht gerade tiefgründig. Die Gewehre, die wir erhielten, waren von unterschiedlichen Typen. Ich bekam ein als nicht schlecht bewertetes Tschiang Kaischek-Gewehr. Als wir mit scharfer Munition schossen, benutzte jeder sein eigenes Gewehr. Jeder schoss drei Mal. Beim ersten Mal traf ich zehn Ringe, aber beim zweiten Mal acht Ringe, und beim dritten Mal fiel ich auf sechs Ringe. Beim Schießen belehrte uns der Kompanieführer, das Gewehr sei unser zweites Leben. Ich dachte, dann müsse das erste Leben ich selbst sein, aber der Kompanieführer bedeutete uns, das politische Leben sei unser erstes Leben, das eigene Leben rangierte erst an dritter Stelle. Wichtigen Lehrstoff hörten übrigens mehrere Gruppen zusammen, dabei brachte jeder einen Schemel mit, auf den er sich auf dem Sportplatz hinsetzte.

Einen tiefen Eindruck hinterließ bei mir der Frühling 1950. Kampfbomber des Typs P-51 Wildpferd der Guomindang stifteten in Nanjing noch Unruhe. Daraufhin ließen wir den Unterricht ruhen und verlängerten die Startbahn des Flughafens, damit der damals fortschrittlichste Düsenjäger MIG-15 auf dem Flughafen von Nanjing starten und landen konnte. Als eine P-51 danach noch einmal kam, wurde sie von einer MIG abgeschossen. Seither sind Flugzeuge der Guomindang nicht mehr aufs Festland geflogen.

Blick aus heutiger Sicht auf die Probleme des naturwissenschaftlichen Unterrichts in der Militärschule

Im Jahre 1950 gab es in den Buchläden keine Bücher über Militärstrategie, doch zum Glück führte die Bibliothek der Universität für Militärpolitik ein paar wenige militärstrategische Bücher aus der Anfangszeit des Antijapanischen Widerstandskrieges. Ich erinnere mich,

---

19 Gaoliang ist eine Art der Sorghum-Hirse, auch Mohren-Hirse genannt.

dass ich zuerst ein Fachbuch über Militärstrategie des bekannten Militärstrategen Jiang Baili[20] der Republikzeit ausgeliehen hatte. Im Anhang des Buches schrieb er über seine Erfindung – ein Netz zum Einfangen von Flugzeugen. Nachdem ich es begeistert gelesen hatte, fing ich jedoch an, daran zu zweifeln.

Herr Jiang schrieb am Ende seines Buches: „Wenn man feindliche Flugzeuge herunterholen will, kann man das von mir erfundene Netz zum Einfangen von Flugzeugen benutzen, das heißt, auf der Erde ein großes Netz aufspannen und seine vier Ecken an vier Flakkanonen aufhängen. Wenn ein feindliches Flugzeug kommt, feuern die vier Kanonen zugleich ab, sodass dann vier Kanonengeschosse gleichzeitig das große Netz aufspannen und rasch gegen das feindliche Flugzeug schleudern. Wenn das feindliche Flugzeug wie eine Teigtasche umhüllt ist, wird es dann nicht abstürzen?"

So mancher Leser glaubt vielleicht, dass die Idee des Einfangens eines Flugzeugs mit einem Netz tatsächlich machbar sei. Obwohl ich Physik nur in der Unterstufe der Mittelschule gelernt hatte, stellte ich fest, dass Herr Jiang schon von den drei Gesetzen der Newtonschen Mechanik, die er gelernt hatte, das erste Gesetz, nämlich das Gesetz der Trägheit, völlig außer Acht gelassen hatte. Weil ein schnelles Kanonengeschoss eine Zugkraft von mehreren Hundert Tonnen entwickelt, kann sie die Trägheit des großen Netzes überwinden, sodass sich das ursprünglich statische große Netz augenblicklich beschleunigt und mit dem Kanonengeschoss losfliegt. Bis hierher konnte ich nicht umhin, selbstgefällig zu sein, weil ich selbst unerwartet den Fehler des großen Militärstrategen entdeckte, aber ich fand auch, dass mir selbst höhere Physikkenntnisse fehlten. Diese genügten nicht, um Herrn Jiang zu widerlegen, weil ich nicht die Zugkraft an den Ecken des Netzes berechnen konnte. Aber nachdem ich mehrere Jahre später selbst die Physik der Oberschule studiert hatte, konnte ich mit der Gleichung der Beschleunigung der Newtonschen Mechanik diese Zugkraft ungefähr berechnen.

Das Vermögen der Verfahren der Näherungsrechnung

Wenn ich jetzt daran denke, so danke ich wirklich Jiang Bailis Erfindung. Es war gerade die kühne Idee seines „Netzes zum Einfangen von Flugzeugen", die in mir das Interesse für wissenschaftliche Untersuchungen weckte, und als ich nach zwei Jahren die Gelegenheit bekam, begann ich, mir systematisch Kenntnisse der Mechanik im Selbststudium anzueignen, und es beeinflusste mich sogar, dass ich 65 Jahre später das populärwissenschaftliche Buch „Interessante Phänomene der Mechanik"[21] verfasste.

Eine Analyse des Beispiels des „Netzes zum Einfangen von Flugzeugen" kann der interessierte Leser im Anhang des Buches lesen.

---

20 Jiang Baili (1882 – 1938) war ein bekannter Militärstratege der Republikzeit. Zuletzt war er Direktor der Whampoa-Militärakademie.
21 Dieses Buch mit dem chinesischen Titel „Quwei lixue xianxiang 趣味力学现象" erschien 2016 in China im Verlag Phoenix Education Publishing Ltd. Eine deutsche Ausgabe dieses Buches ist für das Frühjahr 2019 geplant.

Kapitel 4

Leben als Student und Lehrer in der Schule der Luftstreitkräfte

Als Student in der Schule der Luftstreitkräfte

Es war schon mehr als ein Jahr vergangen, dass ich in die Universität für Militärpolitik eintrat, und wieder nach mehr als einem Jahr absolvierte ich sie. Plötzlich zogen Sturmwolken auf, denn im Herbst des Jahres 1950 trat die chinesische Volksfreiwilligenarmee auf den Plan, um Amerika Widerstand zu leisten und Korea zu unterstützen und mit Amerika als Hauptkraft der UN-Truppen in Korea zu kämpfen. Nachdem der Krieg ausgebrochen war, hatten die Bombardements der amerikanischen Luftstreitkräfte die Volksfreiwilligenarmee vom Nachschub fast völlig abgeschnitten, sodass diese in größte Schwierigkeiten geriet. Die Seite der chinesischen Armee musste dringend hinreichend starke Luftstreitkräfte aufbauen, um die Nachschublinien der Armee zu schützen. Tatsächlich konnten wir von der Sowjetunion Militärflugzeuge erhalten. Aber entsprechende Servicekräfte in der Luft und am Boden mussten wir aus den Reihen der Soldaten selbst auswählen und ausbilden. Glücklicherweise hatte die Volksbefreiungsarmee vor nicht langer Zeit schon zwei Universitäten für Militärpolitik gegründet, und die Militärführung entschied, die Universität für Militärpolitik zweizuteilen, um mehrere Zehntausend gebildete Schüler sofort den Luft- und Seestreitkräften zu übergeben.

So fuhr ich in einem Güterwagen zwei Tage und zwei Nächte nach Harbin, um in die erste Schule der Luftstreitkräfte einzutreten. Als der Zug den Bahnhof von Harbin erreichte, war es gerade Mitternacht. Als ich, mit einer Uniform aus dem Süden bekleidet, aus dem Abteil trat, fürchtete ich gleich, dass mir die Ohren abfallen würden, sodass ich mir sofort ein Handtuch um den Kopf wickelte. Zum Glück warteten schon Lastwagen ohne Dach auf uns. Der Lastwagen fuhr nur etwas mehr als zehn Minuten, bis wir die Schule der Luftstreitkräfte im Stadtzentrum erreichten. Damals machte ich mir Gedanken, warum sich die Schule der Luftstreitkräfte im Stadtzentrum befand. Später erfuhr ich, dass der Vorsitzende Mao persönlich einen Brief an die örtliche Regierung geschrieben hatte, woraufhin die örtlichen Organe sofort die Internate der Technischen Universität von Harbin für die Schule der Luftstreitkräfte geräumt hatten. Nachdem der Lastwagen den Wohnort erreicht hatte, erwartete uns in der warmen Kantine schon eine dampfende Acht-Gemüse-Suppe. Unwillkürlich waren wir von der Herzlichkeit der Leitung der Schule der Luftstreitkräfte gerührt. Unerwartet war auch später das tägliche Gemeinschaftsessen so reichhaltig. Erst später erfuhren wir, dass in der Anfangszeit des Aufbaus unserer Luftstreitkräfte alles von der Sowjetarmee übernommen wurde. Darum genossen sogar die Studenten des Bodenpersonals in der Schule der Luftstreitkräfte das entsprechende sehr hohe Niveau der Sowjetarmee. Da wir möglichst schnell Luftstreitkräfte aufbauen mussten, hatten wir nur ein Jahr in der Schule der Luftstreitkräfte. Ich lernte die Wartung und die Vorbereitung der Bomber des Typs TU-2 auf den Einsatz. Der Inhalt der Hauptfächer beinhaltete Munitionslehre, Maschinengewehre und Kanonen, Ballistik, optische

Zielgeräte von Maschinengewehren und sehr komplizierte elektrische Zieleinrichtungen für Bomben, das Aufladen der Geschosse und Zielschießen in der Luft und so weiter. Nebenfächer betrafen alle Teile des Flugzeugs, wie den Motor, den Aufbau des Flugzeugs, verschiedene Einrichtungen und Prinzipien des Fliegens.

Die damaligen Lehrer kamen hauptsächlich vom Luft- und Bodenpersonal der früheren Guomindang, die weiter verwendet wurden. Auch sie hatten erst von sowjetischen Offizieren die Wartungstechnik dieser sowjetischen Flugzeuge gelernt.

Reiche Ernte in der Schule der Luftstreitkräfte

Die leichten sowjetischen Bomber des Typs TU-2, die in der späten Phase des Zweiten Weltkriegs auftauchten, vollbrachten im Kampf gegen die Faschisten großartige Erfolge. Die Eigenschaften der TU-2 waren noch etwas besser als die der amerikanischen B-25 aus der Anfangszeit des Zweiten Weltkriegs. Ich hatte das Glück, dass sich mein Horizont in diesem Studium erweiterte, und ich entwickelte ein starkes Verlangen, mir Wissen anzueignen. Für meine spätere, mehrere Jahrzehnte dauernde Entwicklung astronomischer Geräte empfing ich viele Anregungen.

In dem damaligen Gebiet Nordostchinas hatte man viele Erzeugnisse aus der Sowjetunion importiert, wie Autos, Werkzeugmaschinen, Waren des täglichen Bedarfs und so weiter. Aber diese Erzeugnisse waren nicht mit den Erzeugnissen aus Europa und Amerika zu vergleichen, ja, manche Waren des täglichen Bedarfs noch nicht einmal mit chinesischen Erzeugnissen. Zum Beispiel waren sowjetische Füller nicht nur plump und schwer, sondern sahen auch hässlich aus. So war die Form der Armbanduhren nicht so fein wie die der Shanghaier Uhren. Deshalb bekamen die sowjetischen Erzeugnisse im Nordosten das Etikett „dumm, grob und schwarz". Aber in dem Flugzeug TU-2 waren alle Teile ausgefeilt und leicht. Zuerst konnte ich gar nicht verstehen, dass zwischen den Produkten der Sowjetarmee und denen für die Bevölkerung zwei derart unterschiedlich hohe Niveaus bestanden. Erst später erfuhr ich, dass die Sowjetunion die beschränkte Zahl der besten Talente vollständig für die Militärindustrie anwarb. Die restlichen Techniker wurden den zivilen Bereichen zugeordnet. Außerdem flossen die Fonds größtenteils in die militärischen Unternehmen, wodurch die extreme Spaltung im Niveau der militärischen und der zivilen Erzeugnisse entstand. Damals hatte ich ein interessantes Beispiel gehört. Warum waren die in der Sowjetunion hergestellten Werkzeugmaschinen so plump und schwer? Der Grund war, dass die Ministerien der sowjetischen Regierung forderten, dass die Werkzeugmaschinenfabriken jedes Jahr die produzierte Menge steigerten, aber die produzierte Menge wurde nicht mit der Zahl der Werkzeugmaschinen, sondern in Tonnen gemessen. Da hatten die Werkdirektoren diese Lücke in den Festlegungen ausgenutzt und befohlen, dass die Betten der Werkzeugmaschinen jedes Jahr um einige Prozent schwerer gemacht werden, um sich aus der Klemme zu ziehen.

Im Folgenden beschreibe ich, wie raffiniert die Einrichtungen in einigen Bombern waren, damit sie die strengen Forderungen an ihre Aufgaben erfüllen konnten. (Siehe Anhang)

Ein Studium wie das Aufsaugen von Wasser durch einen Schwamm

Beim Unterricht in der Schule der Luftstreitkräfte hatte ich jeden Tag sieben, acht Unterrichtsstunden, wobei jede Unterrichtsstunde 50 Minuten dauerte. Aber dem Unterricht zu folgen machte mich nicht müde, weil alles Wissen, das ich über das Flugzeug lernte, so wunderbar, so gedrängt war, dass sich mein Horizont erweiterte. Außerdem war der Inhalt jeder Unterrichtsstunde nicht sehr kompliziert, im Wesentlichen gebrauchten wir keine Formeln. Damals befanden wir uns noch in der Anfangsphase des Aufbaus der Schule. Für den Unterricht hatten wir unerwartet keine Lehrbücher, manchmal gab es noch nicht einmal schriftlich fixierte Vorlesungsmaterialien, sodass die Schüler den Inhalt der Wandtafel abschreiben mussten. Nach zwei Unterrichtsstunden am Vormittag mussten wir den Klassenraum wechseln, weil es nur in einem bestimmten Klassenraum speziell aufgeschnittene reale Objekte oder Bewegungsmodelle gab. Abends hatten wir zwei Stunden Selbststudium, ohne Anleitung durch einen Lehrer.

Da der zweijährige Kurs auf ein Jahr zusammengedrängt wurde, umfassten die Hauptfächer nur 50, 60 Stunden und die Nebenfächer lediglich 20 Stunden. Obwohl der Inhalt der Fächer nicht gering war, war er doch sehr leicht zu verstehen und zu behalten. Nach einem Jahr waren von der ganzen Gruppe nur zwei Personen ausgeschieden, weil ihr Bildungsniveau tatsächlich zu niedrig war. In diesem Jahr begann ich aktiv und beharrlich zu studieren, im Ergebnis wurde ich im Studium Klassenbester, sodass die Lehrer der Hauptfächer auf mich aufmerksam wurden. Aufgrund einer besonderen Beurteilung wurde ich vier Monate vorfristig zum Hilfslehrer ernannt, der sofort mit dem Unterricht beginnen musste. Vier Monate später musste dieser Hilfslehrer noch die Abschlussprüfung der Studenten ablegen, was auch interessant war.

Nachdem ich Lehrer geworden war, hatte ich tagsüber Unterricht zu geben, aber abends musste ich noch viel Zeit aufwenden, um mich auf den Unterricht vorzubereiten. Ich hatte recht viel Zeit, um die von anderen Ausbildergruppen ausgeliehenen Lehrmaterialien zu studieren, wie zum Beispiel Navigation, Steuern eines Flugzeugs und so weiter. Obwohl ich in der Theorie diese Fächer verstehen konnte, aber kein praktisches Bedienungstraining hatte, zum Beispiel mit einem Flugzeug einen bestimmten Ort anzufliegen, hätte es nur zu einem Unglück mit einer zerstörten Maschine und einem Toten führen können.

Die Situation der Lehrkräfte beim Aufstand

In der Ausbildergruppe für Militärmaschinen, in der ich damals war, kam der größte Teil von den Luftstreitkräften der früheren Guomindang. Sie waren fast alle MG-Schützen in Bombern gewesen. Einige von ihnen wurden auch in Amerika ausgebildet. Der Leiter der Ausbildergruppe, ein gewisser Gao, hatte gegen die japanische Armee in Burma gekämpft. An einem Sonntag lud er mich ein, zu einem kleinen Restaurant zu spazieren, und erzählte mir, wie er zur Volksbefreiungsarmee gekommen war, was ich jetzt hier wiedergebe:
„An einem Tage im Jahre 1948 hörte ich, als ich zum Haus meiner Freundin kam, einen Hilfeschrei. Als ich die Tür öffnete, sah ich, dass ein Kommandeur gerade meine Freundin an sich presste. Ohne weiter nachzudenken, zog ich meine allmächtige amerikanische

Colt-Pistole, die in der Armee verbreitet war. Die Vernunft sagte mir, dass ein Schuss natürlich das Leben dieses Offiziers beenden würde, aber die Kugel, die durch ihn hindurchginge, auch den Menschen hinter ihm verletzen würde. Daraufhin stürmte ich einen Schritt nach vorn und hielt ihm die Pistole von der Seite an die Schläfe. Nachdem der Schuss krachte, zerplatzte der Kopf des Offiziers und vor ausströmendem Blut war seine untere Gesichtshälfte nicht mehr klar zu erkennen. Ich fragte mich, was zu tun war, nachdem ich dieses Unheil heraufbeschworen hatte? Ich war hektisch bemüht, sofort die Spuren zu beseitigen. Andererseits suchte ich durch einen Freund eine Untergrundorganisation der Kommunistischen Partei auf, die mich sofort ins befreite Gebiet schickte. Daraufhin trat ich in die Volksbefreiungsarmee ein. Nach einem Jahr kam ich zu ihren Luftstreitkräften und wurde Ausbilder."

Der Ausbilder Li einer benachbarten Gruppe wurde einst in Amerika ausgebildet. Einmal erzählte er mir, dass er in Amerika eines Tages eine Übung mit einem Langstreckenflug absolvierte. Plötzlich stimmten die Anzeigen der beiden Kompasse an Bord nicht überein. Es war zum Verzweifeln, dass eine Radioleitstation in der Nähe wegen eines Gewitterschauers keine brauchbaren Signale sendete. Deshalb hatte sich das Flugzeug verirrt, aber zum Glück gab es in Amerika überall private Flugplätze. Der Pilot landete daraufhin das Flugzeug auf dem Flugplatz einer Farm. Als der Farmer sah, dass ein Bomber gekommen war, aus dem elf, zwölf Leute des Flugpersonals ausstiegen, begrüßte er sie herzlich. Er lud alle zum Essen ein und bat jemanden, von einer Tankstelle gutes Benzin zu holen. Ausbilder Li war damals sehr gerührt. Alle ruhten sich noch in herzlicher Atmosphäre zwei Stunden aus. Als man sich zum Abschied die Hände schüttelte, übergab der Farmer eine Rechnung, in der folgende Dinge aufgeführt waren: „Kosten für Beköstigung, Kosten des Tankens sowie Servicekosten; die Haltekosten des Flugzeugs wurden derweil nach Tonnen und Stunden berechnet. Euer Bomber hat mindestens 70 Tonnen, er hat die Wiesen ruiniert, die Kosten für die neue Wiese sind so und so viel." So kamen in der Summe mehrere Tausende Dollar zusammen. Der Flugzeugführer bezahlte die Rechnung und rechnete die Quittung nach der Rückkehr ab.

Beginn des Selbststudiums

Nachdem ich so heißhungrig ein Jahr studiert hatte, begriff ich allmählich, dass das gelernte Wissen nicht genügend tiefgründig war. Im Wesentlichen handelte es sich nur um qualitative Erläuterungen, aber keine quantitativen Berechnungen. Zum Beispiel verstand ich nicht, warum das MG mit dem großen Öffnungsdurchmesser nur 16 Schuss abgeben, aber nicht 20 Schuss erreichen konnte. Wenn man zum Beispiel die Leistung eines Motors kennt, wie lässt sich berechnen, welche Strecke ein Flugzeug nehmen muss, ehe es vom Boden abhebt? Solche Beispiele konnte ich gar nicht berechnen. Ich wusste, wenn man solche Analysen und Berechnungen beherrschen will, braucht man Universitätsniveau in Mathematik, aber zuvor musste ich erst noch die Oberschulmathematik lernen. Darum war es die vordringliche Aufgabe, sofort systematisch das Selbststudium zu beginnen, um die Mathematik und Physik der Oberschule zu bezwingen. Nicht länger konnte ich mehr eine Mittelschule besuchen. Dies war der Hauptgrund, dass ich von Grund auf entschlossen war, das Selbststudium zu beginnen. Der zweite Grund hatte mit dem Klassenkampf zu tun. Damals war der Klassenkampf im ganzen Land nämlich der Leitgedanke. Jeweils nach zwei, drei Jahren musste eine neue politische Bewegung angestoßen werden. Die erste war der Kampf gegen die drei Übel[22] und die fünf Übel[23]. Man musste gegen die Korruption kämpfen und natürlich auch gegen die Ideen der Ausbeuterklasse und die versteckten Klassenfeinde. Aber sowie eine Massenbewegung ausgelöst wurde, gab es einige Leute mit mangelndem Bewusstseinsstand, die viel Unheil anrichteten. Zum Beispiel wollte man die Korruption bekämpfen, aber wie konnte ein Lehrer korrupt sein? So zwangen die Aktivisten der Bewegung diese Lehrer, ihre bei den Luftstreitkräften der Guomindang begangenen „Verbrechen" der Korruption zu gestehen. Diese Leute mussten Selbstkritik üben, welchen reaktionären, bourgeoisen Gedanken sie anhingen. In einem Fall entwickelte sich die Kritik an der bürgerlichen Lebensweise eines gewissen Lehrers so weit, dass man ihm vorwarf, sich die Füße mit Gesichtscreme einzureiben. Der Mann musste nur erklären, dass er wegen des trockenen Wetters an der Ferse eine tiefe Wunde bekommen hatte, darum hatte er sie mit der Gesichtscreme eingerieben. Auch der Verantwortliche für die Wartung der MGs im Lehrraum wurde mit heftigen Vorwürfen überschüttet, indem man ihn beschuldigte, das MG mit dem großen Öffnungsdurchmesser versteckt zu haben. Der Verantwortliche für die Wartung wurde gezwungen zu gestehen, dass er ein dem Lager entnommenes MG gerade zum Flugplatz gebracht und an Banditen verkauft hätte! Daraufhin hieß es, man hätte in unserer Übungseinheit einen alten Tiger unschädlich gemacht. Aber als die Leitung alles überprüfte, fehlte unerwartet nicht ein einziges MG, und der Fall wurde eingestellt. Die Leitung der Schule der Luftstreitkräfte war der Auffassung, dass es künftig nicht von Vorteil sei, dieses übernommene Personal noch lange zu beschäftigen. Sowie man Lehrer ausgebildet hatte, die den armen, unteren und mittleren Bauern entstammten, musste man sie sofort gegen dieses neue, frische Blut austauschen. Wenn ich daran denke, wie sie vor ein paar Jahren hart und bis zur Erschöpfung gearbeitet hatten, dann hätte man sie gut behandeln müssen. Später wurden diese Leute größtenteils Lehrer an Mittelschulen. Aber der Lehrer Cai sollte nach Fushun[24] in eine Trainingsgruppe zum Studium gehen. Doch Cai war so erschrocken, dass er nicht wagte zu gehen. Warum? Die Antwort ist, dass Fushun dafür bekannt war, dass hier die Kriegsverbrecher der Guomindang einsaßen. Ich sah mit eigenen Augen, dass mein Lehrer seine Stelle in der Armee verließ. Natürlich konnte man sich ausrechnen, wenn die nächste politische Bewegung stattfinden würde, dann hätte man keine Opfer mehr. Wer konnte zum Opfer aufsteigen? Waren das nicht solche wie ich, der ich keine gute Herkunft hatte, die nichts zählte? Zu gegebener Zeit könnte ich zum Opfer werden, und Schiedsrichter würden jene mit guter Herkunft sein. Und noch später würde selbst für diese Gruppe von Menschen der Kampf zu Ende gehen, und es käme zum Kampf jeder gegen jeden.

---

22 Mit dem Kampf gegen die drei Übel sind Unterschlagung, Verschwendung und Bürokratismus gemeint. Die Kampagne, die 1951 begann, richtete sich gegen Funktionäre in den eigenen Reihen.
23 Der Kampf gegen die fünf Übel (Bestechung, Steuerhinterziehung, Veruntreuung von Staatseigentum, Betrug und Verrat von Staatsgeheimnissen) begann im Jahre 1952 und richtete sich gegen die kleinen Unternehmer, Handwerker und Kaufleute.
24 Fushun ist eine Stadt in der Provinz Liaoning in Nordostchina.

Die spätere große Kulturrevolution verwandelte sich tatsächlich in den Kampf der einen Massen gegen andere Massen, die sich mit glühender Begeisterung bekämpften. Wenn ich daran dachte, so keimte in mir wie von selbst der Entschluss, dass ich so früh wie möglich die Schule der Luftstreitkräfte verlassen müsste. Hinsichtlich des Orts, wohin ich gehen müsste, war es natürlich das Beste, eine Universität zu besuchen. Aber damals nahm die Universität durchschnittlich von acht Bewerbern nur einen an. Das lag daran, dass es damals nur sehr wenige Universitäten gab und diese auch sehr klein waren. Ich, der ich nicht die Oberschule besucht hatte, müsste offensichtlich, wenn ich mit den anderen Bewerbern konkurrieren sollte, die Hauptfächer der Oberschule im Selbststudium zu Ende durchnehmen und dabei besonders gut lernen, damit dieser Plan gelänge. Das war der zweite Grund, dass ich fest entschlossen das Selbststudium aufnahm. Weil meine eigene Herkunft nicht gut war, konnte man bei einem Studium der Geisteswissenschaften leicht in die Strudel der Politik gezogen werden, darum war es natürlich das Beste, ein naturwissenschaftlich-technisches Fach zu studieren. Aber der Bereich dieses Gebiets ist sehr weit. Welchen Studiengang sollte ich wählen? Am besten wäre es, ein Fach zu finden, das von der Politik weit entfernt ist. Im Altertum hatten sich manche Menschen tief in den Bergen verborgen oder sich das Haar abgeschnitten und waren Mönch geworden. Aber seit der Gründung des neuen Chinas gab es schon fast keine Klöster mehr. Damals blieb nur übrig, in einer Sternwarte auf den Bergen zu arbeiten, denn ich meinte, dass es dort vielleicht etwas ruhiger zugehen würde (die spätere Praxis hatte bewiesen, dass auch in den Sternwarten ein heftiger Klassenkampf geführt wurde, der den im Tal noch übertroffen hatte, und es wurde nichts ausgelassen. Das hat vielleicht damit zu tun, dass in einer Sternwarte ziemlich viele begabte Menschen konzentriert sind.)

Ungeachtet welches Fach man jedoch wählte, überall musste man Mathematik, Physik, Chemie und Sprachen in gleicher Weise studieren. Aber wie kann man ein erfolgreiches Selbststudium durchführen? Selbst hatte ich dazu keine klaren Vorstellungen.

Verlauf und Verständnis des Selbststudiums

Zum Glück fand ich damals einen zutreffenden Artikel, den Pawlow für die Jugend geschrieben hatte, um seine Einsichten aus Studium und Forschung während mehrerer Jahrzehnte vorzustellen. Pawlow[25] war ein großer sowjetischer Physiologe, der sich eines ausgezeichneten Rufs erfreute. Ich hatte die wesentlichen Erfahrungen Pawlows mit den Erfahrungen von anderen vereinigt und einige Prinzipien des Selbststudiums abgeleitet: Zunächst sollte man im Selbststudium Schritt für Schritt vorgehen. Das bedeutet, man darf nicht darauf hoffen, den kürzesten Weg des Studiums zu finden, und wenn man keine Umwege gehen will, dann ist „Schritt für Schritt vorzugehen" schon der kürzeste Weg. Wenn du den Inhalt des vorangegangenen Abschnitts nicht vollständig verstehen kannst, wie kannst du im Gegenteil den Aufbau, den Inhalt des nächsten Abschnitts auf

---

25 Iwan Petrowitsch Pawlow (1849–1936) war ein russischer Mediziner und Physiologe. Er erhielt 1904 den Nobelpreis für Medizin und Physiologie und schuf wichtige Grundlagen für die Verhaltensforschung und Lerntheorien.

der Grundlage des vorhergehenden Abschnitts verstehen? Wenn du einmal anfängst, dich in Bezug auf den neu gelernten Inhalt zufrieden zu geben, etwas halb zu verstehen, dann wirst du dein Leben lang nicht erfolgreich studieren.

Als ich wirklich entsprechend der Anleitung durch Pawlow begonnen hatte, Schritt für Schritt vorzugehen, die große Algebra von Herrn Fan[26] Kapitel für Kapitel zu studieren, begriff ich damals die wunderbare Wirkung der Methode, Schritt für Schritt vorzugehen. Nachdem ich das Lehrbuch aufmerksam gelesen hatte, fand ich, dass jeder Satz tief durchdacht und gründlich überlegt war. Fan konnte die Dinge nicht nur umfassend beschreiben, sondern die Verbindung zwischen Vorhergehendem und Nachfolgendem war ausgezeichnet. Er konnte vom vorhergehenden Inhalt wie von selbst die nachfolgenden Ergebnisse ableiten. Wie ein Lehrer lehrte er dich unverdrossen den Stoff, aber er war noch besser als ein Speziallehrer! Weil ich damals schon 18 Jahre alt war, hatte ich durch die im bisherigen Leben gesammelten Erfahrungen schon die Fähigkeit zum richtigen Verständnis der Dinge und zur Analyse der Beziehungen zwischen ihnen entwickelt. Noch wertvoller war, dass ich mit 18 Jahren schon die Logik anwenden konnte, um Schlussfolgerungen aus vorhergehenden Dingen zu ziehen und was mit ihnen unter bestimmten Bedingungen (oder Wirkungen) später passieren musste. Deshalb ist die Fähigkeit zum Selbststudium eines 18-Jährigen viel besser als die eines Grund- oder Mittelschülers. Das ist auch der Hauptgrund, dass ein Grundschüler schwer erfolgreich selbst studieren kann. Darum ist ein Grundschüler nur daran gewöhnt, seinem Lehrer zuzuhören, aber nicht daran, selbst ein Lehrbuch zu lesen. Aber ich meine, dass man die Fähigkeit eines Grundschülers zum Selbststudium ausbilden kann. Zum Beispiel können Grund- und Mittelschüler versuchen, die Lektion, die der Lehrer morgen unterrichten wird, schon heute selbst einmal zu lernen. Wenn sie das mehrmals geübt haben, werden sie die eigene Fähigkeit zum Selbststudium verbessern.

Nachdem ich ohne jeden Abstrich Schritt für Schritt die Algebra studiert hatte, sah ich nur, dass die Ränder einiger Seiten vorn in dem Lehrbuch sich von weiß zu grauschwarz gefärbt hatten und dass dieses Grauschwarz jeden Tag dunkler wurde, bis alle Ränder des Buches grauschwarz waren. Jetzt regte sich in mir spontan ein fröhliches Gefühl des Erfolgs und des Stolzes, jetzt spürte ich unwillkürlich, dass Erfolg beim Lernen so viel Glück bedeutet. Natürlich können viele Menschen beim Selbststudium ständig um ein gewisses Kapitel des Lehrbuchs kreisen, ohne es zu verstehen, selbst wenn sie es einige Male gelesen haben. Hier muss man sich fragen, bin ich immer vom selben Ausgangspunkt gestartet, bin ich immer entlang des fast gleichen Gedankens vorgegangen, um das Problem zu verstehen? Man muss in sich gehen, habe ich mich in etwas verrannt und kann mich nicht befreien? Beim Studium muss man das Problem unter verschiedenen Blickwinkeln betrachten, manchmal muss man sogar Wissen aus anderen Gebieten heranziehen.

Menschen, die gut im Selbststudium sind, haben oft recht hochstehende Fähigkeiten für wissenschaftlich-technische Forschungen. Ich persönlich habe das zutiefst begriffen und werde im Folgenden hierzu einige Beispiele anführen. Zum Beispiel kann ich in Gebiete eindringen, in die sich viele andere Menschen nicht hineinversetzen können. Deshalb

---

26 „Große Algebra von Herrn Fan" lautet der übersetzte Titel eines Algebra-Lehrbuchs des amerikanischen Mathematikers Henry B. Fine (1858–1928) aus dem Jahre 1940.

konnte ich überraschend eine komplizierte Frage auflösen, und im gesamten Prozess der Analyse hatte ich noch nicht einmal besonders hochstehende Kenntnisse benötigt. Ich erinnere mich, dass, als ich den Stoff der Oberschule im Selbststudium durchnahm, das Schwierigste die Chemie zu sein schien, besonders der Begriff des „Grammmoleküls", aber schließlich hatte ich es begriffen. Natürlich kann man unter entsprechenden Voraussetzungen nötigenfalls einen Lehrer befragen.

Im Allgemeinen, wenn ein Forscher ein neues Thema bekommt, in dem er nicht bewandert ist, liest er oft zuerst die Materialien, die Vorgänger über dieses Gebiet geschrieben hatten. Eine solche Herangehensweise kann dem neuen Forscher bestimmte Restriktionen auferlegen, sie kann ihn auf das Gleis der Ideen des Vorgängers ziehen und mögliche neue Ideen abwürgen. Wegen dieses Mangels habe ich zuerst nicht die betreffenden Materialien der Vorgänger gelesen, wenn ich auf ein neues, mir nicht vertrautes Thema stieß, sondern habe es unabhängig auf der Grundlage physikalischer Prinzipien analysiert und mir ein oder zwei Methoden überlegt, wie ich es selbst lösen würde. Erst dann habe ich nachgelesen, wie es meine Vorgänger gelöst hatten. Die Wirkung dieser Verfahrensweise war, dass ich bei mehreren Forschungs- und Entwicklungsthemen überraschend einige schöpferische Ergebnisse erzielte!

Damals stellte ich fest, dass die Lehrbücher für die Mittel- und die Oberschule in Geschichte und Geografie im Wesentlichen Wiederholungen enthielten, nur dass letztere etwas ausführlicher waren. Deshalb sparte ich mir schlauerweise den Stoff der Mittelschule und ging direkt zum Studium des Oberschullehrbuchs über. In der Gesellschaft wurde auch so argumentiert: Welchen Sinn macht es, Geschichte zu studieren, wenn ich mein Leben lang kein Leiter werden kann? Aber wenn jemand keine Grundkenntnisse in Geschichte hat, dann kann er sich an den Erfahrungen der Vorfahren im Umgang mit Menschen und Dingen kein Beispiel nehmen und wird sich im Gespräch blamieren. Zum Beispiel wurde im Internet berichtet, dass ein Geschichtslehrer bemerkt habe, dass ein Schüler nicht zugehört, sondern mit dem Handy gespielt hatte. Er hieß den Schüler aufzustehen und fragte ihn: „Wer hat den Yuanmingyuan[27] angesteckt?" (Der Lehrer hatte gerade darüber gesprochen, dass die anglo-französischen Truppen und einige Jahre später die alliierten Truppen von acht Staaten den Palast-Park erneut angesteckt hatten.) Der Schüler antwortete, dass er ihn nicht angesteckt habe. Der Lehrer fand das äußerst lächerlich und fragte zurück: „Du hast ihn nicht angesteckt?" Der Schüler fand, dass der Lehrer ihn zu Unrecht beschuldigte. Am nächsten Tag suchte dessen Vater den Lehrer auf und sagte: „Ich glaube, dass mein Sohn den Yuanmingyuan wirklich nicht angesteckt hat. Wir werden Anzeige erstatten!"

Ich habe zwei Töchter, die bewusst studierten. Als meine Tochter Nancy die Oberschule besuchte, beteiligte sie sich an der Aufnahmeprüfung für die Jugendklasse der Universität Südostchinas. Schließlich fand man im Prüfungsbogen Mathematikaufgaben der 11. Klasse. Sie hatte sie nicht beherrscht und konnte die Prüfung nicht bestehen. Danach studierte sie selbst die Mathematik der 11. Klasse und beteiligte sich wieder an der Aufnahmeprüfung für die Jugendklasse der Nanjing-Universität. Dieses Mal bestand sie die

---

27 Während des zweiten Opiumkrieges im Jahre 1860 zerstörten englisch-französische Truppen den sog. Alten Sommerpalast in Beijing, den früheren Sitz der Qing-Kaiser. Die Truppen raubten die dort vorhandenen Kunstschätze. Heute kann man die Ruinen des Yuanmingyuan besichtigen.

Prüfung und ging zur Fakultät für Fremdsprachen, um Englisch zu studieren. Nachdem Nancy von einer französischen Universität den Grad eines Magisters verliehen bekam, um in französischen Mittelschulen Englisch zu unterrichten, wechselte sie aber später noch einmal, um das Wahlfach Chinesisch zu unterrichten. Ich fragte Nancy, warum sie nicht mehr Englisch unterrichten wollte. Sie antwortete, dass Englisch für französische Mittelschüler ein Pflichtfach ist. Deshalb muss der Lehrer in den Aufsätzen der Schüler, denen die Sprache nicht liegt, jeden Satz korrigieren, sodass abends eine Extraschicht eingelegt werden muss, um Aufsätze zu korrigieren. Das ist zu ermüdend. Aber Chinesisch ist ein Wahlfach. Hier gibt es niemanden, der das nicht lernen will.

Nach mehreren Jahren beteiligte sich Nancy an einer Prüfung für einen recht hohen Grad eines Chinesischlehrers. In ganz Frankreich werden jedes Jahr nur ein paar Lehrer befördert, darum ist die Konkurrenz recht scharf. Die Prüfungsfragen wurden von dem Generalinspektor für den Chinesischunterricht des französischen Unterrichtsministeriums herausgegeben. Nancy hatte zweimal die schriftliche Prüfung bestanden, aber nicht die mündliche Prüfung in Paris. Dieser Generalinspektor für den Chinesischunterricht war ein Franzose. Er befragte sie, nachdem sie zwei vorgegebene Bücher gelesen hatte, nach ihrer Buchrezension und erkannte sofort ihr Niveau. Er prüfte zudem noch die Breite und Tiefe ihres Verständnisses von chinesischer Geschichte und Kultur. Zum Beispiel fragte er sie: „Wo befindet sich das Restaurant ‚Turm jenseits des Turms' (Lou Wai Lou)?" Nancy antwortete, in Hangzhou. Er fragte weiter, was die drei Schriftzeichen ‚Lou Wai Lou' bedeuten. Sie antwortete, die drei Schriftzeichen stammen aus einem Gedicht der Südlichen Song-Dynastie: Jenseits des Berges sind blaue Berge, jenseits des Turms steht noch ein Turm, wann ruhen Gesang und Tanz am Westsee?[28] Jenseits des Turms steht noch ein Turm bedeutet dabei, dass dieser noch besser als andere Türme ist. Er fragte weiter: „Wie heißt die Spezialität des ‚Lou Wai Lou'?" Sie antwortete: „Essigsaurer Fisch aus dem Westsee." Er fragte weiter, welche Prominente hier bereits gespeist haben. Jetzt war Nancy erschüttert. Später brachte sie in Erfahrung, dass unter anderem Tschiang Kaischek hier gespeist hatte. Nancy hatte die mündliche Prüfung zweimal nicht bestanden, aber im Jahr 2017 beteiligte sie sich wieder an der Prüfung. Diesmal bestand sie sie schließlich – und stand sogar auf dem ersten Platz der Prüfungskandidaten von ganz Frankreich!

Meine Tochter Julia konnte die Erste bei der Aufnahmeprüfung für die Universität in der ganzen Stadt werden. Wir Eltern haben sie nach ihrem Studium auch nie befragt, sodass sie mir im ganzen Verlauf der Grund- und der Mittelschule nur eine Frage gestellt hatte, nämlich: „Papa, wie viele Füße hat ein Hase?" Weil sie vergessen hatte, wie viele Füße ein Hase hat, konnte sie die Mathematikaufgabe über die Hühner und Hasen, die sich in einem Käfig befinden, nicht lösen. Als sie 29 Jahre alt war, stellte sie in ihrem Namen den Antrag, dass die ganze Familie für ein technologisches Projekt nach Australien ziehen sollte. Der Grund für diesen Wegzug war, dass sie Direktorin eines privaten Experimentalinstituts für neue Erzeugnisse geworden war. Dieses Institut hatte für eine Universität in Amerika und ein Unternehmen in Japan ein Sonnenteleskop, ein Laserkommunikationsteleskop und andere neue Erzeugnisse entwickelt, hergestellt und exportiert. Sie hatte auch einen vom staatlichen australischen Observatorium ausgestellten Lehrauftrag erhalten, in dem

---

28 Das Gedicht stammt von Lin Sheng aus der Südlichen Song-Dynastie (1127–1279).

es hieß, dass das Observatorium sie bei Anreise bitten würde, an der Vorlaufforschung für ein Südpol-Teleskop teilzunehmen. Das australische Konsulat in Shanghai bat das englische Konsulat daraufhin, sie einer mündlichen Englischprüfung zu unterziehen. Im Ergebnis bekam sie eine ausreichende Punktzahl. Danach erhielt sie rasch die Genehmigung, dass die dreiköpfige Familie nach Australien ziehen konnte. Ein paar Tage später riefen Leute des Observatoriums in Australien an, dass das Observatorium in den Bergen eine Villa hat, die gerade frei geworden war. Die Monatsmiete betrage nur 600 australische Dollar, sie könne sie nehmen. Alles in allem, sie war noch nicht in Australien, da warteten schon Arbeit und Unterkunft auf sie. Nachdem sie dort eingetroffen war, sagten ihr ein paar Chinesen, dass es einen Auslandschinesen, der ein solches Glück wie sie hätte, nur einen unter Tausenden gebe!

Erst jetzt begreife ich, selbst wenn ein Mensch ganz außergewöhnlich ist, aber wenn er nur einer gewöhnlichen Arbeit nachgeht, selbst wenn er ziemlich hervorragend arbeiten kann, sich dadurch keinen Namen machen kann – außer wenn der Beruf, den er ausübt, einen sehr hohen Grad von Öffentlichkeitswirksamkeit, wie Schauspieler, Schlagerstar, Sportchampion, Schriftsteller oder Wissenschaftler, mit sich bringt.

Pawlows zweiter Rat an die Jugend war: Man muss bescheiden bleiben. Es ist wunderbar, wenn man nicht meint, selbst mehr als andere zu verstehen. Man muss sich mutig eingestehen, dass das Wissen der Menschheit unzureichend beherrscht wird, darum muss unablässig studiert werden. Als ein Journalist dem Nobelpreisträger und berühmtem Wissenschaftler Ding Zhaozhong[29] einmal einige Fragen stellte, so antwortet dieser auf jede Frage, er wisse es nicht. Damals gab es in China ein Mitglied der Akademie, das sich mal gegen die traditionelle chinesische Medizin und mal gegen etwas anderes ausgesprochen hatte. So erschien im Internet ein Artikel unter dem Titel „Von Ding Zhaozhongs ‚Ich weiß es nicht' zum ‚Es gibt nichts, was ich nicht weiß' eines gewissen Akademiemitglieds". Nachdem dieser Artikel erschienen war, zeigte sich dieses Akademiemitglied nicht mehr in der Öffentlichkeit. Zuvor hatte er noch verkündet, dass es als Materie außer Atomen, Neutronen und Elektronen noch kleinere Teilchen geben könnte, die er „Nichtteilchen", „Vorwärtsteilchen" und „Mao-Teilchen" nannte. Wenn man diese drei Teilchen miteinander verbindet, ergab sich folgende Losung „Unter der Leitung von Mao Zedong schreitet das Proletariat voran."[30] Jemand äußerte auch seine eigene Meinung: Man muss das Fach, mit dem man sich beschäftigt, innig lieben, ganz gleich, ob einem dieses Fach von Anfang an Freude bereitet oder nicht. Nur wenn man dem eigenen Fach großen Enthusiasmus entgegenbringt, kann man es gut studieren, beherrschen und sogar weiterentwickeln.

---

29 Ding Zhaozhong (geb. 1936) hat ab 1948 seine Ausbildung auf Taiwan erhalten. Ab 1956 studierte er an der Universität von Michigan (USA) Technik, Mathematik und Physik. 1976 erhielt er mit Burton Richter den Nobelpreis für die Entdeckung eines Kernteilchens. Er leitete ab 1998 das Alpha Magnetic Spectrometer Projekt auf dem Space Shuttle und der Internationalen Raumstation.

30 Hier handelt es sich um ein Wortspiel der chinesischen Sprache, in dem die drei Wörter „Nicht" (无), „Vorwärts" (前) und „Mao" (毛) in seinen drei Teilchenarten in der Losung aus der Kulturrevolution (毛泽东领到无产阶级前进) wieder auftauchen.

Pawlows dritter Rat an die Jugend war: „Nur Fakten sind Wahrheit" – der übrigens zufällig mit Hu Fumins[31] Ausspruch „Die Praxis ist die einzige Norm, um die Wahrheit zu überprüfen" übereinstimmt. Pawlow hatte plastisch miteinander verglichen: „Ganz gleich, wie schön deine Theorie ist – wenn sie nicht anhand von Fakten aus der Praxis bestätigt ist, dann ist diese Theorie nur eine schöne Seifenblase, die schließlich platzen wird; die Fakten sind für einen Wissenschaftler wie die Luft für einen Vogel; wenn ihn die Luft nicht trägt, kann ein noch so kräftiger Vogel nicht fliegen."

„Nur Fakten sind Wahrheit" ist besonders geeignet für Leute, die sich immer mit der Ableitung von Theorien beschäftigen, und das gilt gleichermaßen für Persönlichkeiten in den Natur- und den Geisteswissenschaften. Neue Theorien, die von gewissen Leuten vorgebracht werden, können, wenn sie nicht durch Fakten aus der Praxis bestätigt sind, nicht allgemein anerkannt werden. Zum Beispiel die oben besprochene neue Erfindung, die der berühmte Militärstratege der Republikzeit Jiang Baili vorgeschlagen hatte – das Netz zum Einfangen von Flugzeugen in der Luft.

Weiterhin die Theorie des deutschen Meteorologen Wegener[32] von der „Drift der Kontinente". Dieser meinte, dass sich Amerika vom europäisch-afrikanischen Kontinent entfernt hatte. Aber damals fehlten Fakten, das zu bestätigen. Deshalb wurde seine Theorie von den Geographen der Welt als Traum eines Verrückten belächelt. Nach mehreren Jahrzehnten entdeckte man, dass es auf dem Grund des Atlantiks eine große Spalte gab, und mit neuen Verfahren wurde gemessen, dass die beiden Kontinente gegenwärtig tatsächlich noch driften. Auf der Welt wurde schließlich die Theorie der Kontinentaldrift anerkannt. Für die geisteswissenschaftliche Forschung hatte Hu Shi die Erfahrungen in seiner Forschung über die chinesische Geschichte vorgestellt: „Kühne Vorstellungen entwickeln und sorgfältig den Beweis antreten" – das heißt, man soll in den unermesslichen Geschichtschroniken die Fakten der betreffenden Aufzeichnungen finden. Aber es gibt auch solche Historiker, die ein Übermaß von Kühnheit und unzureichende Beweise haben.

Seit ich Hilfslehrer geworden war, begann ich ein systematisches Studium des Mittelschul-Lehrstoffs, außerdem befolgte ich Pawlows Rat – besonders seinen ersten. So erzielte ich schnell Erfolge, erschloss mir Herrn Fans Algebra, Geometrie und Trigonometrie. Damals hatte ich mir die Ableitungen der trigonometrischen Formeln so gründlich angesehen, dass ich mir nicht erlaubte, sie zu notieren. Mit einer Grundlage in Mathematik war das Selbststudium in Physik nicht schwer. Ich hatte damals besonders den Kunstgriff geschätzt, mich des Energieerhaltungssatzes zu bedienen. Mit ihm kann man ursprünglich recht komplizierte Vorgänge der Mechanik vereinfachen und das Ergebnis finden. Im Folgenden werde ich ein interessantes Beispiel anführen.

Das Selbststudium von Sprache und Literatur der Oberschule ist auch ein Vergnügen. Die im Lehrbuch gesammelten alten Gedichte sind ein jedes Perlen. Deshalb sind sie es wert, sie auswendig zu lernen. Zum Beispiel kann ich von dem längsten Gedicht „Die Pfaue

---

31 Hu Fumin (geb. 1935) ist ein Philosoph, der durch einen Artikel in der Zeitung Guangming Ribao vom 11. Mai 1978 unter dem Titel „Die Praxis ist die einzige Norm, um die Wahrheit zu überprüfen" berühmt wurde.
32 Alfred Wegener (1880–1930) war ein deutscher Meteorologe, Polar- und Geowissenschaftler.

fliegen nach Südosten"³³ etwa 200 Zeichen auswendig aufsagen: „Die Pfaue fliegen nach Südosten, einer zieht einen Kreis. (Das Folgende ist die Erzählung eines Mädchens über ihr Leben.) Mit dreizehn konnte ich Seidenstoff weben, mit vierzehn lernte ich schneidern, mit fünfzehn spielte ich eine Zither mit 23 Saiten, mit sechzehn sagte ich Gedichte und Texte auf, mit siebzehn wurde ich eure Frau. So lebe ich in steter Trauer. Mein Gatte dient als Beamter, seine Gefühle sind unverändert. Ich als seine Frau bleibe oft allein, selten sind die Tage, dass wir uns sehen. Wenn der Hahn kräht, setze ich mich an den Webstuhl, und in der Nacht kann ich nicht schlafen. Obwohl ich in drei Tagen fünf Seidenstoffe webe, tadelt mich die Schwiegermutter, dass ich langsam sei. Aber ich mühte mich, schnell zu weben. Es ist schwer, in diesem Haus eine Frau zu sein …"

Der letzte Vers ist wirklich wunderbar. Ich glaube, wenn die von den Luftstreitkräften der Guomindang übernommenen Lehrer ihn lesen würden, könnten sie ihn bestimmt nachempfinden. Die Geschichte „Das Neujahrsopfer" von Lu Xun³⁴ hatte diesen Vers auch ausgezeichnet zum Ausdruck gebracht.

Was mich tief beeindruckt und zugleich verwirrt hatte, war in diesem Langgedicht die Schilderung der Mutter durch den Beamten: „Mir wurde eine niedrige Karriere vorausgesagt, aber ich bin glücklich, diese Frau zu haben. Ich habe Kissen und Bett mit ihr geteilt, und wir werden zusammen zu den Gelben Quellen³⁵ gehen. Meine Frau sorgt sich um dich unwandelbar. Womit hat sie deinen Hass verdient? …" In dem Satz „Ich bin glücklich …" kommt das Schriftzeichen fu复 vor, das wahrlich sehr schwer zu verstehen ist, sodass ich 60 Jahre später, als ich Zhang Hengs Seismometer erforschte, in der Biografie von Zhang Heng in der „Chronik der Späteren Han-Dynastie" (Hou Han Shu) wieder auf das Schriftzeichen 复 stieß, das so schwer zu verstehen ist. Der Satz lautet: „Im ersten Jahr der Regierungsära Yangjia³⁶ fertigte Zhang Heng ein Seismometer an." (阳嘉元年，张衡复造候风地动仪)

Noch ein anderes Gedicht hatte bei mir einen tiefen Eindruck hinterlassen. Es schildert, wie ein Mädchen einen Pfirsichblütenzweig abbricht. Die Blüten fragen sie, warum hast du uns verletzt, worauf das Mädchen mit beredten Worten antwortet: „Im hohen Herbst³⁷, im achten, neunten Mond, wird weißer Tau zuerst zu Reif. Das ganze Jahr könnt ihr tanzen und fallen, aber wie könnt ihr euren Duft lange bewahren?" Darauf antworteten die Blüten: „Im Herbst fallen wir von allein herab, doch in den Frühlingsmonden entfalten wir wieder unsren Duft. Aber nach einem Jahr kann dein Geliebter dich schon vergessen haben!" Jetzt war das Mädchen sprachlos, sie dachte bei sich, dass die Blüten vielleicht die Wahrheit gesprochen hätten.

---

33 Das Langgedicht „Die Pfaue fliegen nach Südosten" schildert das tragische Leben einer Frau am Ende der Östlichen Han-Dynastie und klagt das Feudalsystem der Unterdrückung der Frauen an. Das Gedicht umfasst 350 Verse und 1.700 Schriftzeichen.
34 Lu Xun (1881 – 1936) wird in China als der größte moderne chinesische Schriftsteller verehrt. Seine Novelle „Das Neujahrsopfer" schildert das tragische Schicksal einer jungen Witwe im alten China.
35 Gelbe Quellen sind die Bezeichnung für das Totenreich.
36 Das erste Jahr der Regierungsära Yangjia entspricht dem Jahr 132 n. Chr.
37 Das Gedicht „Im hohen Herbst" stammt von Song Zihou aus der Östlichen Han-Dynastie (25 – 220).

Indem ich verschiedene Gedichte auswendig lernte, konnte ich selbst spüren, dass die Fähigkeit zum Auswendiglernen Tag für Tag zunehmen kann. Es wird überliefert, dass der konfuzianische Gelehrte der Qing-Dynastie, Zeng Guofan[38], den Tschiang Kaischek verehrt hatte, sein Gedächtnis gestählt hatte. Es heißt, dass der junge Zeng Guofan eines Abends in seiner Studierstube laut einen Text memorierte. Damals hockte im Dachgebälk seiner Studierstube ein Einbrecher. Der Dieb wartete, bis Zeng mit dem Memorieren aufhören und von allein weggehen würde. Dann könnte er herunterkommen und etwas stehlen. Wer hätte geahnt, dass Zeng Guofan mit dem Memorieren nicht aufhören und weggehen würde? Bis der Mann nicht mehr länger warten wollte. Nachdem er vom Dach heruntergesprungen war, ging er selbstgefällig von dannen und sagte noch den Aufsatz auf, sodass Zeng Guofan ihn hörte.

Durch mehrjähriges Selbststudium hatte ich bewiesen, dass der meiste Lehrstoff studiert werden kann. Selbst das Russische ist möglich, wenn man bei jemandem die Aussprache lernen kann. Nur nachdem ich begonnen hatte, Musik in Noten im Selbststudium zu lernen, gab ich es sofort wieder auf. Weil ich in meiner Umgebung keinen Lehrer finden konnte, der mich in sie eingeführt hätte – und wie konnte ich, allein auf das Selbststudium gestützt, wissen, wie die Noten, die mir wirr wie Bohnensprossen vorkamen, klingen sollten? Aber es gab Lehrstoff, den ich schließlich als für umsonst gelernt empfand, wie die „formale Logik". Nachdem ich unzählige Stunden aufgewendet hatte, um dieses Buch, dessen Original von einem Russen verfasst war, ernsthaft zu lesen, wusste ich als 18-jähriger Erwachsener mit meiner sozialen Erfahrung schon fast alle Regeln der formalen Logik vollständig zu beherrschen. Zum Beispiel lehrte dieses Buch den Schüler, dass er mehrere logische Regeln anwenden musste, um zu beweisen, dass der folgende Satz nicht galt: „Wenn 2 x 2 = 4, dann wird es schneien." In der Tat braucht ein normaler Mensch dafür keine Analyse, denn auf einen Blick sieht er, dass dieser Satz unsinnig ist.

Damals las ich nicht wenige populärwissenschaftliche Bücher über Astronomie, und bei einem Trödler kaufte ich für 12 Yuan ein ganz altes langes Fernrohr mit 3 Zentimeter Durchmesser (auf ihm war die Libelle, wie sie auf dem Bau üblich ist, schon nicht mehr vorhanden). Nachdem ich es sauber geputzt hatte, richtete ich es auf den Mond und war erschrocken, dass vor meinen Augen eine helle, feste Kugel erschien, deren Oberfläche noch von vielen Kratern bedeckt war. Ich erinnere mich, dass ich eines Abends im Hof verschiedene Sternbilder am Himmel beobachtete. Plötzlich hörte ich den Kommandeur der Trainingseinheit rufen: „Wer da?" Ich antwortete: „Hu Ningsheng."

„Was machst du da im Dunkeln?"

„Ich betrachte die Sterne." Ich meinte, der Kommandeur könnte denken, die Sterne seien doch alle gleich, was soll daran so schön sein? Damals dachte ich an einen berühmten Vers von Su Dongpo[39], der den Sternenhimmel wie folgt beschrieben hatte: „Die großen Sterne strahlen einander an, die kleinen Sterne scheinen zu brodeln."

---

38 Zeng Guofan (1811 – 1872) war ein hoher Beamter der Qing-Dynastie. Er erwarb sich Verdienste um die Qing-Dynastie bei der Niederschlagung des Taiping-Aufstands. Er hinterließ umfangreiche literarische Schriften, die vom Konfuzianismus geprägt sind.
39 Su Dongpo (1037 – 1101), auch Su Shi genannt, war ein berühmter Dichter, Maler, Kalligraf und Politiker der Song-Dynastie.

Nach mehr als drei Jahren unermüdlichen Studiums hatte ich fast den gesamten Stoff der Mittel- und Oberschule selbst gelernt, und ohne Lehrer hatte ich mir sogar die Chemie erschlossen. Nun fühlte ich, dass meine Flügel genügend hart waren, um mich zur Aufnahmeprüfung in die Universität zu melden, selbst wenn die Zahl der Prüfungskandidaten siebenmal größer als die Zahl der angenommenen war.

Über das Selbststudium des Sohns des Märchenkönigs Zheng Yuanjie[40]

Zheng Yuanjie war mit dem Mittelschulunterricht in China gar nicht einverstanden. Deshalb entschied er, seinen Sohn nicht in die Mittelschule zu schicken. So hatte er ihn natürlich im Selbststudium zu Hause mit von ihm persönlich verfassten einzigartigen Lehrmaterialien angeleitet. Zheng Yuanjie hatte außerdem jeden Tag seine Märchengeschichten geschrieben.

Nach mehreren Jahren hatte das Bildungsniveau des Sohns nicht nur das Niveau normaler Mittelschulabsolventen erreicht, sondern dieses sogar übertroffen. Der Sohn ging nicht weiter auf die Universität, weil der Sohn schon eine fundierte Fähigkeit zum Selbststudium ausgebildet hatte. Was er lernen wollte, das konnte er lernen. Natürlich konnte der Sohn kein Universitätsdiplom erlangen, aber sein Sohn gründete selbst ein Unternehmen, und dafür brauchte er überhaupt kein Diplom. Andererseits – wer sich für andere verdingt, kommt um ein gutes Universitätsdiplom nicht herum. Als der Sohn 18 Jahre alt geworden war, hatte er sich mit dem selbst im Internet verdienten Geld (sein Vater weiß immer noch nicht genau, wie der Sohn im Internet Geld verdienen konnte) unerwartet einen nagelneuen Audi gekauft und fuhr mit ihm nach Hause.

Das Beispiel des Erfolgs von Zheng Yuanjies Sohn im Selbststudium beweist auch, dass ein Mensch durch das Selbststudium ein Meister seines Fachs werden und Erfolg erzielen kann. Das berühmteste Beispiel auf der Welt, dass jemand durch Selbststudium zum Meister seines Fachs wurde, ist der große Erfinder des 19. Jahrhunderts Thomas Edison. Er hatte in seinem Leben Tausende Patente erworben und hält darin bis heute den Weltrekord. Seine nutzbringendste Erfindung war die Glühbirne und die schlaueste das Grammophon. Dieser raffinierte Apparat kann die unsichtbaren und nicht zu fühlenden Töne aufzeichnen und wieder abgeben. Man muss dazu wissen, dass Edison nur die Grundschule besucht hatte – sein hauptsächliches Wissen rührte vom Selbststudium. Unter den Prominenten, die durch Selbststudium zu Talenten wurden, zählen weiter das außergewöhnliche Computertalent Bill Gates, der hervorragende Erfinder elektrischer Apparate Nicola Tesla, die Gebrüder Wright als Erfinder des Flugzeugs und der berühmte Alfred Nobel.

Was das Beispiel meiner jüngsten Tochter Nancy angeht, hatten wir Eltern sie im Kleinkindalter nicht unterrichtet. Die damals Sechsjährige hatte unerwartet an die Wand ein Blatt Papier geklebt. Darauf hatte sie geschrieben, dass das weiße Huhn an dem und dem Tage ein Ei gelegt hatte; an dem und dem Tage hatte das schwarze Huhn ein Ei gelegt.

---

40 Zheng Yuanjie (geb. 1955) ist ein in China beliebter Schriftsteller von Märchen. Er ist der Herausgeber der Kinderliteratur-Zeitschrift „Der Märchenkönig".

Ursprünglich konnte sie schon schreiben, um aufzuzeichnen, dass unsere beiden Hühner auf dem Balkon Eier gelegt hatten. Der Leser wundert sich bestimmt, dass wir auf dem Balkon Hühner hielten. Man muss wissen, dass sich in den Siebzigerjahren noch die von früheren Naturkatastrophen rührende Lebensmittelknappheit fortsetzte und man gewohnt war, sich so weit wie möglich selbst zu versorgen. Alle Familien hielten auf dem Balkon meistens Hühner, um Eier zu bekommen. Es hieß, dass es in einem Forschungsinstitut jemanden gab, der auf seinem Balkon sogar ein Schwein hielt.

Einmal erzählte Nancy, als sie vom Kindergarten nach Hause kam, dass die Kindergärtnerin heute für die kleinen im Kreis sitzenden Freunde Rätsel aufgegeben hatte. Sie saß zufällig neben der Kindergärtnerin und konnte deshalb in ihrem Buch die Auflösung der Rätsel lesen. Schließlich sagte die Kindergärtnerin: „Ihr seid so dumm, warum findet ihr nicht ein Rätsel heraus? Schaut mal, wie klug Nancy ist, wie kommt es, dass sie alle errät?" Dann fragte ich Nancy, wie sie die Schriftzeichen lesen konnte. Nancy antwortete, dass sie jeden Abend, wenn die ältere Schwester Schularbeiten machte, sie neben dieser sitze, ihr zuschaue und sie durch ständiges Fragen gelernt habe.

Der Zustand, dass Kinder zu Lernrobotern werden, muss sich ändern

In den letzten Jahren hatte ich bemerkt, dass die Kinder der Nachbarschaft ohne Ausnahme zu ständig lernenden Robotern wurden, die sich niemals ausruhen – außer wenn sie schlafen. Wenn die Kinder nach Schulschluss nach Hause kommen, machen sie sofort die Hausaufgaben und sind oft bis abends um 22 Uhr damit beschäftigt, ehe sie schlafen gehen. Selbst am Wochenende haben sie nicht frei, im Gegenteil, da sind sie noch mehr beschäftigt. Weil sie entweder zu Nachhilfegruppen gehen (Literatur, Englisch, Mathematikolympiade und so weiter) oder weil die Familie für sie verschiedene Interessengruppen organisiert (wie zum Beispiel Belagerungsschach, Gesang, Tanz, Klavier, Geige, Zither und so weiter). In der Tat haben die Kinder schon keine Zeit mehr, über die sie selbst verfügen können. Und nicht wenige Eltern wollen die Ideale und Ziele, die sie selbst nicht erreichen konnten, bei ihren Kindern verwirklichen. Nicht wenige Eltern denken den ganzen Tag nur an das eine – das Lernen der Kinder.

Aber ich habe gehört, dass die Kinder in nicht wenigen entwickelten Ländern keine Strafen für schlechtes Lernen bekommen. Ich hatte extra eine Mittelschullehrerin in Frankreich gefragt. Sie sagte, dass die Kinder in Frankreich nicht so hart lernen wie die Kinder in China. Die Schüler in Frankreich wenden in der Phase der letzten Klassen der Mittelschule, in der sie am meisten beschäftigt sind, jeden Tag nach dem Unterricht nur zwei Stunden für das Lernen auf. Die Aktivitäten der französischen Kinder nach dem Unterricht sind nur wirkliche Interessengruppen wie Musik, Zeichnen und Sport. In Frankreich hat man noch nichts von Gruppen zur Vorbereitung auf eine Mathematikolympiade gehört. Gewöhnlich schicken Eltern nur die Kinder, die die schlechtesten Lernresultate haben, in Nachhilfegruppen. Nach einem Vergleich dachte ich: Ob die Kinder in Frankreich nur die Hälfte des Lehrstoffs wie in China lernen? Anscheinend ist der Zustand tatsächlich so. Der Lehrstoff an chinesischen Schulen ist zu umfangreich und geht zu weit. Wenn ich an meine eigene Forschungstätigkeit mein Leben lang zurückdenke, hatte ich denn irgendwelches hochstehendes Wissen aus Lehrbüchern benutzt, obwohl ich nicht wenige Ergebnisse erzielte und sogar einige im Weltmaßstab schwierige Probleme löste? Keineswegs! Gewöhnlich hatte ich am meisten die vier Grundrechenarten, proportionale Vergrößerung und Verkleinerung, etwas Grundwissen der Geometrie und Trigonometrie gebraucht. Ständig hatte ich die Näherungsrechnung gebraucht, die ich mir selbst beigebracht hatte. Als höchstes in der Mathematik hatte ich nur die Differential- und die Integralrechnung benutzt. Und in der Physik hatte ich am häufigsten die drei Gesetze der Newtonschen Mechanik und das Gesetz der Energieerhaltung angewendet. Was die Differentialgleichungen, komplexe Funktionen und so weiter, die ich in der höheren Mathematik studiert hatte, angeht, hatte ich sie nicht ein einziges Mal gebraucht – im Grunde habe ich sie völlig vergessen. Wenn ich es zusammenrechne, habe ich von dem gesamten Lehrstoff, den ich in der Mittelschule und der Universität gelernt habe, bei der Arbeit nur etwa ein Drittel gebraucht. So wurden zwei Drittel der Zeit für unnötiges Lernen verschwendet.

Wenn ich mir noch Sprache und Literatur ansehe, so haben früher nicht wenige Lehrer in den Privatschulen und heutige Eltern verlangt, dass die Kinder den Drei-Zeichen-Klassiker und die Tang-Gedichte[41] auswendig lernen. Sie haben dabei nicht bedacht, wie die Kinder solche tiefgründigen Dinge verstehen sollen. Wenn man unerbittlich verlangt, dass die Kinder etwas auswendig lernen sollen, erreicht man nur, dass sie von klein auf das Lernen verabscheuen. Wenn man aber wartet, bis die Kinder zu Schülern der Mittelschule herangewachsen sind und sie dann diese Dinge lernen lässt, können sie die Ideen des Drei-Zeichen-Klassikers und der Tang-Gedichte verstehen. Wenn man sie dann auswendig lernen lässt, erzielt man mit halbem Aufwand doppelten Effekt.

Viele populärwissenschaftliche Bücher in China trichtern den Kindern nach der Methode der Gänsemast nur viele Dinge mit der Frage „Was ist das?" ein, aber stellen nicht die Frage „Warum ist das so?" So kann man den Kindern nicht die Fähigkeit anerziehen, selbständig zu denken. Der Lehrstoff der gegenwärtigen Mittel- und Grundschulen stellt im Wesentlichen nur das Wissen der Vorgänger dar, ungeachtet, wie umfangreich dieses Wissen ist. Ob die Schüler es später brauchen, darauf wird man später zurückkommen, nachdem sie es unterschiedslos gelernt hatten. Die Kinder brauchen sechzehn Jahre Zeit, um den ganzen Lehrstoff mit derart vielen Inhalten zu Ende zu lesen. Jedoch im Zeitalter des Internets des 21. Jahrhunderts kann man sehr viel Wissen in Baidu oder Wikipedia suchen und sich selbst aneignen. Ich hatte in den letzten Jahren auf diese Weise im Internet eine große Menge Wissen aufgenommen, das mir in den Lehrbüchern vorbeigerauscht war. Außerdem ist dieses Wissen aus dem Internet ganz ausführlich und praktikabel. Wenn man darum den Lehrstoff stark verringert, würde das nicht zu mangelndem Wissen führen. Deshalb sollte eine Kürzung der Lehrinhalte vernünftig sein. Die Lernzeit, die die Schüler einsparen können, können mehrere Jahre ausmachen! Der gesellschaftlich ökonomische Effekt wäre gewaltig, und man könnte nicht wenige Ausgaben für das Lernen einsparen und die Belastung für die Familien und den Staat verringern.

---

41 Der Drei-Zeichen-Klassiker ist ein Text in Gedichtform, der früher in Schulen benutzt wurde, um den Kindern konfuzianische Werte beizubringen. Jeder Vers besteht aus drei Schriftzeichen, sodass der Text leicht auswendig zu lernen war. Mit Tang-Gedichten ist eine Sammlung von 300 Gedichten aus der Tang-Dynastie (618–907) gemeint.

Wenn man die Schüler immer viel Zeit aufwenden lässt, damit sie sich das von der Menschheit in mehreren Jahrtausenden angesammelte unendliche Wissen merken, dann macht man aus den Schülern ein „Bücherregal auf zwei Beinen". Welchen wesentlichen Unterschied ergibt das gegenüber einem „Bücherregal auf vier Beinen, das nicht gehen kann"? Wenn die meisten Menschen nicht jene höhere Mathematik studieren, dann wird die Mathematik deshalb nicht aufhören sich zu entwickeln, weil es noch ausgewählte Mathematiker gibt, die die Mathematik weiter entwickeln können. Offensichtlich werden auch die anderen Wissenschaftsgebiete nicht stagnieren. Wenn die heutige Pädagogik darauf gerichtet ist, dass das Wissen, das nur ganz wenige Menschen verwenden, von außerordentlich vielen Menschen mitgelernt wird, bedeutet das nicht eine unvernünftige Verschwendung menschlicher Kraft? Die Diskussion in diesem Abschnitt will zeigen: Wenn die Pädagogik in China die Lehrinhalte stark reduzierte, würde es keinerlei Schaden anrichten, im Gegenteil könnte es einen gewaltigen Nutzen bringen, und die Reduzierung der Lehrstoffe wäre zudem wirklich machbar!

Die Perspektive von Personen in China, die durch Selbststudium ihre Talente ausbilden

Haben Personen, die in China durch Selbststudium ihre Talente ausbilden, eine helle oder eine düstere Perspektive? Die Antwort ist, sie haben eine ziemlich helle Perspektive. Über diese Frage, die normale Menschen gewöhnlich nicht beachten, gibt es in Baidu folgenden Eintrag, den ich jetzt hier wiedergebe:

„Die Prüfung im Selbststudium höherer Lehrinhalte, abgekürzt als Prüfung im Selbststudium bezeichnet, ist eine Form, dass Personen, die in China ein Selbststudium durchführen, die Abschlussprüfung für die Universität absolvieren. Sie besteht hauptsächlich aus der Prüfung des Grades der Schulbildung und stellt die Ordnung der Prüfung der höheren Bildung dar, die privates Selbststudium, die gesellschaftliche Unterstützung des Lernens und die staatliche Prüfung vereinigt. Dieses System wurde zu Beginn der 80er Jahre des 20. Jahrhunderts geschaffen. Es stellt eine neue, offene sozialisierte Form der Bildung dar. An der Prüfung können Personen ohne Rücksicht auf Geschlecht, Alter, Beruf, Rasse, Nationalität und schon erhaltenen Grad der Bildung teilnehmen. Das System wurde bereits von den USA, England, Frankreich, Deutschland, Japan, Australien, Kanada und vielen anderen Ländern akzeptiert und anerkannt. Für die einheitliche nationale Prüfung werden der Stempel der Hauptprüfung der Universität im Absolventenausweis und der Stempel des Komitees der Prüfung im Selbststudium der Provinz vom Staat anerkannt. Das Ansehen dieser Dokumente ist relativ hoch. Beim Gehalt, bei der Behandlung von Personalangelegenheiten, der Prüfung von Aspiranten, der Festlegung von Berufsbezeichnungen und auf anderen Gebieten haben sie die gleiche Gültigkeit wie das Zeugnis eines normalen Universitätsstudiums. Unter gleichen Bedingungen ergeben die Absolventenausweise für die Prüfung im Selbststudium, die Prüfung im Vollstudium und die Prüfung im Fernstudium in Bezug auf eine Beschäftigung im Wesentlichen keinen Unterschied."

Der interessierte Leser kann im Internet noch mehr Details nachlesen. Jene staatlichen Festlegungen verdeutlichen: Eine Person, die in China im Selbststudium ihre Talente ausbildet, kann die gleiche gesellschaftliche Behandlung genießen wie ein gewöhnlicher Absolvent einer Universität, weil seine Perspektive hell ist.

Ich verlasse die Schule der Luftstreitkräfte

Anfang des Jahres 1955 übergab ich der Trainingseinheit der Schule der Luftstreitkräfte einen Antrag, in dem ich darum bat, aus der Armee auszuscheiden und demobilisiert zu werden. Daraufhin suchte mich der Kommandeur der Trainingseinheit auf, um sich mit mir zu unterhalten. Er sagte: „Du bist in unserer Einheit einer der Lehrer, die die größte Perspektive haben. Organisatorisch wurdest du nicht nur sehr schnell vom Hilfslehrer zum Lehrer befördert, du hast auch eine Belobigung der 3. Stufe erhalten, weil die anschaulichen Ausbildungseinrichtungen, die du angefertigt hast, vom Stab der Luftstreitkräfte mit einem Preis der 2. Klasse ausgezeichnet wurden. Du hast deinen Posten gut ausgefüllt. Weshalb willst du dann aus der Armee ausscheiden?" Ich erwiderte: „Meine Herkunft ist nicht gut, sodass ich in Zukunft meiner Einheit sicher Ärger bereiten kann." Ich konnte den berühmten Vers „Es ist schwer, in diesem Haus eine Frau zu sein" nicht vergessen. Zum Beispiel habe ich zufällig einmal ein Notizheft mit den Reden gesehen, die jeder beim Politikstudium der Lehr- und Forschungsgruppe hielt. Darin stand auf einem weißen Blatt mit schwarzen Zeichen geschrieben: „Hu Ningsheng sagte, er habe einen älteren Vetter, der auf Taiwan bei den Luftstreitkräften der Guomindang ist." Himmel! Wann hätte ich jemals so etwas gesagt! Der Kommandeur fragte: „Kann denn der Protokollant ohne Wind die Wellen aufpeitschen?" Ich antwortete, dass er einen lauen Wind zu einem Taifun gemacht hätte. Ich hatte nur gesagt, dass ich einen älteren Vetter habe, der auf Taiwan in einem Transportunternehmen LKW fährt (aber kein Flugzeug fliegt). Kann ich hier noch bleiben? Weil es damals in unseren Luftstreitkräften üblich war, dass Personal, das Verwandte bei den Luftstreitkräften auf Taiwan hatte, bitte schön gehen musste! Bitte verlasse sofort die Armee! Das geschah, weil bei einem politischen Mitarbeiter der Luftstreitkräfte einst ein Brief des Vaters gefunden wurde, der Grundbesitzer gewesen war, den er dem Sohn, einem Bomberpiloten bei uns, geschrieben hatte. Darin hatte er vom Sohn verlangt, eine Bombe auf unseren Generalstab zu werfen und dann mit dem Flugzeug nach Südkorea zum Feind überzulaufen.

Der Kommandeur fasste meine Geschichte nicht gut auf, vielleicht hegte er auch Nebengedanken, aber wider Erwarten wurde mir mit einem Federstrich erlaubt, sofort demobilisiert zu werden. Aber er teilte mir mit, dass es nicht in seiner Macht stünde, mir eine Arbeit zuzuteilen. Ich müsste zum Ort meiner früheren Aufenthaltserlaubnis zurückkehren und selbst nach einer Existenzmöglichkeit suchen. Eine andere Möglichkeit war es, dass der Kommandeur an die Bewegung gegen die drei Übel dachte. Bei der Führung der Massen hatte man die Kontrolle verloren, sodass ein Lehrer in den Tod getrieben wurde und ein Lehrer für die Flugzeugstruktur aus dem fünften Stock eines Hauses gesprungen war und an Ort und Stelle starb. Ein anderer war ein Lehrer für die Prinzipien des Fliegens, den ich sehr verehrte. Bevor er zur Schule der Luftstreitkräfte gekommen war, lehrte er als

Dozent an einer Universität in Nordwestchina. Außer dass seine Herkunft bestimmt nicht gut war, hatte er keine größeren politischen Probleme. Er sprang auch aus dem Fenster, aber da er ein Lehrer für die Prinzipien des Fliegens war, brach er sich nur die Knochen. Haben Sie schon einmal einen Vogel gesehen, der zu Tode gefallen wäre? Später habe ich sagen gehört, er wäre aus dem dritten Stock gesprungen und auf einen sehr hohen und sehr losen Haufen von Kohlen zum Heizen gefallen und deshalb nicht gestorben, er hatte also keine Prinzipien des Fliegens benutzt. Weil dieser Kommandeur solche Fälle derart behandelte, dass die problematischen Leute selbst gehen sollten, warum wäre es dann nötig, ihn zu behalten?

So erhielt ich 360 Yuan Demobilisierungsgeld (das entsprach dem Gehalt eines Zugführers für sechs Monate), und im Mai dieses Jahres kehrte ich nach Shanghai zurück und wohnte wieder im Meili-Garten. Gut drei Monate später fuhr ich zur Nanjing-Universität. Als ich in Shanghai an der Oberschulprüfung teilnahm, prangte auf meinem Prüfungsbogen ein großer Stempel „Bevorzugt anzunehmen", das war ein Zeichen der Fürsorge des Erziehungsministeriums für die demobilisierten Soldaten. Aber diese Politik ist möglicherweise auf mich nicht angewendet worden, weil ich in jedem Fach mehr als 90 Punkte erreicht hatte. Dennoch kam ich trotzdem in den Genuss der Politik der Bevorzugung demobilisierter Soldaten durch den Staat. Die Nanjing-Universität zahlte an mich jeden Monat 24 Yuan (das reichte für das Verpflegungsgeld für zwei Personen) als Stipendium für delegierte Kader aus. Das sicherte in den kommenden vier Jahren Studium meine Lebenshaltungskosten. Damals waren die Universitäten für alle Studenten nämlich noch völlig kostenlos.

Kapitel 5

Verlauf des Studiums an der Nanjing-Universität und Arbeit im Werk für astronomische Geräte Nanjing

Beginn des Studiums der Astronomie

An der Nanjing-Universität trat ich in die Fakultät für mathematische Astronomie ein. Diese Fakultät bestand tatsächlich aus zwei unabhängigen Fakultäten; die Astronomie-Gruppe musste mit der Mathematik-Gruppe zusammen die Vorlesungen und auch die Vorlesungen der Fakultät für Physik gemeinsam hören. Interessant ist, dass, verglichen mit den beiden Hauptvorlesungen, die Erfolge der Studenten der Astronomie-Gruppe besser waren, und auch im Fußball belegte die Astronomie-Gruppe den ersten Platz der ganzen Universität. Die Studenten der Astronomie-Gruppe mussten im dritten Studienjahr ein Spezialfach wählen. Das eine Spezialfach war die klassische Himmelskörpermessung in der Geschichte einer 2.000-jährigen Entwicklung, das andere die nur 100-jährige Himmelskörperphysik. Damals fand ich, dass die Himmelskörperphysik zu unergründlich sei, besonders, dass die Urknalltheorie des Kosmos unsere Vorstellungskraft völlig übersteigt. Obwohl die Himmelskörpermessung klassisch war, meinte ich, wenn ich die mir bekannte Technik aus der Luftfahrt nutzen könnte, dann könnte ich die Geräte für die Himmelskörpermessung verbessern und dadurch eine höhere Messgenauigkeit erzielen. Diese potentielle Perspektive ließ mich das Spezialfach der Himmelskörpermessung wählen.

Einmal trat am deutschen Zeiss-Teleskop des Observatoriums ein Fehler des elektrischen Systems auf. Ich erklärte mich freiwillig bereit, das spezielle elektrische System zu untersuchen, um schließlich die Arbeit des Teleskops wiederherzustellen. Seitdem konnte ich dieses Teleskop immer eigenständig benutzen, um Beobachtungen für selbst gewählte Aufgaben durchzuführen.

Eintreten gegen die Rechtsabweichler-Bewegung

Im Jahre 1957 wurde im ganzen Land die Bewegung gegen die Rechtsabweichler entfesselt. Nachdem ein jeder erst ermutigt wurde, frei seine Meinung zu äußern, griff man die sogenannten „selbst aus der Deckung gesprungenen" Rechtsabweichler-Elemente auf. An allen Fakultäten der Nanjing-Universität wurde von den Dozenten und Studenten eine Anzahl von Rechtsabweichler-Elementen herausgegriffen. Aber die Sekretärin des Spezialfachs Astronomie bot diesem Druck die Stirn, sodass hier nicht ein einziger Rechtsabweichler herausgegriffen wurde. Diese Sekretärin hatte auch mich geschützt. Nachdem sie einen von der Universität gekommenen Brief gesehen hatte, der mich denunzierte, schlug sie die Sache nieder. Dieser Brief war von einem Hilfslehrer der Schule der Luftstreitkräfte in Harbin geschickt geworden. Obwohl ich mit ihm früher nichts zu tun und die Schule schon vor zwei Jahren verlassen hatte, aber um zu zeigen, wie progressiv er selbst sei, hatte er schließlich behauptet, ich wäre im politischen Studium an der Schule der Luftstreitkräfte fast nie aufgetreten. Dies würde belegen, dass ich gegenüber der Partei Vorbehalte hegte. Darum sollte die Universität, falls sie mich nicht als Rechtsabweichler entlarvte, mich wenigstens als „mittleres nach rechts neigendes Element" einstufen.

Großes Stahlschmelzen und Großer Sprung voran

Im Jahre 1958 wurde im ganzen Land der Große Sprung voran und die Bewegung zum großen Stahlschmelzen entfacht. Damals hatte unsere Gruppe den Unterricht eingestellt. Wir gingen zu den kleinen ausländischen Häusern, in denen die Lehrer wohnten, um die Eisentore, Eisengitter und die Systeme der Kamine abzubauen und in die kleinen aus Lehm gebauten Hochöfen der Universität zu werfen. Diese Eisenteile wurden zu hartem, sprödem, völlig nutzlosem Eisenabfall eingeschmolzen. Schließlich stoppte die Zentrale diese Posse. Ministerpräsident Zhou Enlai hielt eine Rede, deren großer Sinn war, dass der revolutionäre Enthusiasmus der Massen etwas Gutes sei, denn er würde die wirtschaftlichen Verluste durch das Lehrgeld aufwiegen. Er fragte weiterhin, wann man in einer Revolution kein Lehrgeld bezahlen würde. Damals wurden an vielen Orten in China falsche Berichte über Produktionsrekorde mit einem Ertrag von 10.000 Jin Getreide pro Mu[42] fabriziert. Die Berichte der Medien hatte sogar der Vorsitzende Mao geglaubt. Aber später wurde aufgedeckt, dass die lokalen Regierungen bei der Begutachtung Lügenmärchen produziert hatten.

Auch wurde zu dieser Zeit an der Nanjing-Universität noch die Losung „sich sein Studium durch Lohnarbeit selbst zu finanzieren" propagiert. Darauf nahm ich am Entwurf und der Konstruktion eines regulären astronomischen Teleskops teil, das in der Fabrik der Universität tatsächlich hergestellt wurde. Weiter wurde die Optik, die die Kommilitonen meiner Gruppe poliert hatte, eingebaut. Dieses Teleskop wurde nach seiner Herstellung in die Stadt geschickt und ausgestellt. Damals erregte es beim Personal der Ausstellung Zweifel: Das sollen die Studenten der Universität selbst hergestellt haben? Beflügelt von dem Erfolg mit diesem Teleskop, bekam die Leitung fiebrige Köpfe und verlangte gleich, dass wir Studenten unter Anleitung sowjetischer Berater ein großes Sonnenteleskop mit einem Coelostat[43] konstruieren sollten.

Die verschiedenen damaligen Massenbewegungen führten dazu, dass meine Gruppe ein halbes Jahr lang weniger Vorlesungen hörte. Nach nicht langer Zeit schloss ich das Studium ab. Ich wurde recht frei in die Vorbereitungsabteilung des damals neu gegründeten Werks für astronomische Geräte Nanjing der Academia Sinica geschickt.

---

42 10.000 Jin Getreide pro Mu entspricht einem Ertrag von 800 dt/ha. In Deutschland liegen die Erträge für Winterweizen je nach Boden und Witterung zwischen 30 und 90 dt/ha.
43 Ein Coelostat dient dazu, richtungsfeste Teleskope der täglichen Himmelsdrehung nachzuführen. Es besteht aus zwei beweglichen Planspiegeln. Das Licht der Sonne wird so umgelenkt, dass es immer in ein ortsfest aufgestelltes Beobachtungsgerät fällt.

Zum Werk für astronomische Geräte Nanjing der Academia Sinica

Gerade als ich in die Vorbereitungsabteilung des Werks für astronomische Geräte kam, hatte dieses Werk weder ein Fabrikgebäude, noch weniger hatte es Ausrüstungen, es hatte nur zehn Kader und etwa zwanzig demobilisierte Soldaten. Als Techniker mit einem Universitätsabschluss gab es nur mich. Außerdem hatten wir noch einen Fachschulabsolventen, der Radiotechnik studiert hatte. Was die Frage angeht, warum die Academia Sinica ein Werk für astronomische Geräte eingerichtet hatte, so kann man nicht von der Entwicklung der astronomischen Forschung sprechen, wenn man keine astronomischen Geräte hat, und die Akademie verfügte damals nur über wenig wertvolle Valuta, um aus dem Ausland astronomische Geräte zu importieren.

Die vordringlichste Aufgabe der Vorbereitungsabteilung des Werks für astronomische Geräte war es, einen Standort für das Werk zu finden. Damals wählten wir einen Pfirsichgarten auf einem großen Hügel unterhalb des Berges an der Nordseite des Zijinshan-Observatoriums[44] als Standort des Werks. Anfangs hatten die Leute, die den Standort wählten, noch nicht den Einfluss des Großen Sprungs voran abgelegt, sie wollten das Werk für astronomische Geräte zu einem Zeiss des Ostens ausbauen (das größte Werk für optische Geräte in der Welt, in der DDR). Deshalb wurde geplant, Land in der Größe von fast einer Million Quadratmetern anzufordern. Aber der fanatische Große Sprung voran war gerade in seine Schlussphase eingetreten. Schließlich wurden vernünftigerweise nur 40.000 Quadratmeter Land angefordert, was lediglich 4 Prozent des anfänglichen Ausmaßes betrug.

Nach etwas mehr als einem Jahr war das Fabrikgebäude fertig gebaut. Die einzelnen Abteilungen des Werks waren im Wesentlichen komplett, wir hatten sogar mehr als zehn Universitätsstudenten und mehr als zehn Techniker. Sie leiteten mehrere Hundert Lehrlinge mit Mittelschulniveau an. Im Handumdrehen waren drei, vier Jahre vergangen, aber das neu aufgebaute Werk hatte noch nicht ein, wie es sich gehört, astronomisches Gerät produziert. Da hörten wir die schlechte Nachricht, die Leitung der Akademie überlege schon, ob man dieses Werk mit mehreren Hundert Angestellten überhaupt noch benötigte.

Ein erster Erfolg

Gerade in diesem kritischen Moment stellte das Werk für astronomische Geräte ein bedeutendes astronomisches Gerät her – ein astrometrisches Gerät, das im Auftrag des Zijinshan-Observatoriums gebaut wurde. Es war ein Fototeleskop mit einer hochgradigen Schmidt-Optik, großem Gesichtsfeld und hoher Lichtstärke, mit dem man ausländische Satelliten verfolgen und somit ihre exakte Flugbahn registrieren konnte. Nachdem dieses raffinierte und nur etwas mehr als zwei Tonnen schwere Teleskop zum Zijinshan-Obser-

---

44 Das Zijinshan-Observatorium (auch Observatorium am purpurnen Berg genannt) ist ein Observatorium nahe der Stadt Nanjing, das 1929 gegründet wurde. Heute ist es ein modernes astronomisches Observatorium, das der Chinesischen Akademie der Wissenschaften unterstellt ist. Hier wurden u. a. drei Kometen entdeckt.

vatorium transportiert worden war, waren nach nur einem Monat die Mitarbeiter der Forschungsabteilung Satellitenbahnen des Lobes voll. In einem Bericht an die Akademie wurde gefordert, möglichst schnell eine von der Leitung der Akademie veranstaltete Begutachtungssitzung durchzuführen. Die Abteilungen der Akademie waren anfangs nicht ganz überzeugt, man meinte, das Zijinshan-Observatorium würde aufschneiden. Daraufhin schickte man jemanden nach Nanjing, um alles zu überprüfen. Später berichtete dieser Mann, dass der große Erfolg real wäre. Daraufhin entsendete die Akademie ihren stellvertretenden Präsidenten, den berühmten Physiker Wu Youxun[45] zum Zijinshan-Observatorium, um eine Begutachtungssitzung der Akademie zu leiten.

Auf der Sitzung erklärte ein Mitglied der Begutachtergruppe, das korrespondierende Akademiemitglied Wu Xuelin vom Forschungsinstitut für Optik und Präzisionsmechanik in Changchun, dass, sollte dieses Teleskop tatsächlich eine Beobachtungsgenauigkeit der Satellitenbahnen von 1 Winkelsekunde erreichen, man dem kaum Glauben schenken konnte. Aber die Anwender aus der Gruppe für Satelliten erwiderten, die Messungen hätten erwiesen, dass das internationale Spitzenniveau der Genauigkeit von 1" erreicht werden kann. In jenem Jahr erhielt dieses Gerät den Preis der Academia Sinica für wichtige Erfolge. Das änderte natürlich auch die Einstellung der Akademie zum Werk für astronomische Geräte.

Früher war die größte Einrichtung, die ausländische Gäste im Zijinshan-Observatorium besichtigten, ein in den Dreißigerjahren von Zeiss in Deutschland importiertes Teleskop mit 60 Zentimeter Durchmesser. Aber nachdem das neue Teleskop zur Beobachtung von Satelliten in Dienst gestellt worden war, hatte man gleich ausländische Gäste gebeten, dieses fortschrittliche Teleskop aus einheimischer Produktion zu besichtigen. Nach einer vorläufigen Statistik hatten in den ersten zehn Jahren, nachdem es in Dienst gestellt worden war, 8.000 ausländische Gäste das Teleskop besichtigt, sodass es einen sehr großen Demonstrationseffekt ausübte. Da das deutsche Teleskop erwähnt wurde, das damals im Fernen Osten das zweitgrößte war, so näherte sich, nachdem es gerade in Dienst gestellt worden war, die japanische Armee Nanjing. Daraufhin siedelte das Zijinshan-Observatorium Hals über Kopf in das Hinterland Chinas um. Aber es war unmöglich, das mehrere Tonnen schwere Teleskop zu evakuieren. Man konnte nur den 80 Kilogramm schweren Hauptspiegel ausbauen und abtransportieren. Unterwegs hatten die Astronomen lieber ihr eigenes Gepäck aufgegeben, sodass schließlich der Hauptspiegel sicher im Hinterland von Kunming ankam. Nach dem Sieg im Antijapanischen Widerstandskrieg wurde er nach Nanjing zurücktransportiert. Jedoch war die Mechanik dieses Teleskops durch die japanische Armee leicht beschädigt und konnte nicht benutzt werden. Nach der Gründung der Volksrepublik lud die Akademie Mitarbeiter des Zeiss-Werks ein, dieses Teleskop wiederherzustellen. Die deutschen Ingenieure, die nach Nanjing gekommen waren, äußerten noch, dass sie ihnen die moderne Wissenschaft und Technik brachten.

Man sagt gewöhnlich, dass ein neu gegründetes Gerätewerk, das keine versierten Techniker hat, die zudem noch ohne Erfahrung sind, generell nicht in kurzer Zeit ein großes Teleskop mit Spitzengenauigkeit herstellen kann. Aber der Forschungsgruppenleiter, der diese Aufgabe übernommen hatte, besaß schon Kenntnisse mit der Mechanik im Flugwesen.

---

45   Wu Youxun (1897 – 1977) war ein chinesischer Physiker, der viel über den Compton-Effekt geforscht hat.

Nachdem ich damals mit ganzer Kraft alle Besonderheiten der ausländischen Geräte zur Beobachtung von Satelliten verarbeitet hatte, benutzte ich ein sehr einfaches, raffiniertes Verfahren, das zugleich den Bearbeitungsmöglichkeiten des neuen Werks angepasst war. Ich zeichnete die Montagezeichnungen aller Einzelteile und Baugruppen dieses Teleskops und auch die Schaltpläne der elektrischen Steuerung. Dann gab ich sie den Mitgliedern der Gruppe, um regelrechte Montagezeichnungen zu erstellen und Einzelteilzeichnungen für die Bearbeitung herauszuziehen. Nicht lange danach war dieses Teleskop vollständig montiert, und wir begannen mit der Erprobungsphase. Nachdem die Projektmitarbeiter vom Zijinshan-Observatorium es gesehen hatten, berichteten sie dem Direktor des Observatoriums Zhang Yuzhe[46] darüber. (Direktor Zhang hatte in den Zwanzigerjahren in Amerika die Messung von Himmelskörpern studiert und war versiert darin, die Bahnen der kleinen Planeten im Sonnensystem zu berechnen. Noch in Amerika entdeckte er einen kleinen Planeten, den er China-Stern nannte, aber nicht Zhang Yuzhe-Stern, was ihm zugestanden hätte.) Sein Geschmack für die Kunstgegenstände in seinem Haus war sehr erlesen. Als Student der Nanjing-Universität hatte ich das Glück, einmal sein Schlafzimmer zu sehen. Auf dem Schrank am Kopf seines Betts lag ein Ziergegenstand, den man nicht erraten konnte. Tatsächlich handelte es sich dabei übrigens um den Schädel eines Menschen.

Direktor Zhang kam eigens in das Werk, und nachdem er das Teleskop zur Messung von Himmelskörpern untersucht, seine Verblüffung verarbeitet und meine Fähigkeiten erkannt hatte, sorgte er gleich dafür, dass die Parteileitung des Zijinshan-Observatoriums den Techniker Hu Ningsheng des dem Observatorium zugeordneten Werks für astronomische Geräte zum Ingenieur beförderte. Direktor Zhang hatte damals geurteilt, dass dieses Teleskop unbedingt zum Erfolg geführt werden müsste, sonst würde der für die Entwicklung vorzeitig Beförderte die künftige Niederlage nicht verkraften und wäre dem Risiko ausgesetzt, von allen Seiten verlacht zu werden. Nicht lange danach wurde im Werk eine große Versammlung des ganzen Werks einberufen. Auf der Versammlung verlas Direktor Zhang persönlich meine Ernennungsurkunde zum Ingenieur.

Danach benutzte die Gruppe für Satelliten des Zijinshan-Observatoriums entgegen den allgemeinen Erwartungen dieses spezielle Gerät, um alle Gesetzmäßigkeiten der Bewegung ausländischer Satelliten zu beobachten und zu berechnen. Vollständig beherrschte sie die Himmelskoordinaten beim Flug dieser Satelliten über China und die Voraussage der Zeit ihrer Ankunft. Durch den Vergleich dieser Voraussagen mit den praktisch beobachteten Ergebnissen konnte das Zijinshan-Observatorium rasch alle Gesetzmäßigkeiten der Bewegung von Satelliten verstehen. Deshalb konnte das Observatorium, als im Jahre 1970 China den ersten Satelliten startete, die wichtige Aufgabe übernehmen, die Bahn des Satelliten zu projizieren.

Im Folgenden beschreibe ich ein Teleskop zur Beobachtung der Bahnen von Satelliten, worüber der interessierte Leser im Anhang nachlesen kann. Die Gruppe zur Beobachtung von Satelliten des Zijinshan-Observatoriums konnte nach mehreren praktischen Übungen dieses Teleskop zur Beobachtung von Satelliten versiert bedienen. Viele Jahre später fanden sie ein neues, ähnlich kompliziertes Teleskop zu umständlich und waren damit

---

46 Zhang Yuzhe (1902–1986) war ein chinesischer Astronom, der als Vater der modernen chinesischen Astronomie angesehen wird.

unzufrieden. Sie sagten dem Konstrukteur des neuen Teleskops, dass sie selbst zum Einlegen eines Films 20 Minuten brauchten, wohingegen es bei dem früheren Teleskop nur anderthalb Minuten dauern würde. Sie brachten noch ein weiteres Beispiel, und zwar als einmal am Abend der Beobachter mit einem Wecker geweckt wurde, sah dieser aus dem Fenster, dass der helle amerikanische Satellit schon gekommen war. Der Beobachter rannte wie im Flug mehr als hundert Meter zum Kuppelraum auf dem Dach des Gebäudes, legte schleunigst die vier Negativfilmkassetten ein, öffnete das Himmelsfenster der Kuppel und richtete das Teleskop auf den Satelliten. Damals konnte der Beobachter wider Erwarten noch erfolgreich drei Negativfilme aufnehmen.

Nachdem dieses Teleskop begutachtet worden war, gaben sich einige Techniker des Werks, die Ingenieurwissenschaften studiert hatten, nicht geschlagen. Sie sagten, dass Hu Astronomie studiert hätte, und wenn er astronomische Geräte baute, er davon natürlich profitieren würde. Wenn er Fähigkeiten auf dem Gebiet der mechanischen Konstruktionen hatte, dann sollte er sich mit ihnen einmal vergleichen! Gerade damals fanden mehrere wissenschaftliche Konferenzen statt, auf denen ich den Aufbau des speziellen Hauptachsensystems dieses Teleskops vorstellte. Ich konnte an dem mechanischen Achsensystem, das schon eine Geschichte von mehreren Hundert Jahren hatte und ganz ausgereift war, noch wichtige Verbesserungen anbringen. Deshalb glaubte ich, dass selbst die Lehrer bei diesem Vortrag noch etwas dazulernen konnten.

Im Folgenden will ich nur dieses Achsensystem etwas ausführlicher vorstellen, um zu vermeiden, dass man mich für einen Prahler hält. Weil das Folgende viel Technisches enthält, kann es sein, dass Geisteswissenschaftler es nicht lesen, aber wenn sie es lesen wollen, werden sie es durchaus verständlich finden. (Lesen Sie weiter im Anhang.)

Einmal fragte mich im Werk ein Verwaltungsangestellter, warum sich die Arbeiter in der Werkstatt am liebsten meine Zeichnungen zur Bearbeitung aussuchen würden. Sie meinten, meine Teile wären sehr leicht zu bearbeiten, weil sie sowohl einfach als auch nicht sehr genau seien. Ich entgegnete: „Weil mein Gehirn einfach ist, darum entwerfe ich keine komplizierten Teile." Der Mann dachte nach und fand, dass daran etwas dran sei. Aber später fragte er die Arbeiter. Doch die Arbeiter erwiderten, gerade das Gegenteil sei richtig. „Unsere Erfahrung ist, dass im Allgemeinen Leute umso kompliziertere Zeichnungen anfertigen, je simpler ihr Gehirn ist. Außerdem sind die Genauigkeitsanforderungen hier recht hoch, wohingegen Leute, die über ein komplizierter arbeitendes Gehirn und ein dementsprechend höheres Niveau verfügen, einfachere Zeichnungen mit eher niedrigeren Genauigkeitsanforderungen anfertigen." Die Finanzabteilung bestätigte das auch. Nach ihrer Statistik liegen für ein und dasselbe Erzeugnis die Kosten bei verschiedenen Konstrukteuren für zwei ähnliche Erzeugnisse oft um das Dreifache auseinander.

Entwicklung und Herstellung der Ausrüstungen für den Start von Chinas ersten künstlichen Satelliten – Optischer Trackingtheodolit

Wenn die Rakete, die einen Satelliten transportiert, abgeschossen wird, muss man für gewöhnlich, nachdem die Rakete die Erde verlassen hatte, sofort die tatsächliche Bahn messen und berechnen, um rechtzeitig dynamische Korrekturen vornehmen zu können, die gewährleisten, dass die Rakete in die vorgesehene Bahn eintritt. Deshalb benötigt man beim Start einer Rakete mindestens zwei optische Trackingtheodoliten, die von verschiedenen Punkten auf der Erde die Rakete verfolgen, beobachten und in Echtzeit die Koordinatenwerte der Richtung und des Steigungswinkels ausgeben (ihre Genauigkeit muss noch viel höher als die eines Radar-Trackingtheodoliten sein). Das Werk für astronomische Geräte wurde als Werk für die Entwicklung und Herstellung eines optischen Trackingtheodoliten, der die Bezeichnung 651-18 trug, bestimmt und ich zum Leiter der Entwicklungsgruppe ernannt. Es wurde festgelegt, diese Aufgabe in zwei Jahren abzuschließen. Damals hatte ich anhand englischer Unterlagen im Großen und Ganzen diese Art Gerät verstanden. Danach begab ich mich zuerst in das Zijinshan-Observatorium, um einen Ballon-Theodoliten der Satelliten-Abteilung zu studieren (ein meteorologisches Gerät, um die Bahnen der atmosphärischen Winde zu messen). Mit ihm verfolgten wir den Flug eines Seidenreihers, um eine sinnliche Erkenntnis zu gewinnen. Danach beschlossen wir, dass ein Beobachter mit einem Teleskop, das auf dem Theodoliten angebracht war, ein Ziel nur bezüglich der Richtung verfolgen sollte. Die Trackinggeschwindigkeit wurde von ihm geregelt, indem er einen Führerstand vor sich steuerte. In gleicher Weise benutzte ein weiterer Beobachter sein Teleskop und kümmerte sich nur darum, das Ziel bezüglich des Anstiegswinkels zu verfolgen. Die elektrischen Signale der Drehwinkel der beiden Theodolitachsen wurden mit einem optischen Kodierer auf der Achse ausgegeben. Dieser Kodierer bestand aus einer Glasplatte, auf die 65.536 Striche gedruckt waren, und einem Ausgabegerät, bei dem die Kodes mit 16 Fotodioden gelesen und danach vergrößert ausgegeben wurden. Damals konnte man in China nur im Forschungsinstitut für Optik und Präzisionsmechanik in Changchun präzise optische Kodierer herstellen. Bezüglich der damaligen technologischen Bedingungen hatte unser Werk schon eine importierte Präzisionskreisteilungsmaschine und Erfahrungen mit unseren eigenen Präzisionsgeräten. Natürlich mussten wir nicht wenige Schwierigkeiten überwinden, bis wir in Zusammenarbeit der Kollegen diesen Kodierer erfolgreich entwickelt und hergestellt hatten.

Damals hatte die Kulturrevolution nicht lange zuvor begonnen, und im Werk bildeten sich zwei Fraktionen, die wie sich wie Feuer und Wasser heftig bekämpften. Die normale Produktion im Werk war schon unterbrochen. Die Fraktion zum Schutz der vorhandenen Leiter hatte das Gebäude besetzt, in dem die Kreisteilungsmaschine stand, und ließ andere nicht hinein. Aber ich musste hinein und verlangte, dass ich eine militärische Aufgabe zu erfüllen hätte. Wer würde die Verantwortung übernehmen, wenn ich das Produkt verspätet ablieferte? Daraufhin musste mich diese Fraktion einlassen, sodass ich „die Produktion ankurbeln" konnte, während die anderen „Revolution machten". Nachdem ich das Gerät fertiggestellt hatte, wurde es verpackt und zur Erprobung geschickt. Direktor Gong vom Forschungsinstitut für Optik und Mechanik in Xi'an kam, um es in Augenschein zu nehmen. Als er den optischen Kodierer sah, meinte er, er wäre im Forschungsinstitut für Optik und Präzisionsmechanik in Changchun hergestellt. Aber nachdem er hörte, dass er von mir stammte, seufzte er unwillkürlich. Nachdem China im Jahre 1970 den ersten Satelliten zum Himmel geschickt hatte, erhielt unser Werk im nächsten Jahr vom entsprechenden Ministerium eine Auszeichnungsurkunde dafür, dass die beiden Geräte die Aufgabe vollkommen erfüllt hatten.

45 Jahre später schickte mir der Kommilitone Pan Houren, der sich mit Flugwesen beschäftigt hatte, einen Brief, dem ein Foto beigefügt war. Darin schrieb er, dass er kürzlich im Beijinger Museum für Flugwesen einen Gedenkstein gesehen habe, auf dem stand, dass der optische Trackingtheodolit 651-18 im Nanjinger Werk für astronomische Geräte entwickelt und hergestellt wurde und dass der Leiter der Entwicklungsgruppe Hu Ningsheng war. Ich dachte mir, dass dieser Gedenkstein bestimmt länger als ich leben würde. Ich glaubte erst nicht an die Worte im Gedenkessay eines Dichters zum Tode von Lu Xun: „Manche Menschen glauben, dass sie unvergänglich seien, wenn der Name in Stein gegraben ist, aber der Name auf dem Stein verdirbt schneller als der Stein!"

Untersuchung der Genauigkeit eines astrometrischen Geräts

Im Jahre 1964 fragte mich der stellvertretende Direktor Qian des Werks für astronomische Geräte, der für die Produktion zuständig war, wonach ich strebte. Ich antwortete, dass ich im internationalen Rahmen ein Experte für astrometrische Geräte werden wollte. Als der stellvertretende Direktor das hörte, blieb er ziemlich skeptisch. Danach las ich eifrig eine große Menge von Materialien über die Genauigkeitsgrenzen der Messung von Himmelskörpern (als ich an der Universität war, war Russisch ein Pflichtfach, später wählte ich noch Englisch, und ich machte es mir zur Gewohnheit, flüssig englische Fachliteratur zu lesen). Damals fand ich, dass, wenn man die genaue Zeit misst, bei der ein Fixstern, der im Osten auf- und im Westen untergeht, einen Ort am Himmel in einem bestimmten Punkt durchläuft (mit der Senkrechten der Schwerkraft als Normal), ihr Messfehler bei Weitem nicht die durch den Gerätefehler errechnete erforderliche Genauigkeit erreichen kann. Der Gesamtfehler eines komplexen Geräts muss nach vielen Beobachtungen als Fehler des Mittelwerts kleiner werden. Nach der Beobachtung vieler Sterne in einer Nacht müsste der Fehler des Endergebnisses eine Größenordnung von 0,01" bis 0,02" erreichen. Aber der Fehler praktischer Ergebnisse mit astrometrischen Geräten über die Bewegung von Fixsternen bei verschiedenen Messungen auf der Welt war gegenüber diesem ideal kleinen Fehler etwa zehnmal größer. Außerdem konnten die Experten auf der ganzen Welt nicht herausfinden, woher dieser vergrößerte Fehler rührte, und natürlich konnten sie noch weniger angeben, wie mit ihm umzugehen wäre.

Als ich bis hierher kam, war ich unwillkürlich bald erfreut, bald betrübt. Freude herrschte – wenn ich die Ursache dieses verfluchten Fehlers finden kann, kann ich mir dann nicht ein Verfahren überlegen, ihn zu verringern? Die Beobachtungsgenauigkeit des von mir konstruierten neuen Geräts sollte nicht nur die gegenwärtige Genauigkeit übertreffen, sodass Hoffnung bestand, mein ideales Ziel zu verwirklichen. Trübnis herrschte, weil so viele ausländische Experten diesen Fehler nicht finden konnten. Gewiss war er schwer zu finden, konnte ich es schaffen? Das war ein von mir selbst gestelltes Forschungsthema, wofür ich mir zwei Jahre Zeit nahm, es zu untersuchen.

Damals hatten einige ausländische Experten schon vermutet, dass der besprochene unklare Fehler von der Meteorologie kommen könnte, aber sie sahen keine Möglichkeit, dieses Forschungsthema anzugehen, und auch ich hegte eine ähnliche Ansicht. Um ein tieferes Verständnis zu erlangen, hatte ich mir aus der Bibliothek die englische Ausgabe des Buchs „Erdnahe Meteorologie" ausgeliehen, das ich aufmerksam las. Der Gewinn aus diesem Buch war sehr groß. In dem Buch wurde unter anderem ausgeführt, dass bei einer Pflanze in einer klaren Nacht die Temperatur der beiden Blattseiten völlig unterschiedlich ist. Die Differenz zwischen beiden kann mehrere °C erreichen. Das liegt daran, dass die Oberseite der Blätter zum recht kalten Himmel gerichtet ist, und die Blätter wegen der (Wärme-)strahlung zur kalten Seite ihre Temperatur gesenkt hatten. Dieser Effekt bedeutet, dass bei einem astrometrischen Gerät, das in der Nacht dem klaren Himmel ausgesetzt ist, die Temperatur seiner einzelnen Teile verschieden ist. Das hat zur Folge, dass die einzelnen wichtigen Baugruppen im Gerät durch die Temperaturdifferenz verformt werden. Das verlangt vom Konstrukteur des Geräts, dass wir diese Verformung infolge der Temperaturdifferenz vermeiden müssen. Außerdem kann das Licht der Fixsterne, das vom Kosmos in die Erdatmosphäre einfällt, den sogenannten Effekt der „astronomischen Refraktion" hervorrufen. Darum muss man bei einem astrometrischen Gerät in Bezug auf die Fixsterne bei der Messung ihres Steigungswinkels noch diesen Winkel der astronomischen Refraktion abziehen. Wenn man diesen Refraktionswinkel berechnen will, muss man zuerst wissen, wie groß die Lufttemperatur an der Eintrittsstelle des Fixsternlichts an dem astrometrischen Gerät ist. Wenn man die astrometrische Refraktion in der Astrometrie konventionell berechnet, benutzt man gewöhnlich ein in einem Jalousiekasten nahe dem Beobachtungsraum angebrachtes Glas-Quecksilberthermometer. Offensichtlich kann die Lufttemperatur, die im Jalousiekasten gemessen wird, gegenüber der Lufttemperatur an der Eintrittsstelle des Sternenlichts am Gerät oft etwas differieren. Das bedeutet, dass die mit der Lufttemperatur im Jalousiekasten berechnete astronomische Refraktion oft gegenüber der tatsächlichen astronomischen Refraktion fehlerhaft ist, und der durch die ungenaue Temperatur hervorgerufene Fehler die Messgenauigkeit des Steigungswinkels von Fixsternen der Astronomen ernsthaft beeinträchtigen kann.

Der Rädelsführer des astrometrischen Fehlers ist gefunden

Nachdem ich die „Erdnahe Meteorologie" studiert und tiefgründige Überlegungen und Messungen angestellt hatte, entdeckte ich, dass nicht nur im Beobachtungsraum, sondern sogar in dem senkrechten Teleskoprohr die Körpertemperatur an den einzelnen Orten und die Lufttemperatur in der Nähe alle unterschiedlich waren. Offensichtlich kann die Verformung infolge einer Temperaturdifferenz der Körper dazu führen, dass in einem präzisen astrometrischen Gerät ein Winkelmessfehler entsteht, und nachdem das Sternlicht die Luft mit inhomogener Temperatur passiert hatte, kann die Richtung des Sternenlichts verbogen worden sein, sodass dadurch die Richtung des Sternenlichts durch einen direkten Fehler beeinträchtigt wurde. Ich konnte angenähert die Größe der Verformung berechnen, die in einem Bauteil durch eine Temperaturdifferenz hervorgerufen wurde, aber wie man die Größe der Krümmung des Lichtstrahls zu berechnen hat, wusste ich nicht gedanklich anzugehen.

Glücklicherweise las ich ein Jahr später eine von einem Amerikaner geschriebene Abhandlung „Krümmung der Lichtstrahlen der Sonne nach dem Durchgang durch die Marsatmosphäre", und dann überlegte ich mir ein Verfahren, den irregulären

Refraktionswinkel, der die Lichtstrahlen krümmt, zu berechnen. Erstmalig leitete ich eine einfache praktische Gleichung zur Berechnung der irregulären Refraktion ab. Gestützt auf den „Forschungsfonds für ausländische Experten in Japan" der japanischen Regierung arbeitete ich drei Monate in der internationalen Mizusawa-Breitengradstation in Japan und hatte das Messverfahren der irregulären Refraktion der erdnahen Atmosphäre im Beobachtungsraum und die Berechnungsgleichung in der Zeitschrift ihrer Station veröffentlicht (der Grundsatz dieser Zeitschrift war, nur die Abhandlungen der eigenen Wissenschaftler der Station zu veröffentlichen, während Aufsätze von auswärtigen Wissenschaftlern nur selten veröffentlicht wurden). Mein als Neuerung vorgeschlagenes Verfahren wurde unverzüglich vom Observatorium Tokio aufgegriffen. Die Maßnahme, die ich vorschlug, um die irreguläre Refraktion zu verringern, bestand darin, den Beobachtungsraum, in dem das astrometrische Gerät aufgestellt wurde, während der Beobachtung vollständig zu öffnen. Außerdem sollten auf dem Fußboden, an den vier Wänden und auf den Außenwänden des Geräts glänzende Aluminiumfolien oder dünne Aluminiumbleche aufgeklebt werden. Der Zweck dieser Maßnahme war es, dass die Oberflächentemperatur des Aluminiums nicht durch den Effekt der Strahlung in der Luft übermäßig abgesenkt wurde. Was die Abschwächung der irregulären Refraktion im Teleskoprohr angeht, besteht das radikalste Verfahren darin, ein Vakuumteleskoprohr einzusetzen. Das heißt, am Eingang des Teleskoprohrs wird eine ebene dicke Glasplatte mit der Genauigkeit eines optischen Elements als Vakuumfenster eingebaut. Danach wird die Luft im Teleskoprohr evakuiert. So wird die materielle Grundlage, dass durch den Stern eine Refraktion hervorgerufen wird, beseitigt. Aber die Oberfläche dieses Vakuumfensters muss den atmosphärischen Druck von $10\,\text{N/cm}^2$ aufnehmen. Nachdem ich das weiter untersucht hatte, fand ich, wenn man das Vakuumfenster immer horizontal anordnet, kann sich ein solches Vakuumteleskoprohr nicht nur von allein der irregulären Refraktion entledigen, sondern überraschenderweise kann man auch die sogenannte „astronomische Refraktion" (fast) vollständig automatisch kompensieren.

Die Astronomen des Altertums, die die Himmelskörper gemessen hatten, wussten schon von der Existenz der astronomischen Refraktion. Deshalb musste man bei der Messung des Steigungswinkels eines Himmelskörpers die astronomische Refraktion abziehen (einige Sekunden), ehe man den wahren Steigungswinkel des Himmelskörpers erhielt. Die Größe der astronomischen Refraktion verändert sich nicht nur stark entsprechend der Größe des Steigungswinkels (von 35 Minuten, wenn der Himmelskörper auf dem Horizont steht, bis zu 0 Sekunden bei einem Steigungswinkel von 90°), außerdem hängt sie von der jeweiligen Lufttemperatur und dem Luftdruck ab. Die Astronomen, die Himmelskörper messen, benutzen für die Berechnung der astronomischen Refraktion gewöhnlich ein gläsernes Quecksilberthermometer, das in einem Jalousiekasten des Beobachtungsraums angeordnet ist, um die Anzeige abzulesen. Deshalb wird die mit diesem Thermometer gemessene Temperatur im Allgemeinen nicht die Lufttemperatur vor dem Teleskoprohr sein. Ich fand heraus, dass selbst wenn man ein alltägliches Luftthermometer am Eintritt des Teleskoprohrs anordnet, die gemessene Temperatur gegenüber der Lufttemperatur an diesem Ort um 1 bis 3 °C differieren kann. Deshalb krankt der Wert des Steigungswinkels, den Astronomen seit mehreren Hundert Jahren gemessen hatten, am Mangel einer ungenauen Korrektur der atmosphärischen Refraktion. Aber da man wirklich ein horizontales Vakuumfenster benutzen musste, um diese lästige atmosphärische Refraktion zu beseitigen, musste ich zahlreiche komplizierte theoretische und ingenieurtechnische Probleme des Vakuumfensters, das Druck aufnimmt, lösen. Natürlich mussten meine Vorstellungen durch die Praxis überprüft werden, was ich noch genauer erläutern werde. Daraufhin hatte ich nacheinander im Ausland fünf Abhandlungen über die irreguläre Refraktion veröffentlicht. Außerdem hatte ich zuerst mit einem Vakuumteleskoprohr die astronomische Refraktion kompensiert. Meine Arbeiten zogen die Aufmerksamkeit der internationalen Community für Astrometrie auf sich, und Mitte der Achtzigerjahre wurde ich vom Vorsitzenden der Gruppe für astronomische Refraktion der Internationalen Astronomischen Vereinigung zum internationalen Koordinator für die Forschung zur lokalen irregulären Refraktion ernannt.

Wie ich die Schwierigkeiten der englischen Sprache meisterte

Zuerst erzähle ich eine kleine Geschichte: Im Jahre 1979, nicht lange nachdem die Periode von Reform und Öffnung[47] begonnen hatte, sprach Direktor Zhang des Zijinshan-Observatoriums eine Einladung an den berühmten amerikanischen Astronomen und Gründer des Kitt Peak National Observatory und hervorragenden Experten für astronomische Teleskope Professor Aden B. Meinel und seine Frau zum Besuch in China aus. Er bat ihn, im Werk für astronomische Geräte eine Woche lang Vorlesungen zu halten. Zwei Monate später kam Meinel wirklich. Zwei Monate zuvor hatte man mich ausgewählt, die Vorlesungen des ausländischen Gastes zu übersetzen, weil mein Englisch im Werk als das beste galt. Zum Beginn hielt Frau Meinel einen Vortrag, sie stellte die amerikanische Forschung über die Sonnenenergie vor. Sie hatte gerade den ersten Absatz zu Ende vorgetragen, als ich sogleich auch diesen Absatz fließend auf Chinesisch vortrug. Obwohl sie nicht wusste, ob ich richtig ins Chinesische übersetzt hatte, lobte sie gleich, dass ich wirklich flüssig übersetzen würde! Anschließend berichtete Meinel über seine Erkenntnisse bei der Untersuchung astronomischer Teleskope. Ich hatte es auch sehr flüssig übersetzt, dabei hatte er sogar ein Wort benutzt, von dem er momentan nicht dachte, dass man es gebrauchen müsste – unsurmountable (unüberwindlich). Jetzt geschah etwas Merkwürdiges, dieser Übersetzer erinnerte ihn an den englischen Wortschatz, den man gebrauchen sollte. Im Anschluss lobte Meinel mehrmals mein Englisch. Nach dem Vortrag erkundigte sich ein Zuhörer von einer auswärtigen Einheit: Aus welchem Land ist dieser Übersetzer zurückgekehrt? Tatsächlich war ich damals noch nicht im Ausland gewesen, und im Inland hatte ich keinerlei spezielle Englisch-Lehrgänge besucht. Wo also hatte ich Englisch gelernt? Das Englisch, das ich in der Grundschule gelernt hatte, hatte ich nach dem Verlassen der Schule gründlich vergessen ...

---

47 Als Deng Xiaoping nach dem Ende der Kulturrevolution im Jahr 1978 die Macht übernommen hatte, leitete er eine Politik von Reform und Öffnung ein. In diesem Zusammenhang bedeutete Reform, dass Formen des Wirtschaftens auf der Grundlage der Eigenverantwortung der Bauern und des unternehmerischen Wirtschaftens zugelassen wurden, und Öffnung bedeutete die Öffnung des Landes gegenüber dem Ausland, um den Austausch und ausländische Investitionen zu fördern.

Im zweiten Studienjahr auf der Universität wählte ich Englisch als Fach, was mich allerdings das gerade erlernte Russisch wieder vergessen ließ. Glücklicherweise stellte unsere Englisch-Lehrerin äußerst strenge Forderungen an die Aussprache, was auch unseren guten Lernerfolg begünstigte. Es hieß, sie war einmal die Schönste an der Jinling Frauen-Universität[48] gewesen. Zehn Jahre nach Beendigung des Studiums suchte ich sie immer noch auf, damit sie mir englische Briefe und Artikel korrigierte. Mir war durchaus bewusst, dass man nach dem Erlernen des Englischen die Sprache sofort anwenden müsste, sonst würde man sie auch wieder vergessen. Darum besuchte ich ab dem dritten Studienjahr regelmäßig die Bibliothek des Observatoriums der Nanjing Universität, um in den ausländischen Zeitschriften zu lesen. Ab dem vierten Studienjahr musste ich für die Besuche in der Bibliothek nicht einmal mehr ein englisch-chinesisches Wörterbuch mitnehmen. Während der mehreren Jahrzehnte, die ich im Werk für astronomische Geräte arbeitete, behielt ich die Gewohnheit bei, ständig englische Zeitschriften zu lesen; in der Tat hatte ich vorgeschlagen, diese Zeitschriften zu abonnieren.

Ende der Fünfzigerjahre tauchte in der Buchhandlung für fremdsprachige Literatur ein Englisch-Lehrbuch von Linguaphone auf. Obwohl der Lehrgang nur 50 Lektionen enthielt, war er aber mit einem Satz Schallplatten, auf denen die Texte gesprochen wurden, komplettiert. Jede Lektion wurde von verschiedenen Sprechern der BBC vorgetragen. Natürlich sprachen sie ein Standard-Oxford-Englisch, zudem mit unterschiedlicher Tonlage und Klangfarbe. Als ich den Lehrgang sah, war ich freudig überrascht und kaufte ihn gleich. Danach spielte ich mit einem vom Großvater geerbten Plattenspieler unaufhörlich diese Schallplatten ab, bis die Zahnräder des Plattenspielers verschlissen waren. Im Ergebnis konnte ich diese 50 Lektionen wider Erwarten mit der Intonation der Rundfunksprecher nachsprechen. Wenig später hielt die Kulturrevolution das ganze Land für zehn Jahre im Griff. Obwohl in der späten Phase der Kulturrevolution die zentrale Leitungsgruppe der Kulturrevolution dazu aufrief, das ganze Land müsse einen harten Kampf um die politische Linie führen, begeisterte sich aber die Mehrheit der weiblichen Angestellten im Werk für astronomische Geräte eher dafür, Pullover zu stricken und den Klassenkampf mit der Wolle zu führen. Demgegenüber bauten sich die männlichen Angestellten Halbleiterradios und führten einen Kampf mit den elektrischen Schaltungen. Außer dass auch ich mich mit Halbleiterradios und Elektronenröhrenfernsehern beschäftigte, memorierte ich englische Vokabeln. Selbst wenn ich in der Kantine Schlange stand, blätterte ich Kärtchen durch und sagte die auf ihnen stehenden Worte auf. Damals meinten die anderen, der Mann ist verrückt, er lernt noch irgendeine nutzlose Fremdsprache.

Ein Jahr vor der Kulturrevolution wurde im Werk festgelegt, dass ich mit dem Parteimitglied Direktor Zhang, der in der Optik-Werkstatt der ideologisch fortschrittlichste war, zusammen einen Raum teilen sollte. Um ihn nicht zu stören, benutzte ich Gelegenheiten, wenn er abwesend war, um mit seinem Elektronenröhrenradio der Marke Panda laut die

---

48 Die Jinling Frauen-Universität (auch Ginling College genannt), wurde 1913 von Amerikanern als Christian College in Nanjing gegründet. Es widmete sich der Ausbildung von Mädchen. Als die japanische Armee Nanjing 1937 besetzte, verteidigte die damalige Prinzipalin Winnie Vautrin die Mädchen sehr mutig, aber letztlich nur wenig erfolgreich vor der Vergewaltigung durch japanische Offiziere. Die Schule war von 1951 bis 1987 geschlossen.

für das Ausland bestimmte Englisch-Sendung des zentralen Volksradios zu hören. Die Folge war, dass ein Jahr später eine Anklage-Wandzeitung dieses Direktors heraufbeschworen wurde, in der er mich fragte, was für einen Sender ich mit seinem Radio gehört hatte. Damals fühlte ich, dass er trotz genauer Kenntnis, was ich getan hatte, eine solche Frage stellte. Er wollte den Massen suggerieren, ich hätte einen Feindsender gehört. Ich antwortete darauf nicht, und die Leitung und die Massen kümmerten sich auch nicht darum. Nach einem weiteren Jahr organisierte die Obrigkeit eine Bewegung von fünf Akademieinstituten in Nanjing, auf der politisch Verdächtige Selbstkritik üben mussten und denen dann die „Hilfe der Massen" zuteilwurde, um ihre Probleme zu lösen. Das Werk für astronomische Geräte hatte zehn Personen ausgewählt und mich ans Ende der Reihe gestellt, um als letzte Nummer aufzutreten. Wer hätte gedacht, dass von den neun Leuten die meisten bei der Selbstkritik den Weg des geringsten Widerstands gingen? Aber die Massen ließen nicht zu, sie nur einmal zu überprüfen und die Sache wäre ausgestanden, und sie könnten am nächsten Tag zur Arbeit zurückkehren. Das Ergebnis war, dass der Fortgang der Kritik sich unablässig in die Länge zog, und als die Reihe an mich kam, verkündete die Obrigkeit, die Bewegung wäre siegreich abgeschlossen. Durch diesen glücklichen Zufall wurde mir kein Haar gekrümmt.

An dieser Stelle können passenderweise zwei interessante Geschichten über das heimliche Hören von Feindsendern angeführt werden:

Als ich im Observatorium Shanghai war, hörte ich, dass in einer Polizeistation einer kleinen Gemeinde bei der Beobachtungsstation Sheshan in einem Vorort dieses Observatoriums vor der Kulturrevolution ein nach Hongkong adressierter Brief abgefangen wurde. Darin stand, Taiwan sollte schnell das Festland angreifen, um uns, die wir in Not und Elend leben, zu retten. Die Adresse des Empfängers in Hongkong war ein Feindsender. Nachdem die Polizei die Handschrift bei der geringen Zahl der Einwohner des Ortes untersucht hatte, fand man, dass der Schreiber des Briefes der Vater des Parteisekretärs der Organisation in der Beobachtungsstation Sheshan war. Wie hatte die Polizei diesen Fall behandelt? Die Antwort ist, um das Ansehen des Parteisekretärs zu bewahren, wurde die konterrevolutionäre Tat des auf frischer Tat ertappten Vaters nicht öffentlich behandelt. Man ließ es mit einer Selbstkritik von ihm bewenden.

Der andere Fall betrifft einen denunzierenden Brief, den das Werk für astronomische Geräte während der Kulturrevolution vom Forschungsinstitut für Optik und Präzisionsmechanik in Xi'an erhielt. Darin hieß es, dass ein Techniker, ein gewisser Chen, der vom Institut zum Werk delegiert worden war, früher im Institut mit anderen Personen heimlich einen Feindsender gehört hätte. Der damalige Sekretär des Werks für astronomische Geräte veranlasste die Polizei, Chen sofort zu verhaften, und er wurde zu mehreren Jahren Gefängnis verurteilt. Später wurde Chen vorzeitig freigelassen und kehrte ins Werk zurück. Aber seine Frau hatte sich scheiden lassen. Nachdem Chen zurückgekehrt war, suchte er nur den damaligen neuen Sekretär auf, um abzurechnen. Raten Sie, welche Forderung Chen dem neuen Sekretär stellte? Die Antwort ist, dass sich seine Frau als Wiedergutmachung scheiden lassen sollte.

Wenn ich zurückdenke, warum die Massen nicht auf Direktor Zhangs Anklage-Wandzeitung reagierten, lag das vielleicht daran, dass es in der Optik-Werkstatt Arbeiter gab, die der Meinung waren, dass sie es doch sicher auch gehört hätten, wenn Hu das ausländische

Radio so laut gehört hatte. Aber hätten sie dann nicht auch heimlich einen Feindsender gehört? Eine andere Ursache war, dass Direktor Zhang, um die Höhe seiner Parteilichkeit unter Beweis zu stellen, ein paar Tage vorher in einer Wandzeitung alle dazu aufgerufen hatte, so wie er willig zu einem „gehorsamen Werkzeug" der Partei zu werden. Aber alle hielten es nicht für nötig, zum gehorsamen Vieh zu werden. Deshalb beachtete man seine spätere Wandzeitung nicht weiter. Nach ein paar Jahren erkrankte Direktor Zhang an Leberkrebs und starb rasch.

Bald nach dem Ende der Kulturrevolution stellte das Werk für astronomische Geräte eine Gruppe von Forschern ein, die ich dann ein Jahr lang in Englisch unterrichtete. Das verwendete Lehrbuch hieß „900 Sätze Englisch" und war von einem Amerikaner verfasst worden. Die Leute, die dieses Buch studierten, dürften in der Konversation keine Schwierigkeiten haben.

Etwa im Jahre 1979, nachdem Meinel unser Werk besucht und ich die Vorlesungen, die er eine Woche lang hielt, übersetzt hatte, sah ich innerhalb von zwei Monaten nicht nur Meinels geschriebene Artikel, ich hatte auch seine auf Magnetband aufgenommenen Vorlesungen immer wieder gehört, bis ich den Wortschatz über Teleskope im Gehör hatte. Als mir später die Aufgabe übertragen wurde, seine Vorlesungen zu übersetzen, war mir klar, dass es mir nicht schwerfallen würde. Allerdings war mein Englisch nur für spezielle Inhalte trainiert, auf anderen Gebieten mangelte es noch, natürlich konnte ich mich nicht mit Absolventen des englischen Spezialfachs messen.

Einmal besuchte ein amerikanischer Fotograf das Forschungsinstitut für Stickerei in Suzhou, der einen Vortrag über die „Geschichte der Malerei des Westens" halten wollte. Aus bestimmten Gründen konnte der aus Nanjing angeforderte Dolmetscher nicht kommen. So bat mich Institutsdirektor Zhang aus Suzhou, diesen zu vertreten. Im Ergebnis konnte ich überraschend auch diese Aufgabe erledigen. Aber ich spürte, dass dieser Amerikaner sehr wahrscheinlich gemerkt hatte, dass ich als Fachfremder übersetzte, deshalb hatte der Fotograf während seiner Rede ein einfaches Englisch gesprochen. Weil ich die Pinyin-Transkription[49] des Chinesischen nicht beherrsche, schrieb ich Briefe, ganz gleich, ob der Empfänger Chinese oder Ausländer war, in der Regel auf Englisch. So erhöhte das Schreiben von mehreren Hundert E-Mails auch meine Fähigkeit des schriftlichen Ausdrucks auf Englisch.

Die Neuerung bei der Entwicklung und Herstellung eines fotoelektrischen Astrolabiums

Die Astronomen hatten durch die Praxis der präzisen Himmelskörpermessung entdeckt, dass die Rotationsgeschwindigkeit der Erde nicht absolut gleichförmig ist und dass sich der Punkt auf der Oberfläche der Erde, durch den ihre Rotationsachse verläuft, unablässig verändert. Die geringfügige Schwankung der Rotationsachse der Erde (im Allgemeinen innerhalb von 1") verursacht, obwohl sie das tägliche Leben der Menschen nicht beein-

---
49 Die Pinyin-Transkription ist die von der VR China offiziell benutzte Transkription, die auch die Medien in Deutschland überwiegend anwenden.

trächtigt, bei astronomischen geodätischen Messungen und beim Start von Satelliten einen nicht tolerablen Fehler. Deshalb wurden unter Koordinierung durch das Pariser Bureau International de l'Heure und die internationale Mizusawa-Breitengradstation in Japan die Beobachtungswerte von Geräten aus allen Ländern der Erde (die Messergebnisse der einzelnen Geräte haben jeweils verschieden große Fehler) gesammelt und nach einer komplexen Berechnung den aktuellen Wert der Inhomogenität der Erdrotation den einzelnen Ländern mitgeteilt. Offensichtlich ist der Fehler des „gewogenen Mittelwerts" der Beobachtungsdaten von annähernd 60 Geräten auf der ganzen Welt viel kleiner als der Fehler jedes einzelnen Geräts. Das internationale Büro konnte zugleich die Qualität der Beobachtung eines beliebigen Geräts im Netz der Beobachtungsstationen feststellen.

Damals nahm China mit drei verschiedenen (insgesamt vier) importierten Geräten in Beijing, Tianjin, Wuhan und Shanghai an den internationalen ganzjährigen Beobachtungen teil. Mit diesen Geräten hatten die Beobachter durch visuelle Beobachtung eines Fixsterns, der im Gesichtsfeld des Teleskops eine Registrierlinie durchläuft, die Zeit ermittelt. Deshalb war im Beobachtungsergebnis der einzelnen Personen ein „Beobachterfehler" enthalten. Dieser war ein wichtiger Faktor, der die Genauigkeit der astrometrischen Geräte begrenzte.

Ende der Vierzigerjahre verbesserte zuerst die Sowjetunion die visuellen Meridianteleskope durch eine fotoelektrische Registrierung der Bewegung der Fixsterne und eliminierte so den Beobachterfehler. In China wurden die Meridianteleskope in den Fünfzigerjahren auch zu fotoelektrischen Meridianteleskopen umgebaut, wodurch man einen positiven Effekt erzielte. Daraufhin schlug Li Dongming vom Beijinger Observatorium vor, die fotoelektrische Registriereinrichtung auch auf das aus Frankreich importierte Danjon-Astrolab[50] anzuwenden. Danach erteilte die Akademie dem Werk für astronomische Geräte den Auftrag, mit dem Personal von drei Observatorien eine Entwicklungsgruppe zu bilden. Das Werk bestimmte mich zum Leiter der Gruppe. Nachdem ich die Aufgabe erhalten hatte, wurde sie erweitert, indem die Danjon-Struktur aufgegeben wurde. Bei der Untersuchung ihrer Mängel erwies sich, dass sich die Glasbauteile des optischen Refraktionssystems in traditionellen astrometrischen Geräten durch die nächtliche Temperaturänderung verformen und dadurch der Mangel eines Beobachtungsfehlers hervorgerufen wird. Unter Verwendung von geschmolzenem Quarz, das damals in China schon hergestellt werden konnte und das gegenüber optischem Glas einen Ausdehnungskoeffizienten von nur 1/15 hatte, wurde ein optisches Reflexionssystem angefertigt. Aber es war sehr schwierig, die optische Achse des Reflexionssystems stabil zu halten. Deshalb vermied man es traditionell, in optischen Geräten optische Refraktionssysteme einzusetzen. Aber nachdem ich es analysiert hatte, fand ich, dass das Beobachtungsprinzip eines fotoelektrischen Astrolabs nicht dadurch eingeschränkt würde, dass die optische Achse in kleinen Beträgen instabil ist. Nachdem ich alle Mitglieder der Gruppe überzeugt hatte, fertigte ich ein fotoelektrisches Astrolab nach einem völlig neuen Entwurf (Version 1) an. Das Registriergerät

---

50 Das Danjon-Astrolab ist ein astrogeodätisches Präzisionsinstrument zur gleichzeitigen Längen- und Breitenbestimmung. Mit ihm werden Sterndurchgänge durch eine konstante Zeitdistanz gemessen. Die Beobachtung der Sterndurchgänge erfolgt durch Koinzidenz des direkten und des gespiegelten Sternbilds.

des Teleskops imitierte zuerst den vom Observatorium Beijing vorgeschlagenen Entwurf eines Astrolabs, doch im Ergebnis war er nicht tauglich. Daraufhin fertigten wir erneut ein neues fotoelektrisches Registriergerät an, das nun erfolgreich war.

Nachdem das neue und das alte Astrolab im Observatorium Shanghai eine Zeit lang parallel für Beobachtungen eingesetzt wurden, zeigte sich, dass die Beobachtungsgenauigkeit unseres fotoelektrischen Astrolabs die des Danjon-Astrolabs, das ein großes Ansehen genoss, schon übertroffen hatte. Über diesen Erfolg hatte sogar die Tageszeitung Renmin Ribao[51] berichtet. Nachdem die Version 1 des fotoelektrischen Astrolabs erfolgreich angefertigt worden war, erteilte die Akademie wieder einen Auftrag, noch drei Geräte herzustellen, um die Danjon-Astrolabien des Beijinger und des Shanghaier Observatoriums auszusondern. Das dritte Gerät wurde dem Observatorium in Yunnan übergeben. Da ich mit der Konstruktion der Version 1 nicht zufrieden war, vergrößerte ich den Öffnungsdurchmesser von 15 Zentimeter auf 20 Zentimeter, um noch dunklere Sterne beobachten zu können, während die äußere Gestalt verkleinert und das Gewicht der Version 2 verringert wurde.

Die wichtigste Verbesserung am fotoelektrischen Astrolab Version 2 war, dass beim astrometrischen Gerät erstmalig ein Vakuumteleskoprohr eingesetzt wurde. Im Ergebnis wurden wirklich die lästige astronomische und die irreguläre Refraktion im Teleskoprohr eliminiert, außerdem wurde die Wartung des Geräts stark vereinfacht, weil die umständliche Operation, dass ursprünglich aller zwei Stunden die Oxidschicht auf der Quecksilberoberfläche weggeblasen werden musste, vollkommen entfiel. Das lag daran, dass Quecksilber im Vakuum nicht mehr oxidiert.

Nachdem im Jahre 1976 die Kulturrevolution beendet worden war, entsandte Amerika eine Delegation zur Untersuchung der Astronomie, die aus Direktoren von Observatorien zusammengesetzt war, nach China. In ihrem Untersuchungsbericht schrieben sie: „Der größte Erfolg, den die chinesischen astronomischen Geräte in den letzten Jahren erzielten, waren zweifellos die fotoelektrischen Astrolabien, das sind Geräte mit einem völlig neuen Aufbau." Einige Jahre danach hatte auf einer Konferenz der Internationalen Astronomischen Vereinigung eine englische Zeitschrift als Ausnahme eine Abhandlung über fotoelektrische Astrolabien in 2.000 Exemplaren gedruckt und an die Teilnehmer und Astronomen aller Länder verteilt.

Als ich 1984 in der Internationalen Breitengradstation Japans arbeitete, übergab mir ein Abteilungsleiter dieser Station eine Rangordnung der Beobachtungsgenauigkeit von etwa 60 astronomischen Geräten, die sie im vergangenen Jahr für die ganze Welt aufgestellt hatte. Sie besagte, dass China mit den drei von mir konstruierten fotoelektrischen Astrolabien die Plätze 1, 2 und 4 belegte, was bedeutete, dass China ein Champion war. Drei Jahre später berichtete ich auf der von Amerika einberufenen Internationalen Konferenz für Astrometrie über den Einsatz eines Vakuumteleskoprohrs in einem astrometrischen Gerät und erhielt dafür eine gute Kritik. Nach der Konferenz wurde ich zu einem Mitglied des Organisationskomitees der Untergruppe Astrometrie der Internationalen Astronomischen Vereinigung bestimmt.

---

51 Renmin Ribao (Volkstageszeitung) ist das Organ der Kommunistischen Partei Chinas und die größte Tageszeitung Chinas.

Die mit dem fotoelektrischen Astrolab Version 2 gemessene Sternentafel gleicher Höhe erreicht eine sehr hohe Genauigkeit. Die bei der Vermessung der Regionen Chinas umgearbeitete Sternentafel für die Landvermessung erhielt den Staatspreis 1. Klasse für Wissenschaft und Technik. Meine Ergebnisse bei den astrometrischen Geräten fanden die Beachtung der internationalen Breitengradstation Japans. Ab 1983 hatte die Station zweimal bei den zuständigen Organen Japans beim Fonds für ausländische Wissenschaftler beantragt, mich einzuladen, um einige ihrer Geräte zu verbessern. Die Station sandte ein Exemplar ihres Antrags an das Kulturministerium auch mir, in dem geschrieben stand: „Grund der Einladung: Herr Hu Ningsheng hat auf dem Gebiet des fotoelektrischen Astrolabs und eines Vakuum-Zenitteleskops mit Kamera und anderer hochgenauer optischer Geräte bahnbrechende Arbeiten geleistet. Unser Forschungsinstitut hat die Aufgabe, die Genauigkeit der optischen Beobachtungsgeräte zu erhöhen. Deshalb bitten wir, dass Herr Hu kommt, um gemeinsam mit uns ein neues optisches Gerät zur Beobachtung der Erdrotation zu untersuchen und an unserem Zenitrohr mit Kamera, dem Zenitteleskop und dem Astrolab Untersuchungen zu ihrer Verbesserung durchzuführen." Nicht lange danach erhielt ich eine Mitteilung des Kulturministeriums Japans über den „Erhalt einer Forschungsprämie von der Regierung Japans an ausländische Forscher zum Aufenthalt in Japan".

Der von der Europäischen Raumfahrtagentur ESA in den Achtzigerjahren konstruierte und hergestellte berühmte astrometrische Satellit „Hipparcos" benutzte in seinem Hauptteleskop als ein spezielles optisches System zufällig das vor mehr als zehn Jahren entstandene fotoelektrische Astrolab. Damals befragte mich ihr dänischer Berater Erik Hoeg (mit dem ich auch befreundet bin) über die wesentlichen technischen Details dieses speziellen optischen Systems. Schlussendlich waren mehr als 20 Jahre vergangen, bis ich schließlich das Ziel erreicht hatte, bei den astrometrischen Geräten höchstes Niveau zu verwirklichen, das ich dem stellvertretenden Werkdirektor Qian versprochen hatte.

Das Verschwinden der erdgestützten Astrometrie

Aber das Überraschende passierte, dass nur nach wenigen Jahren die schon seit mehr als Tausend Jahren auf der Erde durchgeführte traditionelle Technik der astrometrischen Messungen durch die neuen Techniken im Kosmos fast völlig abgelöst wurde.

Ursprünglich hatte damals die Europäische Raumagentur einen Satelliten für die Astrometrie des Raums gestartet, der hauptsächlich dazu diente, die relativen Positionen von mehreren Hunderttausend Fixsternen zu messen und eine Tafel der Sternpositionen zu redigieren. Vordem war die Arbeit der Redaktion einer Sternentafel schon mehr als Tausend Jahre durchgeführt worden, aber die Genauigkeit der erdgestützten Beobachtungen stieß wegen des Einflusses der Atmosphäre schon an ihre Grenzen. Weil aber die Astrometrie im Raum Beobachtungen in einer Vakuumumgebung realisiert, kann man die Beschränkungen durch die Atmosphäre völlig hinter sich lassen, sodass ihre Genauigkeit schließlich um viele Male größer als die Astrometrie auf der Erde ist. Deshalb gaben wir die Arbeit an einer erdgestützten astrometrischen Sternentafel sofort auf. Außerdem trugen auch die neu aufgetauchte Technik der präzisen Entfernungsmessung eines Satelliten mit einem

Laser und die Langbasisinterferometrie (VLBI) dazu bei, die erdgestützte Astrometrie zur Messung der Eigenrotation der Erde abzulösen. So blieb als Aufgabe für die erdgestützte Astrometrie nur, winzige Anomalien der Vertikalen in bestimmten Gebieten zu messen. Aber am Vorabend des Verschwindens der klassischen Astrometrie hatte ich anscheinend schon den Zenit erreicht, weil ich im Jahre 1988 auf einer internationalen Konferenz über Astrometrie einen eingeladenen Vortrag „Über Wege zur Erhöhung der Genauigkeit der erdgestützten Astrometrie" hielt. Diese Abhandlung wurde später in der ausländischen Zeitschrift „Space Astrophysics" veröffentlicht, obwohl diese Abhandlung doch die Messungen auf der Erde behandelte.

Zwei Jahre nach dem Ende der Kulturrevolution nahm die Zentrale die wissenschaftliche Arbeit wieder ernst. Es wurde beschlossen, im Jahre 1978 als Ansporn eine bisher nicht dagewesene wissenschaftliche Konferenz des ganzen Landes einzuberufen. In Nanjing sollten dann alle Einheiten fortschrittliche Persönlichkeiten aus Wissenschaft und Technik und Leistungen melden, um als Delegierte zur Konferenz ausgewählt zu werden. Damals hielt man unter den Kandidaten meine beiden Projekte der Beobachtungsgeräte für Satelliten und die fotoelektrischen Astrolabien als bedeutsam. Daraufhin wurde ich in eine Delegation von acht Personen gewählt und als hervorragender Wissenschaftler ausgezeichnet – von den acht Delegierten erhielten immerhin nur zwei eine Auszeichnung. Die acht Personen galten als Modellarbeiter des ganzen Landes (damals wurde der berühmte Maler Liu Haisu[52] nur Modellarbeiter der Provinz, aber das verhinderte nicht, dass man ihn damit sehr kränkte). Bald nach der Konferenz wurde ich ein Mitglied der Kommission der politischen Konsultativkonferenz der Provinz und nicht lange danach zum Delegierten des Zweiten Nationalen Volkskongresses[53] gewählt.

Das ist damit vergleichbar, dass China bei der Olympiade unter großen Mühen in einem Wettbewerb den ersten Platz eroberte, aber es hielt nur ein paar Jahre vor, bis das Olympische Komitee verkündet, dass dieser Sieg eingestellt und durch eine verbesserte Leistung ersetzt wurde. Damals drückten mir einige gutmeinende Menschen taktvoll ihr Mitgefühl aus, aber ich meine, dass meine Anstrengungen in den vergangenen mehr als zehn Jahren, um die Genauigkeit der astrometrischen Messungen zu verbessern, durchaus nicht vergeblich waren, sie formten und verbesserten meine Fähigkeiten in der wissenschaftlichen Forschung. Auch wenn ich mich nicht mehr mit astrometrischen Geräten beschäftigen konnte, so habe ich doch den Anspruch, bei allem, was eben diese Geräte betrifft, durch bestmögliche Ergebnisse entsprechende Erfolge zu erzielen.

Beginn der Untersuchungen für ein Gerät zur Beobachtung der Sonne

Bald wurde ich zum Delegierten Chinas bestimmt, um an einem europäischen vorbereitenden Projekt der internationalen Zusammenarbeit LEST (Large European Solar Telescope) teilzunehmen. Das war ein Projekt für ein Sonnenteleskop mit einem Öffnungsdurchmes-

---

52 Liu Haisu (1986–1994) war ein prominenter chinesischer Maler und Kunsterzieher. Seine Tuschmalereien und Ölgemälde sind berühmt.
53 Der Nationale Volkskongress ist das Parlament Chinas und umfasst 3.000 Delegierte.

ser von 2,5 Metern, an dem zehn Länder teilnahmen. Zum Zeitpunkt meiner Einladung lief dieses Projekt schon seit einigen Jahren. Das Teleskoprohr von 2,5 Metern des LEST musste evakuiert werden, denn sonst würde die turbulente Strömung im Rohr das Bild der Sonne unscharf bis völlig unbrauchbar machen. Aber man müsste vor dem Vakuumrohr ein großes Vakuumfenster anbringen. Ingenieurtechnisch konnte man nicht eine so große und besonders dicke optische Glasplatte herstellen (mehrere Zentimeter dick, um der Druckkraft der Atmosphäre von mehreren 100 kN zu widerstehen). Aber im LEST meinte man, wenn man in das hermetisch abgeschlossene Teleskoprohr Helium füllt (die irreguläre Refraktion von Helium ist sechsmal kleiner als die von Luft), ist der Gasdruck im Teleskoprohr gleich dem äußeren Atmosphärendruck, und das Vakuumfenster muss keinen Druck aufnehmen, sodass man eine dünne Glasplatte verwenden könnte. So wurde das schwierige Problem der Herstellung einer dicken Glasplatte gelöst. Nach der Freude in der Gruppe bat man Amerika um einen Versuch mit zwei Vakuum-Sonnenteleskopen, die hermetisch abgeschlossene Fenster hatten (das eine Teleskop hatte einen Öffnungsdurchmesser von 0,6 Meter und das andere von 0,8 Meter), das Rohr mit Helium zu füllen. Nach dem Versuch teilten die Amerikaner mit, dass das Teleskop mit 0,6 Metern nach dem Versuch immer noch gute Bilder der Sonne lieferte, aber die Bilder bei dem Teleskop mit 0,8 Metern waren schlecht, wobei die Ursache unklar blieb. Bei LEST meinte man, wenn es bei 0,8 Metern nicht funktionierte, funktionierte es wohl noch weniger bei 2,5 Metern. In den Jahresberichten der folgenden drei Jahre hieß es am Ende, dass dieses Problem noch ungelöst wäre, anscheinend bestand keine Hoffnung auf eine Lösung. Aber dieses wichtige Problem sollte entscheiden, ob LEST überhaupt machbar sei.

Nachdem ich mich mit diesem Problem vertraut gemacht hatte, begann ich, gestützt auf die Grundlagen der eigenen Forschung über die irreguläre Refraktion und meine Untersuchungspraxis, dieses Problem zu erforschen. Nach zwei Wochen hatte ich schließlich die geheimnisvolle Ursache aufgeklärt, warum es bei dem einen Teleskop ging und bei dem anderen nicht. Ich schrieb damals gleich einen Artikel und teilte ihn zuerst dem Vorsitzenden von LEST (einem Schweizer Solarphysiker) mit. Der Vorsitzende erschrak, wie konnte dieser Chinese, ohne nach Amerika gereist zu sein, um die beiden Teleskope in Augenschein zu nehmen, die Ursache aufklären? Es schien wirklich merkwürdig. Nachdem er die per Eilpost geschickte längere Abhandlung gelesen hatte, merkte er, dass der Verfasser jedoch durchaus seriös war. Mit einem Flugschein, den er mir zuschickte, bat er mich, an einer Beratung teilzunehmen. Nach der Versammlung lud er mich ein, in die aus drei Personen bestehende technische Leitungsgruppe einzutreten (diese Gruppe hatte mehr Befugnisse als ein beratendes Gremium).

Auf den ersten Blick wusste man nicht, was man als Ursache, dass von den beiden Teleskopen das eine gut und das andere schlecht wäre, halten sollte. Es war, wie man sagt: „Der Tiger schnappt nach dem Himmel, aber findet nirgendwo einen Bissen." Ich ging von meinen eigenen üblichen Ideen aus und meinte, dass man zuerst den physikalischen Mechanismus aufklären müsste, wie im Teleskop das Bild zerstört wird. Durch die frühere langjährige Untersuchung der irregulären Refraktion in astrometrischen Geräten verstand ich schon, dass die Lichtstrahlen in einem Teleskoprohr mit inhomogener Temperatur eine systematische Brechung mit einer relativ langen Periode und ein unregelmäßiges Zittern mit sehr kurzer Periode (in Bezug auf Richtung und Amplitude) hervorrufen können.

Dieses Zittern der Sternbilder ist, wenn man mit einem Teleskop mit großer Vergrößerung die Sterne betrachtet, ganz deutlich zu erkennen, wobei die Hauptursache dieses Zitterns der Sternposition sich bewegende kleine Luftmassen mit inhomogener Temperatur sind, die in den niedrigen Atmosphärenschichten vorkommen (durch Wind hervorgerufen). Offensichtlich, je größer die Temperaturdifferenz in den kleinen Luftmassen ist (die entsprechende Differenz der Luftdichte und der Brechzahl ist umso größer), desto größer ist folglich auch die Amplitude des Zitterns der Sternbilder. Wenn im Sommer eine Asphaltstraße warm beschienen wird, befindet sich die Luftmasse innerhalb eines halben Meters über der Oberfläche der Straße in einem ganz verworrenen sogenannten turbulenten Zustand. Wenn wir dicht über der Straße in die Ferne schauen, scheint sich das Bild mit großer Geschwindigkeit hin- und her zu bewegen und ist außerdem recht unscharf. In einem Sonnenteleskop wird sich der von der Sonne beschienene Spiegel um mehrere Grad erwärmen, woraufhin sich wie bei der warm beschienenen Straßenoberfläche ebenfalls eine turbulente Strömung bildet. Deshalb wird das im Teleskop gebildete Bild der Sonne sowohl zittern als auch unscharf sein.

    Vordem hatte ich in der amerikanischen Zeitschrift „Sky and Telescope" schon Details über die beiden amerikanischen Vakuumteleskope erfahren. Ich wusste, dass das 0,8-Meter große Teleskop ein Refraktionsteleskop ist. In seinem vorderen Bereich liegen nahe beieinander zwei große Reflexionsspiegel. Obwohl die Oberfläche der Reflexionsspiegel mit einer Aluminiumschicht überzogen ist, die eine sehr geringe Wärmeabsorption aufweist, wird sie sich aber nach der Bestrahlung mit dem Sonnenlicht dennoch um einige Grad erwärmen. Somit kann die turbulente Strömung des Heliums über den beiden großen Reflexionsspiegeln durch das reflektierte Sonnenlicht eine deutliche Störung erzeugen und die Bildqualität zerstören. (Wenn über den ebenen Spiegeln Luft wäre, würde das eine Verschlechterung der Bildqualität hervorrufen, die gegenüber Helium sechsmal größer wäre.) Das erklärte sehr gut den physikalischen Mechanismus, dass das Bild der Sonne unscharf wird, selbst wenn das 0,8-Meter-Sonnenteleskop mit Helium gefüllt wird. Aber die Schwierigkeiten sind sofort zur Stelle. Weshalb beeinträchtigt die turbulente Heliumströmung bei dem 0,6-Meter-Sonnenteleskop, das im unteren Teil des besonders dicken Teleskoprohrs einen großen mit Aluminium beschichteten Reflexions-Hauptspiegel besitzt, wenn er warm beschienen wird, nicht die Bildqualität und wird nicht unscharf? Diese schwierige Frage bedarf einiger Mühen, ehe man sie versteht.

    Ich habe verstandesmäßig gefolgert und gemutmaßt, dass höchstwahrscheinlich die turbulente Strömung über dem großen 0,6-Meter-Reflexionsspiegel sehr klein oder so klein ist, dass sie die Bildqualität nicht sichtbar zerstört. Aber wie lässt sich diese Vermutung quantitativ beweisen? Hierzu bedarf es einer sehr hochstehenden Theorie der Turbulenz von Flüssigkeiten. Die Schwierigkeiten der quantitativen Berechnung können nur wenige außerordentliche Strömungsmechaniker auf der Welt sich bemühen zu bewältigen. Aber nachdem ich etwas zur Strömungsmechanik und Wärmeleitung studiert hatte, wurde mir bewusst, dass der thermische Zustand der nicht heißen Oberfläche auf der wärmeisolierten Schicht von Industriekesseln mit dem thermischen Zustand der Spiegelfläche nach dem Bescheinen im Wesentlichen gleich ist. Daraufhin fand ich eine Analyse des thermischen Zustands der Oberfläche von Kesseln mittels der Wärmeleitung. Im Ergebnis konnte ich unverhofft schließlich dieses schwierige Problem vollständig aufklären. In den letzten hundert oder zweihundert Jahren hatten außergewöhnliche Strömungsmechaniker auf der Welt die Besonderheiten der heißen Luft auf der Oberfläche von Kesseln schon umfassend erforscht. Sie hatten angegeben, unter welchen Bedingungen auf der Oberfläche eines Kessels eine turbulente Strömung und unter welchen Bedingungen eine laminare Strömung entsteht. Aber eine laminare Strömung kann die Details des Bildes der Sonne nur sehr wenig und ohne große Störung verzerren und nicht zu einem unscharfen Bild führen. Die Bedingung, dass auf einer warmen Oberfläche eine turbulente Gasströmung entsteht, lässt sich mit einer speziellen Gleichung angeben (darin werden solche Faktoren, wie die Größe des erwärmten Körpers, die Größe des Temperaturanstiegs, die Art des Gases und besonders die Größe des den erwärmten Körper umgebenden Raums berücksichtigt). Wenn der mit dieser Gleichung berechnete Wert größer als ein gegebener Wert ist, dann befindet sich das Gas im turbulenten Zustand; ist er kleiner, dann befindet sich das Gas im laminaren Zustand. Nun benutzte ich mit unerwarteter Freude diese Gleichung, um den Gaszustand für die beiden genannten Sonnenteleskope quantitativ zu berechnen. Im Ergebnis fand ich: Das Gas im 0,6–Meter-Sonnenteleskop hat eine laminare Strömung, während es im 0,8-Meter-Sonnenteleskop eine ausgeprägte turbulente Strömung hat. Die anschauliche Erklärung für dieses Resultat ist, dass der Raum neben dem 0,6–Meter-Reflexionsspiegel sehr groß ist. Dadurch wird die warme Gasströmung über der warmen Spiegelfläche, nachdem sie aufgestiegen ist, von dem umgebenden kalten Gas ungehindert aufgenommen und bildet eine laminare Strömung. Aber um den 0,8-Meter-großen Spiegel war fast kein Raum. So konnte die warme Gasströmung über der warmen Spiegelfläche, nachdem sie aufgestiegen war, im restlichen Raum nur von kleinen Gasvolumina aufgenommen werden, wodurch die ausgeprägte turbulente Strömung entstanden war.

Ich habe die Lösung dieses schwierigen Problems, das nicht wenige ausländische Experten gefangen hielt, ausführlich dargestellt, um zu zeigen, wie man die Forschungsergebnisse verschiedener Wissensgebiete wunderbar nutzen kann. Ich habe dann die oben erwähnte wichtige Gleichung auf das Projekt LEST angewendet. Im Ergebnis fand ich, dass auch LEST eine turbulente Strömung hat. Der Grund ist, dass um die Spiegel ein großer Raum fehlt. Die einzige Methode, dass sich auf den Spiegeln keine turbulente Strömung ausbildet, ist, mit einem Ventilator das Heliumgas in Bewegung zu versetzen, sodass es eine laminare Strömung bildet. Ich hatte darauf verwiesen, dass man dieses Experiment nicht an einem verkleinerten Modell, sondern nur an einem Modell von der Größe des realen Objekts durchführen kann. Ich bot noch an, dass das Werk für astronomische Geräte dieses Experiment für 150.000 Dollar realisieren könnte. Schließlich nahm LEST aber Anstoß an dem Preis und entschied, es selbst zu machen. Sie kauften einen Eisenbahn-Tankwagen, füllten ihn mit Helium und installierten darin ein Laserinterferometer, um die Bilderzeugung auf einer großen Aluminiumplatte nach elektrischer Erwärmung zu überprüfen. Nach zwei Jahren wurden meine beiden oben gemachten Voraussagen in einem Experimentbericht vollauf bestätigt.

Wie ich diplomatisch aktiv wurde

Im Jahre 1981 reiste eine aus sechs Personen zusammengesetzte kleine Gruppe der Akademie aus der Welt von Optik und Präzisionsmechanik nach Österreich, um an einer Konferenz der Internationalen Optikgesellschaft teilzunehmen. Das berühmte Akademiemitglied Wang Daheng[54] war der Delegationsleiter. Wang sagte, da er schon über 30 Doppeljahre alt war, sollte der junge Hu Ningsheng den Delegationsleiter geben, er werde ja auf der Konferenz einen eingeladenen Vortrag halten. Unvermutet hatte ein Delegationsleiter damals auch politische Aufgaben. Die Akademie hatte angeordnet, wenn eine Delegation aus Taiwan unter dem Namen Taiwan teilnimmt, müsste unsere Delegation unter Protest die Konferenz verlassen. Ich dachte, dass wir dann diesmal umsonst gereist wären.

Nachdem wir uns am Tagungsort in Österreich angemeldet hatten, fragte ich, ob Taiwan eine Delegation geschickt hätte. Die Kongressorganisatoren bestätigten mir, es wäre eine eingetroffen. Ich fragte weiter, wie sich die Delegation bei der Registrierung selbst bezeichnet hätte. Man antwortete, Taiwan. Als ich das hörte, bekam ich Kopfschmerzen, aber da ich mich nicht damit abfinden wollte, die Konferenz zu verlassen, bat ich den Geschäftsführer der Vereinigung, die Kollegen aus Taiwan zu bitten, eine dreiseitige Besprechung abzuhalten, um das Problem zu lösen. Nach der Beratung zeigte sich Leiter He von der taiwanischen Delegation doch einsichtsvoll, dass er Verständnis für den politischen Druck zeigte, der auf den Köpfen der Wissenschaftler vom Festland lastete. Er war einverstanden, dass unsere Seite darauf bestand, vor dem Namen Taiwan noch das Wort China zu schreiben. Ihr Delegationsleiter sagte mir privat, wir sprechen ja nicht von einer Volksrepublik China Taiwan, sondern von China Taiwan. Nach unserer Rückkehr konnte uns die Akademie nicht tadeln, weil wir selbst meinten, es handele sich um das Taiwan der Republik China. Diese Verhandlung führte wirklich zu einem Win-Win-Ergebnis! Ich übernahm den berühmten Ausspruch des damaligen amerikanischen Außenministers Kissinger – die Menschen zu beiden Seiten der Taiwan-Straße sprechen nur von einem China, die amerikanische Regierung hat gegen diese Meinung nichts einzuwenden. Der taiwanische Delegationsleiter hatte erst vorgeschlagen, dass, wenn sie sich China Taiwan nennen würden, dann müsste es der Gerechtigkeit halber auch China Beijing heißen. Aber das kann die chinesische Regierung nicht annehmen – denn hieße das nicht, dass es zwei Chinas gäbe? Später gab die andere Seite tatsächlich nach.

Die Delegationsmitglieder und ich hatten uns verabredet, nach der Rückkehr in die Heimat mit einer Zunge zu reden. Man müsse wie aus einem Munde reden, dass es auf der Konferenz keinen Kontakt mit Teilnehmern aus Taiwan gegeben hätte. Was diese internationale Konferenz anging, berichtete die Abteilung für auswärtige Beziehungen der Akademie bei der Auswertung, verschiedene Institute hätten gemeldet, dass auf der Liste der ins Ausland Gereisten mein Vater ein Problem hatte, und er hätte dieses Problem auf mich vererbt. Außerdem war ich in den Akten der Schule der Luftstreitkräfte als mittleres nach rechts neigendes Element eingestuft worden. Eigentlich hätte ich die

---

54 Wang Daheng (1915–2011) war der Begründer der technischen Optik in China. Er leistete entscheidende Beiträge zur Entwicklung optischer Präzisionsgeräte. Unter anderem baute er das erste Elektronenmikroskop und den ersten Laser in China.

politische Überprüfung nicht bestehen dürfen, aber ich schien über außergewöhnliche Fähigkeiten zu verfügen, dass ich gar auf einer internationalen Konferenz zu einem Vortrag eingeladen wurde. Es wäre unpassend, mich nicht reisen zu lassen, also ließen sie mich. Hatte möglicherweise der Delegationsleiter Wang Daheng seine Hände im Spiel?

Mein eingeladener Vortrag war von der berühmten Astronomie-Koryphäe Meinel der Konferenz empfohlen worden. Meinel war Vorstandsvorsitzender der amerikanischen Optikgesellschaft und einer der Organisatoren dieser Konferenz. Weshalb Meinel mich eingeladen hatte, führt zu einer neuen Geschichte.

Ein Jahr zuvor hatte ich Meinel eine Abhandlung geschickt, in der es um ein neues Verfahren zur Prüfung des optischen Systems von großen Teleskopen ging. Meinel fand die Abhandlung ausgezeichnet und bat die Zeitschrift der Gesellschaft, die berühmte „Applied Optics", sie baldmöglichst zu veröffentlichen. Die Zeitschrift schickte mir nach der Regel einen Brief, dass sie mir 300 Dollar überweisen wollten, aber damals konnte China ausländische Währung nur einführen, aber nicht ausführen. So hatte ich keine Möglichkeit, das überwiesene Geld ins Ausland mitzunehmen – selbst wenn man so arm war, dass man nichts bezahlen konnte). Meinel empfahl mir, ihm zu antworten, dass in China noch kein Verfahren existierte, um Geld nach Amerika zu überweisen. Der Verkaufsdirektor der Zeitschrift hatte aber diese Zahlung dennoch gebucht. Er erläuterte, nach der Regel wäre ich ein Mitglied der amerikanischen Optikgesellschaft und müsste eine jährliche Mitgliedsgebühr entrichten. Wenn ich nicht zahlen könne, dann sollte ich ihm doch erlauben, mich in die Mitgliederliste eintragen zu dürfen. Ein Mitglied erhalte nämlich jährlich 24 Hefte der Zeitschrift, die auf Anweisung des Geschäftsführers kostenfrei zugesendet wurden.

Eine Begebenheit, wie Frau Meinel China missverstanden hatte

Professor Meinel und seine Frau besuchten China zum ersten Mal im Jahre 1979 bald nach dem Ende der Kulturrevolution, um Vorlesungen zu halten. Sie kamen auf Einladung des Direktors Zhang des Zijinshan-Observatoriums, um im Werk für astronomische Geräte Nanjing eine Woche lang Vorlesungen zu halten. Damals hatte die Kulturrevolution in der Seele der Menschen tiefe negative Einflüsse hinterlassen. Nicht lange, nachdem der Professor zurückgekehrt war, erschien in einer Stadtteilzeitung von Tucson (der Hauptstadt der amerikanischen Astronomie) ein mit Majorie (dem Vornamen von Frau Meinel) unterzeichneter Artikel mit der Überschrift: „Wir verbrachten wie Gefangene eine Woche in einem gefängnisgleichen Staat". Diese Geschichte wurde sofort von den Leuten, die die Academia Sinica nach Tucson zur Weiterbildung geschickt hatte, an die Abteilung für auswärtige Beziehungen der Akademie berichtet, worauf die Abteilung für auswärtige Beziehungen dann einen Bericht des Zijinshan-Observatoriums und des Werks für astronomische Geräte anforderte. Ich hatte die Vorträge von Herrn und Frau Meinel übersetzt, während das Zijinshan-Observatorium einen jungen Astronomie-Angestellten geschickt hatte, die ausländischen Gäste zu betreuen.

Ich hatte in einem Brief Herrn und Frau Meinel gefragt, wie dieser Artikel zustande gekommen war. Da die andere Seite merkte, dass die Situation ernst war, hatte dann ein ausländischer Berater, der zugleich ein guter Freund des Ehepaars Meinel war, der Professor Fan Zhangyun (ein Auslandschinese), der eine Professur auf Lebenszeit an der Universität von Arizona bekleidete, uns die Geschichte erklärt und sein Bedauern ausgesprochen. Professor Fan hatte es mir nachträglich erzählt. Das Ehepaar Meinel hatte ihn angesichts des Ernstes der Situation aufgesucht. Fan sagte den Meinels, ihr Westler versteht nicht die Verhältnisse in China. Wenn sie im Ausland seien, gäbe es doch bestimmt jemanden, der sie als Gäste begleitete? Nach China kamen keine Ausländer, aber man achtete Gäste und behandelte sie mit Wertschätzung. Man hatte eigens einen Astronomen geschickt, der sich den ganzen Tag um sie kümmerte. Aber Majorie hatte schließlich geschrieben, dass er sie bis zur Toilettentür überwacht hätte. Wie konnte der übertriebene Enthusiasmus eines Gastgebers als böswillige Überwachung gedeutet werden?

Das Denken des Ehepaars Meinel war typisch für die damaligen Kenntnisse der Amerikaner über China. Da das Missverständnis zerstreut wurde, erkannten sie ihren Fehler jedoch an. Deshalb sollten wir mit der Großherzigkeit der Chinesen die ganze Geschichte vergessen. Nachdem ich das Einverständnis der Abteilung für auswärtige Angelegenheiten erhalten hatte, luden wir das Ehepaar Meinel wieder zu einem ihnen genehmen Zeitpunkt zum erneuten Besuch nach China ein. So kam das Ehepaar Meinel nach mehreren Jahren tatsächlich wieder zu Besuch, und ich begleitete sie als Werksdirektor während des ganzen Aufenthalts. Mit ihnen besuchten wir noch zusammen Shanghai, und ich verabschiedete sie auf dem Flughafen. Seitdem unterhielt das Ehepaar Meinel mit den Experten aus Astronomie und Optik Chinas langzeitige, enge Beziehungen. In den Neunzigerjahren des vorigen Jahrhunderts übernahm Meinel noch die Aufgabe eines wissenschaftlichen Beraters im chinesischen Projekt eines astronomischen Spektralteleskops für große Himmelsbereiche und reiste hierfür wiederum zu Diskussionen nach China. Als Meinel um das Jahr 2010 schwer erkrankte, suchte der Direktor des Forschungsinstituts für astrooptische Technologie Nanjing der Akademie, das Akademiemitglied Cui Xiangqun, ihn eigens auf, um sich nach seinem Befinden zu erkundigen. Rückblickend erklärte Meinel, es gibt zwei Persönlichkeiten, die die Astronomie auf der ganzen Welt überblicken und den größten Schöpfergeist haben – der eine ist Su Dingqiang[55] und der andere Hu.

Nachdem Professor Meinel im Jahre 2011 gestorben war, schickten wir seinen Angehörigen ein Beileidstelegramm:

Liebe Angehörige der Familie Professor Meinels,

bestürzt haben wir erfahren, dass Professor Meinel verstorben ist. Das versetzt uns in tiefe Trauer, und wir können kaum glauben, einen so guten Freund verloren zu haben.
Vor unseren Augen tauchen die enge Zusammenarbeit und die tiefe freundschaftliche Verbundenheit des Ehepaars Meinel mit uns in den vergangenen 30 Jahren auf. Professor Meinel war ein hervorragender führender Astronom. In den 1960er- und 1970er-Jahren hatte er als Pionier der Astrooptik nicht nur das nationale Kitt Peak Observatorium und das Optikzentrum an der Universität Arizona gegründet, sondern hatte auch die Idee

---

55 Su Dingqiang (geb. 1936) ist ein Professor für Astronomie am Forschungszentrum für astronomische Geräte Nanjing. Er erwarb sich große Verdienste um die Entwicklung großer Teleskope.

eines völlig neuen Multispiegel-Teleskops (MMT) entwickelt. So wies er die Richtung für die Entwicklung der nächsten Generation von großen astronomischen Teleskopen. Gerade wegen seiner wissenschaftlichen Voraussicht und seiner unermüdlichen Anstrengungen wurde Tucson zu einer wichtigen internationalen Basis der Astrooptik. Professor Meinel hatte uns nicht nur aufrichtig behandelt, sondern gab uns für Chinas Relaislinsen-Entwurf eines 2,16-Meter-Teleskops mit einem Coudé-System bei der Entwicklung und Anwendung eine wertvolle Einschätzung. In den 1980er-Jahren hatten das Ehepaar Meinel, Su Dingqiang und Wang Ya'nan bei einem vorbereitenden Projekt für ein großes 7,5-Meter-Teleskop in Texas und ein 10-Meter-Submillimeterwellen-Radioteleskop zusammengearbeitet.

Im Jahre 1998 hatte der Präsident Lu der Academia Sinica Prof. Meinel für das wissenschaftliche Großprojekt Chinas, das Large (Sky) Area Multiple Objects Spectrometer Telescope (LAMOST), zum Berater berufen. Damals hatte Meinel vollauf den optischen Entwurf von LAMOST gutgeheißen, dass er in herausfordernder Weise die Initiative ergreift, und gab einige wertvolle Hinweise. Als das Projekt LAMOST im Jahre 2008 realisiert wurde, bedauerte er, dass er aus gesundheitlichen Gründen nicht nach China kommen könnte, um dieses großartige Ergebnis in Augenschein zu nehmen, aber er schickte seine Tochter Barbara, um an der Einweihungszeremonie dieses Teleskops teilzunehmen. Obwohl Professor Meinel von uns gegangen ist, wird er immer in unseren Herzen weiterleben.

*Akademiemitglied Su Dingqiang, Professor Wang Ya'nan,
Akademiemitglied Cui Xiangqun*

Kapitel 6

Arbeit nach der Pensionierung

Gründung eines Entwicklungsinstituts für neue Erzeugnisse

Nach der Pensionierung gründete ich das „Zivilisator"[56]-Entwicklungsinstitut für neue Erzeugnisse und arbeitete darin 20 Jahre. Nachdem ich im Jahre 1992 in Pension gegangen war, arbeitete ich noch zwei Jahre für das Werk für astronomische Geräte. Die eine Aufgabe war, dass ich in Spanien ein 0,9-Meter- und ein weiteres 1,5-Meter-Teleskop montierte. Die andere Aufgabe bestand darin, in Japan ein von mir konstruiertes 1,01-Meter-Teleskop zu montieren. Im Jahre 1994 gründete ich ein privates Entwicklungsinstitut und wählte den Namen „Zivilisator"-Entwicklungsinstitut für neue Erzeugnisse. Unter „Zivilisator" versteht man im Westen einen schon zivilisierten Menschen, der sich vom Urmenschen unterscheidet. Aber in China ist „Zivilisator" ein wenig politisiert. Deshalb meinte ein Funktionär, als ich das Institut bei den Behörden registrierte, dass dieser Name nicht gut gewählt wäre. Er sagte, dass vor ein paar Tagen jemand gekommen wäre, der für seine Werkstatt aus Bescheidenheit den Namen „hässliche Stube" gewählt hätte. Der Funktionär meinte, wenn ein Kunde den Namen „hässliche Stube" liest, wird er es dann noch wagen einzutreten? Ich hätte auch nicht gedacht, dass „Zivilisator" auf den Einwand eines australischen Freundes stoßen würde. Er klärte mich auf, die Eingeborenen Australiens wären gegen die „Zivilisatoren", weil sie von ihnen unzivilisierte Menschen genannt werden.

Nachdem mein kleines Forschungsinstitut gegründet war, stellte ich die einzige Person mit der Tätigkeitsbezeichnung technischer Angestellter dar. Außerdem hatte ich zwei Techniker, die übrigen sieben waren Arbeiter in der Rente. Dennoch konnte das kleine Institut Entwicklungsaufgaben nicht weniger komplizierter mittlerer und spezieller astronomischer Geräte des Observatoriums und des Instituts für Optik und Präzisionsmechanik übernehmen. Zum Beispiel bestellten das Observatorium Shaanxi und das Forschungsinstitut für Optik und Präzisionsmechanik Anhui jeweils ein 30-Zentimeter-Teleskop (mit Standortwahl), das Observatorium Beijing zwei 35-Zentimeter-Vakuum-Sonnenteleskope (davon wurde eines an das Observatorium einer amerikanischen Universität geliefert und ist bis jetzt fast 20 Jahre in Betrieb). Für die Gesellschaft für astronomische Geräte der Akademie fertigten wir ein 1-Meter-Spezialteleskop, ein 40-Zentimeter-Sonnenteleskop und ein 6-Meter-Radioteleskop mit einer Parabolantenne und einem Bett an. Für das Observatorium Yinnashan in der Provinz Guangdong stellten wir ein 30-Zentimeter-Sonnenteleskop her. Außerdem fertigten wir für eine kleine japanische Firma einen Hochtemperatur-Sonnenofen, zwei 20-Zentimeter-Teleskopröhren für die Laserkommunikation und ein 14-Zentimeter-UV-Teleskop, wobei ein japanischer Kunde dringend innerhalb eines halben Monats das genannte UV-Teleskop liefern musste und es in Japan keine Optikfirma gab, die es herstellen konnte. Als die japanische Firma, mit der unser Institut geschäftliche

---

56 Zivilisator (chinesisch: wenmingren, man könnte auch Zivilisationsmensch sagen, denn wenming bedeutet Zivilisation.) „Wenming" wird in China in euphemistischer Weise von offizieller Seite für das vorgeblich hohe Niveau bestimmter Einrichtungen gebraucht.

Beziehungen hatte, per E-Mail anfragte, ob wir es herstellen können, antwortete ich, wir können es! Im Ergebnis erhielt die japanische Firma den Zuschlag. Nach einem halben Monat reiste der Firmenchef nach Nanjing, um das Produkt abzunehmen. Als er vorschlug, sich die Produktion anzusehen, schützte ich vor, dass sich die Fabrik in einem militärischen Sperrgebiet befände, das Ausländer nicht betreten dürften. Wie konnte ich ihn die einfache optische Werkstatt und die simplen selbst hergestellten Einrichtungen sehen lassen und dass mein Institut in einem langen Luftschutzbunker eingerichtet war, in dem aber das ganze Jahr eine konstante Temperatur herrschte? Tatsächlich ist die 16 Zentimeter große asphärische Hauptlinse aus geschmolzenem Quarz von mir persönlich von Hand poliert worden. Schließlich hatte der Japaner eiligst das der Spezifikation entsprechende Produkt mit nach Tokio genommen. Später prahlte die Firma damit, sie könnte beliebige spezielle Optikkomponenten herstellen. Das Institut hatte noch für das LAMOST-Projekt des astrooptischen Instituts versuchsweise einen hochgenauen sechskantigen sphärischen Spiegel mit etwa einem Meter Durchmesser poliert. Die optische Komponente mit dem höchsten Niveau, die das Institut bearbeiten konnte, war ein sowohl großes als auch dickes Vakuumfenster eines Vakuum-Sonnenteleskops für das Observatorium Beijing. Dieses Vakuumfenster aus Glas erreichte einen Durchmesser von 1,1 Meter und eine Dicke von 6,5 Zentimetern. Im Ergebnis benutzte ich ein selbst hergestelltes spezielles Laserinterferometer. Mit Unterstützung eines Arbeiters benutzte ich eine hervorragende Technik der künstlichen Korrektur des Lichtwegs. Überraschend erzielte ich innerhalb eines Durchmessers des Lichtdurchtritts von 0,8 Meter für die Homogenität der Lichtwegdifferenz im gesamten durchstrahlten Bereich einen Wert von weniger als 1/10 Wellenlänge – eine fast unglaublich hohe Genauigkeit. Außerdem wurde das Teil unter der Bedingung poliert und geprüft, dass auf einer Seite des großen Vakuumfensters Vakuum anlag, und auf der anderen Seite eine Kraft des Luftdrucks von mehreren 10 kN wirkte. Nach der Beendigung der Arbeiten kam die Optikspezialistin Wang Sen vom Observatorium Beijing, die für ihre strengen Forderungen berühmt war, persönlich zur Abnahmeprüfung. Sie hinterließ einen Satz – Lehrer Hu[57] hat viele Ideen.

Das größte Vorhaben, das das Institut in 20 Jahren vollendet hatte, war ein 35-Zentimeter-Sonnenteleskop für das neu erbaute Sonnengebäude in Hongkong. Die Betreiber des Gebäudes bat Experten für Sonneninstrumente auf dem Festland, die Gesellschaft für astronomische Geräte (vordem das Werk für astronomische Geräte) zu prüfen, und nach den ersten Schritten wurde beschlossen, das Teleskop von dieser Gesellschaft bauen zu lassen. Nachdem sie später den Solarphysiker und Akademiemitglied Fang Cheng besucht hatten, empfahl er ihnen, dass auch das Zivilisator-Institut es bauen könnte. Nachdem sie dann mein Institut in dem Luftschutzbunker besucht hatten, verlangten sie, dass auch mein Institut einen Entwurf und ein Angebot abgäbe, was ich ihnen dann auf Englisch lieferte. Danach erfuhr ich, dass die Autorität für Sonneninstrumente der Gesellschaft für astronomische Geräte schon einen Entwurf und ein Angebot (der Preis wurde geheim gehalten) abgegeben hätte. So teilte ich dem Kunden offiziell mit, dass ich mich zurückziehe, um zu vermeiden, mit meiner Muttergesellschaft in Konkurrenz zu treten. Danach bat die Hongkonger Seite natürlich nur die Gesellschaft, nach Hongkong zu kommen, um

---

57 In China wird ein Professor achtungsvoll mit „Lehrer" angesprochen, also z. B. „Lehrer Hu".

die technischen Fragen zu besprechen. Die Gesellschaft für astronomische Geräte schickte dann eine Gruppe mit der Autorität für Sonneninstrumente nach Hongkong. Wer hätte gedacht, dass diese Autorität den Experten der Gegenseite erklärte, dass der vorgeschlagene Entwurf unvernünftig sei und nicht die technischen Forderungen erfüllen könnte? Er deutete noch an, dass die Experten das nicht verstünden. So ging er der Gegenseite auf die Nerven, sodass sich der Auftrag in Luft auflöste. Danach erklärte der Hongkonger Kunde, dass ihnen mein Entwurf gefiele und man mit der Gesellschaft für astronomische Geräte nicht zu einer übereinstimmenden Ansicht gelangen könnte. Angesichts dieser Situation blieb mir nur, mit der Hongkonger Gesellschaft den Vertrag zu unterschreiben.

Ein übernommenes Projekt höchster Genauigkeit: Entwicklung eines drehmomentgesteuerten Gyroskops

Im Jahre 1994 benötigte das Akademiemitglied Ai Guoxiang[58] vom Observatorium Beijing für das Projekt eines Infrarotteleskops in einem Ballon für große Höhen ein großes drehmomentgesteuertes Gyroskop, um das Pendeln der an langen Seilen hängenden Gondel des Ballons zu kompensieren, sodass das Teleskop immer auf die Sonne gerichtet blieb. Dieses drehmomentgesteuerte Gyroskop war eine neue Konstruktion von Prof. Yajima Nobuyuki[59] vom japanischen Forschungsinstitut für Kosmoswissenschaften und nur in kleiner Zahl hergestellt worden. Dann hatten auch die Russen das Gerät studiert. Aber obwohl die Forschungsgruppe am Observatorium Beijing Material von der japanischen Seite erhalten hatte, konnte sie es nicht verstehen. Akademiemitglied Ai gab mir dann eine Kopie und bat darum, mich einmal darin zu vertiefen. Ich war zu beschäftigt, erklärte mir Ai, und hatte keine Zeit. Wenn ich einen Monat Zeit gehabt hätte, so war ich sicher, hätte ich es verstanden. Wenn er so sprach, so war ihm bewusst, dass dieses Spielzeug nicht gut erprobt war, weil seine Gruppe das russische Luftfahrtministerium kontaktiert hatte, das dieses Gyroskop bestellen wollte. Aber die Gegenseite hatte geantwortet, angesichts der aufgestellten unvernünftigen Parameter verstehe niemand dieses Gyroskop. Was sollten wir also tun? Die Gruppe hatte das Gerät ursprünglich im japanischen Kosmosinstitut bestellt, aber Yajima hatte geantwortet, dass ich es gern machen würde. Ich hegte Sympathie für China, aber wenn die japanische Regierung das Wort „drehmomentgesteuertes Gyroskop" lesen würde, wüsste sie, dass es sich um ein Erzeugnis höchster Genauigkeit handelte. Offensichtlich war es ein Produkt, dessen Export in kommunistische Länder verboten war. Es hätte keinen Zweck gehabt, wenn ich mich damit beschäftigt hätte.

Nach einem Monat berief das Observatorium Beijing eine Ausschreibungssitzung ein, zu der drei Vertreter kamen – ein gewisses staatliches Gyroskopie-Laboratorium, das Observatorium Shanghai und mein kleines Institut. Das Observatorium Beijing hatte noch den Konstrukteur jenes Gyroskops, Professor Yajima, eingeladen. Yajima erläuterte mit einem Vortrag den Einsatz dieses Gyroskops. Außer diesem Prinzip hatten sie auch andere

---

58 Ai Guoxiang (geb. 1938) untersucht die Physik der Sonne und ist ein Mitglied der Akademie.
59 Yajima Nobuyuki (geb. 1940) ist ein japanischer Aerospace-Forscher, der sich viel mit der Technik der Stratosphärenballons beschäftigt hat.

Verfahren erprobt, aber wegen der internen Steuerung der Gondel waren diese Verfahren nach dem Prinzip der Konstanz der Impulse wirkungslos. Ich hatte jedoch provisorisch ein Verfahren vorgeschlagen, nämlich an der Gondel vier Ventilatoren zu installieren, die mit einer äußeren Kraft die Gondel bremsen könnten. Yajima erinnerte mich daran, dass es in 30 Kilometer Höhe keine Luft zum Antrieb gäbe. Ich erwiderte, dass es dort immer noch 1 Prozent Luft gäbe. Wenn deshalb die Antriebskraft eines Ventilators auf der Erde 10 N erreicht, dann beträgt die Antriebskraft des Ventilators in 30 Kilometer Höhe noch 0,1 N. Um mit dieser kleinen Kraft die Pendelbewegung einer 1,6 Tonnen schweren Gondel von 1' zu bremsen, überschlug ich, dass für die Ventilatoren vier Minuten ausreichen würden. Am nächsten Tag erklärte Yajima, dass das Ergebnis 4 Minuten 4 Sekunden sei. Wir (die Japaner) waren immer von der Vorstellung ausgegangen, dass es um die Gondel keine Luft gäbe. Warum sind wir nicht auf das von Professor Hu vorgeschlagene Verfahren gekommen? Danach konkurrierten die drei Parteien öffentlich um den Preis und den Zeitraum der Lieferung des Geräts. Das beleuchte ich später.

Das japanische Forschungsinstitut für Kosmoswissenschaften, in dem man keine Vorstellung vom Klassenkampf hat

Im nächsten Jahr lud mich Professor Yajima ein, sein Forschungslaboratorium für Ballon-Technik zu besuchen. Er bat mich bei dieser Gelegenheit auch, einen japanischen Satelliten zu besichtigen, der in einer Erprobungshalle schon fertig montiert war. Er schlug vor, dass wir, um andere nicht zu stören, nach dem Mittagessen die Pausenzeit nutzen sollten. So traten wir ohne Probleme in eine unverschlossene große Halle mit dem Satelliten ein und besichtigten den auf vier Explosionsbolzen stehenden Satelliten. Dann sahen wir auch das Modell einer auf dem Boden liegenden Rakete. Wir machten noch eine Aufnahme, in der ich in einem Raumanzug vor der Hintergrundrequisite der Erdkugel stand. Das wehmütige Gefühl, das ich nach dem Besuch des Kosmos-Instituts verspürte, war, dass die Japaner überhaupt keine Vorstellung von Klassenfeinden haben. Alle Leute von der Straße können den Gürtel der niedrigen Bäume passieren, die nur eine formale Wirkung ausüben, und zum großen Tor des Instituts eintreten. Problemlos können sie in die große Halle gelangen, die weder abgeschlossen noch mit Sicherheitseinrichtungen ausgestattet ist. Aber seit so vielen Jahren war es nie passiert, dass ein Krimineller eine böse Tat verübt hatte! Als Yajima mich zum Essen einlud, aß er die Krebse im Ganzen und spuckte überraschenderweise die Schalen nicht aus. Raten Sie weshalb? Die Antwort ist, erklärte er mir, dass das Calcium in den Schalen nicht verschwendet werden sollte.

Nachdem das Observatorium Beijing den Zuschlag erhalten hatte, erinnerte ich mich daran, dass ich vor mehreren Jahrzehnten in der Schule der Luftstreitkräfte schon bei den Schraubenflügeln eines Flugzeugs den Präzessionseffekt eines Gyroskops und ihre Wirkung kennengelernt hatte. Ich verwendete zwei Wochen Zeit, um an den Elektromotor einer Waschmaschine noch einen gesteuerten Elektromotor anzuschließen, und mit der entsprechenden Einrichtung führte ich einen Modellversuch des Prinzips eines drehmomentgesteuerten Gyroskops durch. Ich machte einige Aufnahmen und kann behaupten, dieses Gyroskop im Wesentlichen verstanden zu haben. Auf der Sitzung der Zuschlagserteilung erklärte zuerst ein Professor des Gyroskopie-Laboratoriums (es war das größte in China), sie hätten dieses neue Gyroskop noch nicht untersucht, sodass er nur grob 5 Millionen Yuan veranschlagen und in fünf Jahren liefern könnte. Der zweite Bieter war Professor Zi Shen vom Observatorium Shanghai, der sich mit Ballonteleskopen beschäftigt hatte. Er bot für die Untersuchungen 1,5 Millionen Yuan und eine Lieferung nach drei Jahren an. Unsere Genauigkeit der Lageregelung der Gondel, so sagte er, erreicht 6" und kann so vollkommen die Forderung des Observatoriums Beijing von 1' (60") erfüllen. Man glaubte ihm nicht – er entgegnete, dass man es jedoch in einer Abhandlung nachlesen könnte, die in der Zeitschrift des Observatoriums Shanghai veröffentlicht wurde. (Yajima hatte diese Genauigkeit damals auch nicht geglaubt). Später hatte die Gruppe des Observatoriums Beijing in dieser Abhandlung nachgesehen und mitgeteilt, dass eine Genauigkeit von 6' (360") angegeben war. Professor Zi Shen hatte die 6' zu 6" gemacht, was zeigte, dass er bestimmt nicht an der konkreten Forschungsarbeit teilgenommen hatte. Ich hatte noch kein Angebot abgegeben, als Akademiemitglied Ai verkündete, dass sich unsere Kosten für dieses Projekt auf insgesamt nur etwas über 500.000 Yuan belaufen würden. Davon wären 400.000 Yuan vorgesehen, um einen Doktoranden zum Kosmos-Institut nach Japan zu entsenden, damit er unter Anleitung von Professor Yajima ein Closed-loop Steuersystem aufbaute. Für das Gyroskop und eine auch sehr komplizierte Gegendralleinrichtung würden nur 160.000 Yuan veranschlagt. Die Bearbeitungszeit würde nur ein Jahr betragen. Danach warf der Vertreter des Observatoriums Shanghai ein, für 160.000 Yuan könnten wir es auch machen. Das Observatorium Beijing fragte daraufhin, weshalb es zuvor für 1,5 Millionen Yuan angeboten wurde? Schließlich erklärte ich, für die 160.000 Yuan, die unser Institut erhielt, würden wir das drehmomentgesteuerte Gyroskop und die Gegendralleinrichtung bauen. Das elektrische Steuersystem würde der Doktorand in Japan anfertigen. Darauf fragte das Akademiemitglied Ai den Doktoranden, mit welcher Firma er denn zusammenarbeiten wollte. Der Doktorand antwortete, mit Lehrer Hu. Eindeutig hatte das Observatorium Beijing dann die Aufgabe mir erteilt.

Das von uns hergestellte Gyroskop war komplett von mir konstruiert und von der Hochschule für Luftfahrt in Nanjing mit den besten Werkzeugmaschinen und Technologien bearbeitet worden. Die beiden Flügelräder des Kreisels wurden mit einem speziellen komplizierten dynamischen Auswuchtgerät eines Dozenten der Luftfahrt-Hochschule Nanjing justiert. Ein Kugellager höchster Präzision in der Einrichtung wurde von der japanischen Seite aus der Schweiz bezogen und uns übergeben. Nach mehreren Monaten passierte das Gerät die elektrische Erprobung. Wer hätte gedacht, dass der Hochgeschwindigkeitskreisel heftige Schwingungen erzeugen und ein Geräusch wie ein kleines Motorrad abgeben würde? Darauf baute ich mir ein einfaches, aber raffiniertes Schwingungsmessgerät und wuchtete das große Flügelrad des Kreisels erneut aus, bis das Geräusch des Kreisels bei seiner Drehung nicht lauter als das eines im Betrieb befindlichen Kühlschranks war. Die beiden Geräte wurden nach nur neun Monaten vorfristig geliefert. Das komplette drehmomentgesteuerte Gyroskop war 40 Kilogramm schwer und funktionierte im Observatorium Beijing sehr gut. Nachdem das Luftfahrtministerium davon erfahren hatte, kamen Vertreter, um sich dieses Resultat anzusehen. Nachdem die Gasballon-Gondel und das große Teleskop vollständig montiert waren, gab das Observatorium Beijing an die betreffenden Einheiten eine Mitteilung. Das Akademiemitglied Ai fasste die Erfahrung dieser internationalen Zusammenarbeit mit den vier Worten „zwei Länder, drei Städte" zusammen, nämlich China und Japan sowie Beijing, Nanjing und Tokio.

Bald darauf wurde der Gasballon mit dem Teleskop von einer Basis in der Provinz Hebei gestartet. Nicht lange, nachdem der Ballon zum Himmel aufgestiegen war, gab es eine Störung der Radioverbindung. Schließlich flog der Gasballon zum Mündungsgebiet des Gelben Flusses in der Provinz Shandong. Als er jeden Augenblick über die Landesgrenzen hinausfliegen wollte, konnte man nur sofort den Befehl zum Abwurf der Gondel und Öffnen eines Fallschirms geben. Offenbar hatte der Gasballon die Gondel tatsächlich abgeworfen, aber man wusste nicht, ob sich der Fallschirm geöffnet hatte. Das Observatorium Beijing schickte sofort Leute dorthin, um nach der abgeworfenen Gondel zu suchen. Dort fand man, dass das Mündungsgebiet des Gelben Flusses ein unendliches Schilfgestade bildete – ein Schwemmland ohne eine Menschenseele. Ein Fischer erzählte, dass er einen Gegenstand, der einem Kühlschrank ähnelte, vom Himmel hätte fallen gesehen, und zugleich zeigte er mit der Hand in die Richtung, in der der Gegenstand gefallen war. Aber ein Radar-Soldat der Volksbefreiungsarmee hatte auf seinem Radarschirm einen Lichtpunkt fallen gesehen, der jedoch in eine andere Richtung gewiesen hatte. Damals vermutete man, der große Fallschirm würde vielleicht über das Meer treiben. So bat man die Seestreitkräfte, nach ihm zu suchen. Aber die Marine konnte ihn auch nicht finden. Dann mietete man einen kanadischen Satelliten, dass er das Mündungsgebiet des Gelben Flusses fotografieren sollte, aber auch dort fand man nichts. Schließlich erklärten die Seestreitkräfte, dass man für eine genaue Suche viele Kriegsschiffe mobilisieren müsste, was Kosten von 8 Millionen Yuan verursachen würde. Aber die Gondel könnte sich in die Erde gebohrt haben. Selbst wenn die Seestreitkräfte den Fallschirm finden würden, welchen Nutzen hätte man davon? Daraufhin konnte man die Suche nur einstellen.

Danach berichtete das Observatorium Beijing der Akademie, dass in diesem Jahr von der Basis neun verschiedene Gasballons für große Höhen gestartet wurden, aber kein einziger Erfolg gehabt hatte. Der Sinn hinter diesen Worten: Es war kein Wunder, dass wir einen Fehlschlag erlitten hatten. Das Akademiemitglied Ai dachte ursprünglich, das Sonnenteleskop des Gasballons für große Höhen zu benutzen, um zu bestätigen, dass das Observatorium Beijing die Fähigkeit hatte, innerhalb einiger Jahre ein vorbereitendes Projekt für ein besonders großes Projekt zu vollenden – das Weltraum-Sonnenteleskop. Er hatte nicht gedacht, dass der Fehlschlag mit diesem Gasballon-Teleskop einen solchen direkten Einfluss haben könnte, dass das Projekt des Weltraum-Teleskops nicht in Angriff genommen wurde.

Als man im Nachhinein die Ursachen des Fehlschlags untersuchte, war natürlich die Verantwortung der Radioleute am größten. Aber konnten nach dem Öffnen des Fallschirms nicht die 80 dünnen Stahlstreifen der von mir gebauten Gegendralleinrichtung durch eine heftige Kraft gerissen sein? Daraufhin machte eine Gruppe mit übrig gebliebenen Stahlstreifen einen Zugversuch. Im Ergebnis betrug der Sicherheitsfaktor dieser Stahlstreifen 10. Ich verwies darauf, dass Menschen, die aus einem Flugzeug springen, wegen der sehr hohen Geschwindigkeit beim Öffnen des Fallschirms momentan eine Zugkraft vom 3-fachen des Körpergewichts erfahren. Die Gondel hatte fast keine Fallgeschwindigkeit, außerdem ist der Luftwiderstand in großer Höhe nur etwa 1 Prozent derjenigen am Boden. Darum ist die Zugkraft des Fallschirms an der Gondel sehr klein, möglicherweise nur ein paar Prozent des Gondelgewichts. Man vermutete weiter, ob die dünnen Stahlstreifen in der Gegendralleinrichtung bei einer Temperatur von -65 °C in großer Höhe ihre Festigkeit verlieren würden? Ich antwortete, ich hatte bei der Konstruktion aus einem zufällig erhaltenen Leitfaden über Ausrüstungen für die Polarregion, der von den amerikanischen Seestreitkräften gedruckt war, entnommen, dass gewöhnlicher Stahl, selbst wenn man ihn bis auf -80 °C abkühlt, keine deutliche Einbuße an Festigkeit erfährt. Darum hatte dieser Unfall absolut nichts mit der von mir hergestellten Gegendralleinrichtung zu tun.

Die Verfasser des Konstruktionsleitfadens über Ausrüstungen für die Polarregion gaben außerdem die meteorologische Ursache für Napoleons schwere Niederlage im Jahre 1812 vor Moskau an. Damals hatten die Hosen im französischen Heer keine Ledergürtel, sondern man benutzte große Zinnknöpfe. Im Ergebnis froren die Zinnknöpfe, die im sehr kalten Moskauer Winter auf der Erde lagen, zu Pulver. Als die Soldaten dann auf das Schlachtfeld marschieren sollten, konnten sie keine Schnüre als Gürtel für ihre Hosen finden, während die russischen Soldaten schon auf sie losschlugen. So mussten sie mit einer Hand die Hose festhalten. Wie hätten sich da die französischen Soldaten gegen die russischen Soldaten, die mit zwei Händen kämpften, behaupten können?

Notiz, wie ich bei der Begutachtung zum Akademiemitglied durchfiel

Nicht nur einmal wurde ich gefragt, warum ich denn noch kein Akademiemitglied sei. Ich konnte darauf nur ehrlich antworten, dass mich meine Einheit einmal aufgefordert hatte, an einer Begutachtung von Kandidaten zum Akademiemitglied teilzunehmen. Daraufhin hatte ich einen Antrag geschrieben und ihn eingereicht. Als der zuständige Angestellte in dem Organ als Fach des Antragstellers „astronomische Geräte" las, fand er aber unter den Fächern der Akademie der Ingenieurwissenschaften keine „astronomischen Geräte" und legte meinen Antrag dann im Projekt „Transportmittel" zur Begutachtung ab. Die Transportmittel stellten aber ein besonders großes Projekt dar, es umfasste Raumschiffe, Lenkraketen, Militärflugzeuge und U-Boote als eine außergewöhnlich große Ingenieursparte. Daraufhin kamen die Oberingenieure und Haupttechnologen, um sich begutachten zu lassen, Akademiemitglied zu werden. Man muss wissen, dass die Investitionen und der gesellschaftliche Effekt dieser besonders großen Ingenieursparte im Vergleich zu den geringfügigen astronomischen Geräten mehr als zehntausendmal größer sind. Viele Kandidaten konkurrierten um die 16 freien Plätze neuer Akademiemitglieder. Das Ergebnis der Wahl war, dass ich auf den 17. Platz kam und somit gerade durchgefallen war. Als ich bis zur nächsten Wahl zum Akademiemitglied wartete, war ich schon zu alt.

Kapitel 7

Verfassen populärwissenschaftlicher Bücher

Im Folgenden schildere ich den Verlauf, wie ich das populärwissenschaftliche Buch „Interessante Phänomene der Mechanik" (Quwei lixue xianxiang) schrieb und dabei vier schwierige Probleme der Mechanik in der Welt löste.

Als ich achtzig Jahre alt wurde, spürte ich, dass meine Körperkräfte die Entwicklungsaufgaben nicht mehr bewältigen können. Deshalb begann ich, mich nach einem Weg der Schriftstellerei umzusehen. Von den zahlreichen Schallplatten mit Reportagen der BBC, die schon ins Chinesische übersetzt waren (es heißt, sie füllen insgesamt 50.000 Stunden), berichteten nicht wenige über interessante Naturerscheinungen und erklärten physikalische Phänomene. So dachte ich weiter über diese Erklärungen nach, sodass schließlich die Idee keimte, ein populärwissenschaftliches Buch über die Mechanik zu schreiben. Natürlich war es sehr passend, dass der Buchtitel dem Titel „Unterhaltsame Mechanik" ähnelte, den ein russischer Großmeister der Populärwissenschaften vor 100 Jahren benutzt hatte. Seine Bücher wurden in viele Sprachen anderer Länder übersetzt. In den 100 Jahren, in denen es auf der Welt verbreitet war, hatte die Zahl verkaufter Bücher zusammengerechnet 10 Millionen Exemplare erreicht. Für mein Buch wählte ich im Unterschied dazu den Titel „Interessante Phänomene der Mechanik".

Der Leser könnte meinen, dass der Autor Jakow Perelman[60] bestimmt als reicher Mann ein vorzügliches Leben geführt hätte. Aber er ist 1942 verhungert. Raten Sie, aus welchem Grunde? Die Antwort ist, dass die deutsche Armee Leningrad sehr lange belagert hatte, sodass in der Stadt sehr viele Menschen verhungert waren. Als ich die Schallplatten mit den Reportagen hörte, recherchierte ich während eines Aufenthalts in Hongkong auf Google[61] nach einigen schwierigen Problemen der Mechanik, die gegenwärtig auf der Welt noch ungelöst sind. Wer hätte gedacht, dass diese schwierigen Probleme von mir gelöst wurden? Jetzt beschreibe ich sie im Folgenden, damit die Öffentlichkeit urteilen kann, ob die Lösungen richtig sind.

Lösung mehrerer im Weltmaßstab schwieriger Probleme der Mechanik

Das Rätsel der Linien von Nazca

Als im Jahre 1934 jemand von einem kleinen Flugzeug in der öden Ebene von Nazca in Peru nach unten schaute, entdeckte er in der Ebene verteilte, vereinzelte Bilder riesiger Tiere (wie Affen, Kolibris, Spinnen und so weiter), deren Abmessungen so groß waren,

---

60 Jakow Issidorowitsch Perelman (1882–1942) war ein russischer Journalist, Wissenschaftler und Autor. Er schrieb über 100 Bücher vorwiegend populärwissenschaftlichen Inhalts, die in über 13 Millionen Exemplaren gedruckt wurden.
61 In der VR China ist Google gesperrt, aber man kann es in Hongkong aufrufen.

dass ein Mensch (wenn er auf der Erde oder in nicht ausreichender Höhe stand) diese Bilder nicht zur Gänze sehen konnte. Daraufhin hatten Archäologen zu den neu entdeckten Nazca-Linien zwei wesentliche Fragen gestellt:

1) Weshalb hatten die Vorfahren so große Bilder gemalt? und

2) Mit welchem Verfahren konnten die Vorfahren diese großen Bilder malen, die man auf der Erde nicht zur Gänze sehen konnte?

Bald nachdem diese Bilder entdeckt worden waren, hatte die deutsche Mathematikerin Maria Reiche[62], die in Nazca wohnte, die Nazca-Linien viele Jahre untersucht und wurde zu einer Autorität dieser Forschung. Aber sie konnte bis zu ihrem Tode ihr Ziel nicht erreichen. Einheimische hatten für sie ein Museum eingerichtet. Darin steht sie als Wachsfigur, mit einem roten Kleid bekleidet und sich über den Arbeitstisch beugend. Die Einheimischen benannten darüber hinaus noch eine Grundschule und eine Straße nach ihr. Eine Vermutung der Archäologen, warum die Vorfahren so große Bilder malten, war, dass die großen Bilder eine religiöse Bedeutung hätten (die heute noch unklar ist); die andere Vermutung war, dass die verschiedenen Tiere die Totems verschiedener Stämme darstellten. Und die sehr langen geraden Linien könnten Landebahnen der Raumschiffe von Außerirdischen sein.

Hinsichtlich der Frage, wie die Vorfahren diese großen Bilder gemalt hatten, ist es eine Möglichkeit, dass die Vorfahren erst neben dem Bild einen hohen Turm gebaut hatten, während ein Meister von der Spitze des Turms Anweisungen gegeben hatte. Eine andere Möglichkeit ist, dass die Vorfahren einen Heißluftballon benutzt hatten, während ein Meister von einer Gondel am Gasballon Anweisungen gegeben hatte. Offensichtlich sind diese beiden Verfahren recht umständlich. Konnten sich die Menschen kein besseres Verfahren ausdenken, um die Bilder zu malen? Nachdem ich früher einmal gesehen hatte, dass Maler in ein auf einem Reklameschild zuvor aufgetragenes Gitter ein Bild mit Kurven gemalt hatten, dachte ich mir sofort, dass die Vorfahren von Nazca nur auf ein kleines Bild eines Tiers, das auf eine Holzplatte gemalt ist, noch ein Gitter aufgetragen hatten. Danach hatten sie auf der Erde (bei einer Größe von mehr als 100 Metern) auch ein großes Gitter aufgetragen. Dann mussten sie nur in jedes Gitterquadrat die einfachen Linien wie in dem entsprechenden kleinen Gitter des kleinen Bildes malen. So konnte man auf leichte Weise ein ähnliches großes Bild malen. Alle Leute, die das von mir vorgeschlagene Verfahren, wie die großen Bilder gemalt wurden, gehört hatten, erkannten dieses einfache Verfahren an. Was die Frage angeht, dass das Malen von Linien auf der Erde für die Vorfahren von Nazca durchaus nicht umständlich war, so mussten sie nur eine ganz flache Schicht der dunklen Erde auf der Oberfläche heraushacken, wodurch die darunter liegende helle Erde zutage trat und eine deutliche Linie entstand.

Die Grundschüler in China lernen durch ein Gitter mit neun Quadraten die Schriftzeichen. Auch sie können sich vorstellen, mit einem Gitter aus neun Quadraten ein großes Bild zu malen. Aber Maria Reiche hatte in ihrer Kindheit keine solche Gitter mit neun Quadraten gesehen, sodass sie sich nicht vorstellen konnte, dass man mit diesem Verfahren ein großes Bild malen kann. Hinsichtlich der Frage, warum die Vorfahren in

---

62 Maria Reiche (1903–1998) war eine deutsche Mathematikerin. Sie wurde durch die systematische Untersuchung der Linien von Nazca bekannt.

Nazca diese großen Tierbilder malen mussten, fand ich nach dem Studium der Materialien zwei wichtige Leitgedanken. Der eine ist, dass es im alten Gebiet von Nazca ursprünglich wenig regnete, besonders weil in den letzten mehreren Hundert Jahren die Gegend immer trockener wurde. Der zweite ist, dass die Archäologen in den letzten Jahren in Nazca eine große Menge von zusammen begrabenen Menschenschädelknochen ausgegraben hatten.

Indem ich diese beiden Fakten miteinander verband, schlussfolgerte ich kühn: Die von Jahr zu Jahr dramatisch zunehmende Dürre verursachte, dass die Lebensmittel der Menschen von Nazca (sowie verschiedene Tiere) immer knapper wurden, sodass sie begannen, zu den Himmelsgöttern zu beten, sie mögen Regen schenken. Aber Wasser ist sehr schwer bildlich darzustellen. Deshalb wählten die Vorfahren von Nazca die Bilder von Tieren aus, die sie auf die Erde malten, um auszudrücken, sie bräuchten Wasser, weil die verschiedenen Tiere alle Wasser bräuchten, um zu leben. Außerdem drückten die Bilder der gemalten Tiere auch aus, dass die Einheimischen Tiere bräuchten (damals waren die Menschen von Nazca sehr wahrscheinlich Hirten). Gerade damit diese Bilder von den Himmelsgöttern ganz oben gesehen wurden, mussten sie so groß gemalt werden. Aber diese großen Bilder konnten die Himmelsgötter noch nicht rühren. Im Gegenteil wurde das Klima in der Gegend immer trockener, sodass die Einheimischen, um die Himmelsgötter zu rühren, schließlich zu einer radikalen Methode griffen – sie hatten die Schädel lebender Menschen den Göttern geopfert, und dieses Ausmaß wurde immer größer. Das ist die rationale Ursache, dass die Archäologen eine große Menge von zusammen bestatteten Menschenschädelknochen ausgraben konnten. Natürlich warte ich noch immer auf die Einschätzung der obigen Erklärung durch die betreffenden Wissenschaftler auf der Welt, aber sie scheint bis jetzt die rationalste Erklärung zu sein ...

Warum haben Insekten sechs Beine?

Danach fand ich in Google, dass die Biologen vieler Länder der Welt den Grund, warum die Insekten sechs Beine haben, bis jetzt als ein sehr schwieriges Problem ansehen. Unter anderem heißt es: „Mit einem Wort ist diese Frage nicht beantwortet. Weil den Insekten scheinbar zufällig immer sechs Beine wachsen." In der Bibel im 3. Buch Mose 11.21 und 22 heißt es, man dürfe von diesen Kleintieren mit Flügeln und vier Füßen jene essen, die Springbeine haben, um damit auf dem Boden zu hüpfen. Offensichtlich hatten die Menschen, die diesen Abschnitt der Bibel geschrieben hatten, nicht aufmerksam nachgezählt, wie viele Beine die Insekten denn tatsächlich hatten.

Weil der Einfluss der Insekten auf das Leben der Menschheit sehr groß ist, zum Beispiel, da manche Insekten landwirtschaftliche Kulturen auffressen, verursachen sie ernsthafte Schäden. Außerdem gibt es bereits die Tendenz, Insekten als künftige Nahrung der Menschheit einzuordnen (für jeden Menschen auf der Erde könnten 4.000 Kilogramm zugeteilt werden), sollte es schon eine Forschungsaufgabe sein zu ergründen, warum Insekten sechs Beine haben. Obwohl scheinbar die Frage, warum sie sechs Beine haben, ein schwieriges Problem ist, bei dem man nicht weiß, wie man am besten herangehen sollte, begann ich das Problem der sechs Beine zu überdenken – gestützt auf die Erfahrung und die Lösung, als ich das Problem der Ursache für die begrenzte Genauigkeit der astrometrischen Messungen untersuchte.

Nach den mir bekannten Gesetzen – ob es sich um eine kleine Ameise oder einen großen Löwen handelt, ist, wenn sie von einem Felsen herunterfallen, ihre anfängliche Geschwindigkeit und Fallhöhe gleich, aber danach wird sich die Fallgeschwindigkeit eines kleinen Körpers bald verlangsamen. Das liegt an der viel größeren relativen Wirkung des Luftwiderstands bei kleinen Körpern gegenüber großen Körpern. Wenn man das obige Gesetz auf den Körper eines Tieres anwendet, hat ein nur 6 Millimeter hohes Insekt, wenn es nur vier Beine hat (aber nicht sechs), dann sagt mir die Analyse der Mechanik, wenn ein vierbeiniges Insekt beim Vorwärtsgehen ein beliebiges Bein hochhebt, es dann die stabile Lage verliert, sodass der Körper des Insekts infolge der Schwerkraft auf eine Seite fällt. Gerade weil die Gestalt des Insekts sehr klein ist, muss der Körper des Insekts nur 2 Millimeter fallen, und sein Körper wird über die Erde schleifen und seine Vorwärtsbewegung behindern. Wenn ein vierbeiniges Insekt nicht möchte, dass sein Körper über die Erde schleift, so zeigt die Rechnung, dann muss es mit einer hohen Frequenz von 30 bis 44 Schritten/Sekunde rennen. Offensichtlich kann die Körperenergie eines Insekts das nicht leisten. Aber wenn ein Insekt sechs Beine hat, so kann man, selbst wenn es bei jedem Schritt drei Beine hebt, mit Hilfe der Mechanik beweisen: Bei einem sechsbeinigen Insekt kann es nicht passieren, dass es beim Gehen fällt. Das ist einer der Gründe, warum Insekten sechs Beine haben.

Einen anderen, noch wichtigeren Grund, dass Insekten sechs Beine haben, lässt sich mit der Mechanik beweisen, nämlich dass ein sechsbeiniges Insekt nur so problemlos auf einen Zweig klettern kann, um Nahrung zu suchen, während ein vierbeiniges Insekt fast nicht hochklettern kann, sodass es verhungern würde. Wie ich mit der Mechanik streng diese beiden Schlussfolgerungen bewiesen hatte, ist unnötig, in diesem Buch zu wiederholen. Der Leser kann die ausführliche Darstellung in dem Buch „Interessante Phänomene der Mechanik" nachlesen.

Lösung des Geheimnisses um Zhang Hengs 1.800 Jahre altes Seismometer

Nachdem ich in Baidu[63] das Prinzip der Prüfung von Schwingungen mit einer stehenden Säule in dem Seismometer des Staatsschatzes Zhang Heng gesehen hatte, wusste ich, dass seit fast 130 Jahren Gelehrte verschiedener Länder die Prüfung von Schwingungen mit einer stehenden Säule untersucht hatten, dass aber keinem einzigen ein erfolgreiches Experiment gelungen war. Deshalb glaubten sie natürlich, die chinesischen Geschichtschroniken wären fehlerhaft. Das hinterließ bei mir den Eindruck, dass die Prüfung von Schwingungen mit einer stehenden Säule gewiss ein nicht zu lösendes schwieriges Problem darstellt. Aber gestützt auf meine Kenntnisse der Mechanik, wozu Erfahrungen in der Entwicklung von Präzisionsgeräten über mehrere Jahrzehnte hinzukommen, begann ich, veranlasst durch Neugier, das Prinzip der Schwingungsprüfung mit einer stehenden Säule zu untersuchen. Überraschend hatte ich schon nach kurzem die wichtigen Prinzipien der Schwingungsprü-

---

63 Baidu ist ein Internet-Rechercheportal in China, ähnlich Google.

fung mit einer stehenden Säule erfasst. Danach verbrachte ich noch einige Monate, indem ich jemanden bat, mir eine komplette Schwingungsprüfeinrichtung mit einer stehenden Säule anzufertigen, mit der ich sorgfältige, strenge Experimente durchführte. Das Ergebnis der Praxis bestätigte, dass meine Erkenntnis vollkommen richtig war. Seither begann eine unlösbare Verbindung mit Zhang Hengs Seismometer.

Aus Spaß nehmen wir einmal an, dass Sie als Zhang Heng wiedergeboren werden. Damit der Leser schrittweise Zhang Hengs Seismometer versteht, führe ich hier die folgenden vier Materialien an:

(1) Die Lüftung des Geheimnisses um Zhang Hengs Seismometer.
(2) Die Meinung von Experten bei der Beurteilung der Untersuchung des Prinzips der stehenden Säule in Zhang Hengs Seismometer und der Versuchsergebnisse.
(3) Der gebührende Platz von Zhang Heng in der Geschichte von Wissenschaft und Technik des Altertums der Welt.
(4) Durch die Popularisierung von Zhang Hengs Seismometer den Ruhm für Chinas Wissenschaft und Technik im Altertum mehren.

Die letzten drei Materialien findet der interessierte Leser im Anhang.

Die Lüftung des Geheimnisses um Zhang Hengs Seismometer

Hu Ningsheng
Einheit: Entwicklungszentrum des früheren Werks für astronomische Geräte Nanjing der Academia Sinica
Adresse: Nanjing, Huayuan Rd. 6, 210042
Privatadresse: Nanjing, Tongwei Rd. 19-02-103, 210012

Zusammenfassung

In der offiziellen Chronik „Hou Han Shou" ist im Kapitel „Biografie von Zhang Heng"[64] angegeben, dass sich in Zhang Hengs Seismometer eine Säule befindet. Deshalb muss dieses Seismometer eine stehende Säule benutzen, um Schwingungen empfindlich zu messen. Aber seit mehr als 130 Jahren konnten Wissenschaftler in China und im Ausland keine empfindliche Schwingungsmessung mit einer stehenden Säule realisieren. Deshalb meinten sie, die historischen Aufzeichnungen wären fehlerhaft und waren überzeugt, Zhang Hengs Seismometer könnte nur mit einer hängenden Säule eine empfindliche Schwingungsprüfung realisieren.

Doch im Jahre 2013 hatte der Autor theoretisch bewiesen, dass man mit einer stehenden Säule Schwingungen empfindlich prüfen kann, und mit einem Experiment bewies er die Richtigkeit der entsprechenden Theorie. Diese Untersuchung wurde im November desselben Jahres auf einer speziellen wissenschaftlichen Tagung des Forschungsinstituts für die Geschichte der Naturwissenschaften und der Technologie der Academia Sinica und des Akademieinstituts für astro-optischen Technologien Nanjing bestätigt. Danach

---

64 Die offizielle Chronik „Hou Han Shu" beschreibt die Zeit der Östlichen Han-Dynastie (25–220). Sie wurde in den Jahren 432–435 von Fan Hua verfasst.

fand sie im November 2016 auch die Zustimmung auf einer Tagung zur Beurteilung des Forschungsergebnisses, die eigens von der Gesellschaft für die Geschichte von Wissenschaft und Technik Chinas einberufen wurde. So wurde das Geheimnis um Zhang Hengs Seismometer gelüftet. Dadurch wurde bestätigt, dass die Höhe des wissenschaftlich-technischen Niveaus von Zhang Heng einen Grad erreichte, dem Wissenschaftler verschiedener Länder noch um 1.800 Jahren hinterher hinken.

Schlüsselwörter: Zhang Hengs Seismometer, Schwingungsprüfung mit einer stehenden Säule, Schwingungsprüfung mit einer hängenden Säule.

Einführung

Das während der Östlichen Han-Dynastie von Zhang Heng geschaffene Seismometer ist in China jedermann bekannt. Generationen von Schülern wissen aus den Lehrbüchern, dass der Wissenschaftler Zhang Heng während der Östlichen Han-Dynastie ein Seismometer erfunden hatte. Das von Zhang Heng erfundene Seismometer wird als ein Muster für eine große wissenschaftlich-technische Erfindung angesehen. In China bezog man aus dem Seismometer Ruhm und sah es als einen Schatz des Landes an. Es wurde nicht nur auf Briefmarken gedruckt, sondern auch zum Amtswappen des Staatlichen Erdbebenamts erkoren. Zhang Hengs Seismometer bezeichnete auch die westliche Gelehrtenwelt seit mehr als 100 Jahren als „chinesisches Schwingungsprüfgerät" und hatte es untersucht und geschätzt. Sein rekonstruiertes Modell und amerikanisches Mondgestein wurden zum Symbol für den Fortschritt der Zivilisation der Menschheit. Sie sind in der Zentrale der Weltorganisation für geistiges Eigentum der Vereinten Nationen ausgestellt, damit man sie bewundern kann.

Es ist aber bedauerlich, dass das Seismometer, das einen so großen Einfluss ausübt, vor mehr als 1.700 Jahren sein Geheimnis mit sich nahm. Seither wurden sein Modell und das Arbeitsprinzip zu einem Rätsel für mehr als tausend Jahre. Bezüglich der historischen Materialien über das Seismometer ist das berühmteste die Aufzeichnung im „Hou Han Shu – Biografie von Zhang Heng", wo es heißt: „Im ersten Jahr der Regierungsära Yangjia[65] erfand er ein Seismometer. Es wurde aus feiner Bronze gegossen, sein Durchmesser misst acht Chi.[66] Auf dem Gefäß erhebt sich ein Deckel, der einem Weingefäß ähnelt. Es ist mit einer Inschrift im Zhuan-Schriftstil sowie Darstellungen von Bergen, Schildkröten, Vögeln und wilden Tieren verziert. In der Mitte befindet sich eine Säule, die sich seitlich in acht Richtungen bewegen kann, sodass sie einen Mechanismus zum Öffnen und Schließen betätigen kann. Außen am Gefäß befinden sich acht Drachenköpfe, die jeweils eine Bronzekugel im Maul halten. Unten sitzen Kröten, die mit ihrem geöffneten Maul die Kugel auffangen. Der mit Zähnen versehene raffinierte Mechanismus ist im Inneren des Gefäßes verborgen. Der Deckel schließt rundherum ohne jeglichen Spalt ab. Wenn ein Erdbeben auftritt, dann gerät im Gefäß der Drache in Schwingungen, und der Mechanismus gibt eine Kugel frei, die von einer Kröte aufgefangen wird. In diesem Moment ertönt ein schriller Ton, der den Beobachter auf das Ereignis aufmerksam macht. Obwohl der Mechanismus eines Drachens ausgelöst wurde, bewegen sich die übrigen sieben Köpfe nicht. Wenn man der Richtung

---

65 Erstes Jahr der Regierungsära Yangjia – entspricht dem Jahr 132.
66 In der Han-Zeit entsprachen acht Chi etwa 1,9 Meter.

folgt, weiß man, woher das Erdbeben gekommen ist. Wenn man die Anzeige mit dem tatsächlichen Geschehen überprüft, so zeigt sich eine wunderbare Übereinstimmung. Seit den Aufzeichnungen im Shu Jing[67] hat es so etwas noch nicht gegeben. Einmal hatte ein Drache den Mechanismus ausgelöst, aber man hatte kein Erdbeben gespürt. Alle Gelehrten in der Hauptstadt waren erstaunt, dass es kein Anzeichen eines Erdbebens gegeben hatte. Aber nach einigen Tagen traf ein Bote ein, der berichtete, die Erde in Longxi[68] hätte gebebt. Daraufhin gab jeder die wunderbare Wirkung des Geräts zu. Seitdem wurde den Beamten des Büros für Astronomie und Kalender aufgetragen, die Richtungen, woher Erdbeben gekommen waren, zu registrieren."

Der Text umfasst nur 196 Schriftzeichen. Darin muss hinsichtlich der Beschreibung des inneren Aufbaus „in der Mitte befindet sich eine Säule" diese Säule unter dem Aspekt der historischen Materialien eine stehende Säule sein. In den letzten Jahren erfuhr Zhang Hengs Seismometer die Aufmerksamkeit von Seismologen vieler Länder. Ab 1969 erschienen in wissenschaftlichen Zeitschriften des Auslands nacheinander scharf formulierte Zweifel und Kritiken an der Version, dass für die Schwingungsprüfung in Zhang Hengs Seismometer eine stehende Säule benutzt wurde. Der Grund war, dass die Wissenschaftler verschiedener Länder in den letzten 130 Jahren mit einer stehenden Säule keine erfolgreiche Schwingungsprüfung durchführen konnten. Sie fanden, dass man im Wesentlichen nicht in der Lage war, eine empfindliche stehende Säule aufzustellen. Aber eine weniger empfindliche stehende Säule, die stehen konnte, fiel nach einer leichten Erschütterung wahllos in eine beliebige Richtung, das heißt, die stehende Säule fiel nicht in die Richtung der Schwingung. Daraufhin meinten Wissenschaftler verschiedener Länder übereinstimmend, es wäre unmöglich, mit einer stehenden Säule eine Schwingung empfindlich zu prüfen. Deshalb folgerten sie, die Chinesen hätten mit Zhang Hengs Seismometer eine Fälschung begangen. Der österreichische Wissenschaftler Leopold Leeb[69] schrieb in seinem Buch, nachdem er diese Ansichten des Auslands zusammengefasst hatte, dass in vielen chinesischen Büchern Zhang Hengs Seismometer gepriesen wird. Der Grund, dass es zu einem Muster und einem Symbol für die Schöpferkraft der Wissenschaften in China werden konnte, ist hauptsächlich, dass sein Seismometer als „Schatz des Landes" und „nationales Kulturgut" angesehen wird. Aber Zhang Hengs Seismometer wurde nicht von einer exakten Theorie begleitet. Deshalb symbolisiert das Seismometer vielmehr das Träumen der Chinesen von der Vergangenheit, aber repräsentiert nicht etwas Vollkommenes. Es ist eher ein klassischer Ausdruck der Besonderheiten der Stagnation der Wissenschaften in China.(1) Danach erschienen im chinesischen Internet zahlreiche Stimmen des Zweifels an Zhang Hengs Seismometer. Fang Zhouzi[70], der in China viele Schwindler entlarvt hatte,

---

67 Shu Jing, auch Buch der Urkunden genannt, ist die älteste Chronik Chinas. Sie entstand etwa im 10. Jahrhundert v. Chr.
68 Longxi liegt in der Provinz Gansu etwa 640 Kilometer nordwestlich von der damaligen Hauptstadt entfernt.
69 Leopold Leeb (geb. 1967 in Österreich) ist ein Philosoph, Theologe, Übersetzer und Professor an der Chinesischen Volksuniversität in Beijing, wo er Latein, Altgriechisch, Althebräisch und Literaturgeschichte lehrt.
70 Fang Zhouzi (geb. 1967) ist ein populärwissenschaftlicher Schriftsteller, der durch die Aufdeckung von Korruption in den Wissenschaften von sich reden machte.

äußerte, wenn Zhang Hengs Schwingungsprüfung mit einer stehenden Säule selbst nach 1.800 Jahren durch Wissenschaftler, die mit moderner Mechanik bewaffnet und durch moderne Technik unterstützt sind, nicht realisiert werden konnte, so stellt sich doch die Frage, ob Zhang Hengs Seismometer je existiert hat?

Um die historische Echtheit des Seismometers von Zhang Hengs Erfindung zu bestätigen, führten einige Experten Untersuchungen durch. Von den historischen Aufzeichnungen ist die Beschreibung im Hou Han Shu keine isolierte Erwähnung, und anhand archäologischer Ergebnisse gibt es indirekte Belege. Das Erdbeben in Longxi, das mit dem in der alten Chronik beschriebenen Seismometer beobachtet wurde, hatte tatsächlich stattgefunden. Über in Vergessenheit geratene gesellschaftliche Hintergründe wurde ein Quellenstudium betrieben, sodass man schlussfolgern kann, dass die Aufzeichnung in den historischen Materialien der Wahrheit entspricht. Aber der springende Punkt, um die Menschen zu überzeugen, bleibt immer noch, einen Beweis nach wissenschaftlichen Prinzipien und mit einem Experiment anzutreten.

Mechanisches Prinzip der empfindlichen Schwingungsprüfung mit einer stehenden Säule: Bedingung, dass die empfindliche stehende Säule stehen bleiben kann

Der Schwerkraftvektor im Massemittelpunkt einer stehenden Säule muss innerhalb der Bodenfläche, auf der die Säule steht, liegen, oder einfacher gesagt, der Schweremittelpunkt der Säule muss innerhalb der Berührfläche auf der Erde liegen. Das zeigt das folgende Bild. Im Bild 1 ist M der Massemittelpunkt der stehenden Säule, H ist die Höhe des Massemittelpunkts über der Auflagefläche B, r ist der Radius der Auflagefläche (sofern sie eine Kreisfläche ist) der Säule, W ist das Gewicht der stehenden Säule. Das heißt, Mg und f sind äußere Kräfte, die die stehende Säule zu Fall bringen.

Bild 1 ist zu entnehmen, dass der Schwerkraftvektor W im Massemittelpunkt M der stehenden Säule, wenn er sich innerhalb des kleinen Kreises der Auflagefläche der Säule befindet (nicht unbedingt direkt im Mittelpunkt), W kein Kraftmoment ausüben kann, das die stehende Säule zu Fall bringt. Eine solche Säule kann stehen bleiben. Umgekehrt, wenn die Basisfläche nicht hinreichend eben oder die Auflagefläche geneigt ist, dann wird der Schwerkraftvektor W über die Auflagefläche hinausgehen und ein Kraftmoment des Umfallens erzeugen, das die stehende Säule zu Fall bringt.

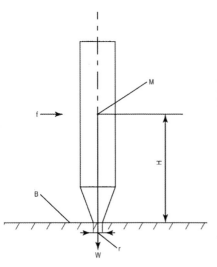

Bild 1 Mechanische Bedingung, dass die Säule stehen kann

Wenn die stehende Säule im Massemittelpunkt eine Kraft f empfängt, dann kann auf die

Auflagefläche der Säule ein Fallmoment fH und nach dem anfänglichen Fall ein Wiederherstellungsmoment rW empfangen. Wenn hierbei fH kleiner als rW ist, wird die Säule nicht umfallen. Aber wenn fH größer als rW ist, wird die Säule umfallen. Darum ist die kritische Bedingung für das Umfallen der Säule:

fH = rW ... (1)

Wenn die Säule ein Erdbeben und dadurch eine horizontale Beschleunigung a aufnimmt, wird sie eine Trägheitskraft f = Ma erzeugen. Wenn Ma die Kraft f in Gleichung (1) ersetzt, erhalten wir

MaH = rW, und diese Gleichung kann man umschreiben zu . $a = \frac{r}{H} \times \frac{W}{M}$

Aus der Physik wissen wir, dass W = Mg gilt (hier ist g die Schwerebeschleunigung), darum wird die vorhergehende Gleichung zu:

$$a = \frac{r}{H}g \ ... (2).$$

Gleichung (2) drückt auch die Empfindlichkeit der Schwingungsprüfung mit einer stehenden Säule aus. Wenn zum Beispiel die Empfindlichkeit 0,001 beträgt, dann ist die Empfindlichkeit der Schwingungsprüfung mit einer stehenden Säule 0,001 g, oder (angenähert) 1 Gal. Streng genommen muss man für r in der Gleichung die Entfernung zwischen dem Schwerkraftvektor im Massezentrum und dem Rand der Auflagefläche nehmen. Außerdem weiß man zum Vergleich anhand von Messungen, dass die Wahrnehmungsempfindlichkeit eines Menschen für Erdbeben 0,005 g ... 0,015 g beträgt.

Damit man mit einer stehenden Säule eine Schwingung empfindlich prüfen kann, muss offensichtlich ihre Auflagefläche sehr klein und fast ideal und eine besonders harte, exakt ebene Fläche sein. Außerdem muss die Lage des Schwerezentrums der stehenden Säule exakt justiert werden, damit ihr Schwerkraftvektor innerhalb der kleinen Basisfläche liegt. Das einfachste Verfahren der exakten Einstellung ist, den Grad der Neigung der Auflagefläche B unter der Säule einzustellen. Weil eine kleine Änderung der Neigung der Auflagefläche B bewirken kann, dass sich das Massezentrum der Säule auch in (horizontal) zwei Richtungen verschiebt, kann man die gehörige Position des Schwerezentrums der stehenden Säule erreichen.

Bedauerlicherweise hatten zuvor Wissenschaftler im In- und Ausland nur Überlegungen wie einfache Leute angestellt. Obwohl sie die Stabilität einer stehenden Säule mechanisch analysiert hatten, konnten sie aber nicht zum Ziel gelangen, weil sie nicht die Bearbeitung der Auflagefläche der Säule beachteten. So war es nicht verwunderlich, dass ihre empfindliche Säule nicht stehen bleiben konnte. Noch weniger hatten sie das Schwerezentrum präzise justiert, sodass ihre nicht so empfindliche Säule zwar stehen geblieben war, aber ihr Schwerezentrumvektor nicht genau durch das Zentrum der Auflagefläche, sondern seitlich vom Zentrum verlief. Wenn diese stehende Säule eine leichte Schwingung erfuhr, dann konnte sie in die Richtung der Schwereabweichung der Säule fallen. Weil sich beim jedesmaligen Aufstellen der Säule die Richtung der Säule nicht wiederholte, fiel sie jedes Mal in eine andere Richtung. Es ist interessant, dass der Japaner Sekino Takeshi im Jahre 1972 darauf hinwies, dass der Durchmesser der stehenden Säule und die Auflagefläche übereinstimmen müssen. Deshalb ist eine stehende Säule, je schlanker sie ist, auch umso empfindlicher. Mit Hilfe der Mechanik bewies er, dass die Empfindlichkeit einer stehenden Säule, wenn sie etwa 1 Gal erreichen soll, diese Säule dann so schlank wie ein langer Kupferdraht sein muss. Offensichtlich kann ein langer Kupferdraht nicht stehen. Auch chinesische Wissenschaftler pflichteten dieser seltsamen Schlussfolgerung von Sekino Takeshi bei (2a), und gaben im Internet für die Medien noch an, Sekino Takeshi hätte „theoretisch" bewiesen, mit einer stehenden Säule wäre eine empfindliche Schwingungsprüfung unmöglich. In ihren Artikeln hatten sie weiter untersucht, dass in verschiedenen Dynastien Chinas in der Architektur Säulen eingesetzt wurden und verwiesen darauf, dass die Säulen sehr massiv waren, sodass man mit ihnen natürlich keine empfindliche Prüfung durchführen konnte. (2b)

Wenn man Bild 1 analysiert, so lässt sich folgende wichtige Schlussfolgerung ziehen: Bringt eine Schwingung die Säule zu Fall, dann muss die Bewegungsamplitude der horizontalen Beschleunigung der Auflagefläche B den Durchmesser (2r) der Auflagefläche überschreiten (oder annähern). Demgegenüber bewirkt eine zu kleine Amplitude (ganz gleich, wie groß die Beschleunigung ist), dass sich die Säule nach vorn und nach hinten neigt, sodass sich die Bewegungen aufheben. Die Säule wird durch die heftigen Amplituden hin- und herschaukeln, aber nicht leicht umfallen. Diese Schlussfolgerung hatte schon jemand unbewusst experimentell erprobt. Er hatte eine Säule mittlerer Dicke auf einen Schwingtisch gestellt, der hochfrequente Schwingungen kleiner Amplitude erzeugte. Das Ergebnis des Experiments besagte, dass nur Schwingungen eines starken Erdbebens wie beim Erdbeben von Tangshan[71] die Säule zu Fall bringen würden. Diese Schlussfolgerung stimmt offensichtlich nicht mit dem Alltagswissen der Menschen überein.

Vorstellung des Experiments der Schwingungsprüfung mit einer stehenden Säule

Man stellt das Modell des Seismometers mit einer stehenden Säule auf eine Bodenplatte, die sich horizontal bewegen kann. Dann treibt man das Seismometer mit einem kleinen geschwindigkeitsverstellbaren Elektromotor mit einem geeigneten Getriebe und einem Nockenrad leicht an. Durch die Beschleunigung und die Amplitude der gesteuerten (sinusförmigen) Schwingung wird das Seismometer mit allmählich zunehmender Amplitude immer heftiger angetrieben, und dann werden die Schwingungsparameter registriert, bei der die Säule zu fallen beginnt.

Die Versuchsergebnisse beweisen, dass die Empfindlichkeit der Schwingungsprüfung mit einer stehenden Säule 0,001 g erreichen kann (das ist bei Weitem empfindlicher als die Empfindlichkeitswahrnehmung eines Menschen), und auch die Fallrichtung der Säule stimmt genau mit der Schwingrichtung auf der Erde überein. Der Begründer der modernen Seismologie John Milne[72] hatte zuerst festgestellt, dass bei den Bewegungen der Erde bei einem Erdbeben, nachdem sie über mehrere Hundert Kilometer übertragen

---

71 Das Erdbeben von Tangshan am 28. Juli 1976 in der Provinz Hebei war mit schätzungsweise bis zu 650.000 Todesopfern das verheerendste Erdbeben des 20. Jahrhunderts.
72 John Milne (1850–1913) war ein britischer Geologe, Ingenieur und Seismologe. Er leistete wesentliche Beiträge zum Verständnis und zur Erforschung von Erdbeben.

wurden, sich die Bewegungen der Erde oft sehr stark verändern. Darum bedeutet, wenn das Seismometer von Zhang Heng die Richtung eines Erdbebens genau erfasst hatte, dies rein zufällig war. Möglicherweise war die horizontale S-Welle des Erdbebens von Longxi, nachdem sie über mehrere hundert Kilometer ununterbrochen die Richtung verändert hatte, zufällig zur ursprünglichen Richtung zurückgekehrt. Für eine ausführlichere Darstellung des obigen und andere zweitrangige Fragen zu Zhang Hengs Seismometer, wie die äußere Gestalt des Geräts und den Mechanismus der Auslösung der Kugeln sei die Spezialliteratur empfohlen.(2)

Im November 2013 beriefen das Forschungsinstitut für die Geschichte der Naturwissenschaften und das Forschungsinstitut für astrooptische Technologien Nanjing der Academia Sinica gemeinsam eine wissenschaftliche Konferenz über die Rekonstruktion von Zhang Hengs Seismometer ein. Die an der Konferenz teilnehmenden Experten meinten übereinstimmend, dass das vom Autor vorgeschlagene Prinzip der Schwingungsprüfung mit einer stehenden Säule zutreffend und das von ihm vorgeführte Experiment erfolgreich war. Im November 2016 rief die chinesische Gesellschaft für die Geschichte von Wissenschaft und Technologie einschlägige Experten der Nanjing Universität, der Shanghaier Jiaotong-Universität, der chinesischen Universität für Wissenschaft und Technologie, der Universität der Akademie, des Akademieinstituts für astrooptische Technologien in Nanjing, des Forschungsinstituts für Geodäsie und Geophysik der Akademie, des Nationalmuseums, der alten Sternwarte Beijing, des chinesischen Erdbebenamts und des Forschungsinstituts für Geophysik in Nanjing zu einer Konferenz zur wissenschaftlichen Begutachtung der Forschung des Autors über die Rekonstruktion des Seismometers und der Versuchsergebnisse zusammen. Die Expertengruppe erkannte übereinstimmend an, dass die Säule im Seismometer vom Typ der stehenden Säule sein musste, aber keine hängende Säule sein konnte. Das belegte, dass die Aufzeichnung im „Hou Han Shu" zuverlässig war. Dieses Ergebnis wurde von der chinesischen Gesellschaft für die Geschichte von Wissenschaft und Technologie in Form eines offiziellen Gutachtens herausgegeben.(3)

Literatur
(1) Leopold Leeb: Zhang Heng, kexue yu zongjiao (Zhang Heng, Wissenschaft und Religion, 2000, 251–252, Shehui kexue wenxian chubanshe
(2a) Feng Rui, Wu Yuxia: Zhang Heng houfeng didongyi de yuanli fuyuan yanjiu (Untersuchungen zur Rekonstruktion des Prinzips von Zhang Hengs Seismometer), 2003, Zhongguo dizhen, Bd. 19, H. 4
(2b) Feng Rui, Wu Yuxia: Zhang Heng houfeng didongyi de yuanli fuyuan yanjiu (Untersuchungen zur Rekonstruktion des Prinzips von Zhang Hengs Seismometer, 2003, Zhongguo dizhen, Bd. 19, H. 4, 364
(2) Hu Ningsheng: Zhang Heng didongyi de aomi (Das Geheimnis um Zhang Hengs Seismometer), Nanjing daxue chubanshe
(3) Chinesische Gesellschaft für die Geschichte von Wissenschaft und Technologie, Expertenmeinungen zur Begutachtung der Forschung über die Rekonstruktion des Seismometers von Zhang Heng mit einer stehenden Säule und die Versuchsergebnisse, 2016, Chinesische Gesellschaft für die Geschichte von Wissenschaft und Technologie

Korrekte Erklärung der Stabilität eines Fahrrads

Auf der Welt gibt es mindestens eine Milliarde Menschen, die Fahrrad fahren können, aber kaum ein Einziger versteht die wirkliche Ursache, warum ein Fahrrad nicht umfällt. So konnte diese lächerliche Situation mehr als 100 Jahre fortbestehen. Zweifellos ist das für den Menschen, der sich damit brüstet, das klügste Tier zu sein, der allergrößte Witz der Menschheit. Wenn Sie es nicht glauben, lesen Sie einmal das Folgende:

Vor über 100 Jahren hatte die Französische Akademie einen Preis für die beste Erklärung ausgesetzt, warum ein Fahrrad nicht umfallen kann. Diesen Preis erhielt ein französischer Mathematiker. Dessen Erklärung wurde allerdings offenbar nicht von der Allgemeinheit anerkannt, sodass in der ersten Hälfte des 20. Jahrhunderts in verschiedenen Zeitschriften über diese Frage mehrere verschiedene Erklärungen auftauchten. Aber danach erschienen wieder Abhandlungen, die diese Erklärungen widerlegten. Im 21. Jahrhundert wurde zum Beispiel in dem englischen „Journal of the Royal Society" wieder eine Abhandlung darüber veröffentlicht, warum ein Fahrrad nicht umfällt, und im Jahre 2011 veröffentlichte die angesehene Zeitschrift „Science" eine Abhandlung, in der es hieß, dass alle bisherigen Erklärungen, warum ein Fahrrad nicht umfällt, falsch seien. Nach ihren Experimenten konnten kleine Fahrräder nach dieser Ursache umfallen. Was ist nun die Ursache? Die fünf Autoren des Artikels erklärten, dass sie es auch nicht wüssten.

In populärwissenschaftlichen Büchern verschiedener Länder gibt es über die Ursache, warum ein Fahrrad nicht umfällt, mehrere verschiedene Erklärungen. Eine besagt, dass die sich drehenden Räder eines Fahrrads eine Kreiselwirkung ausüben. Gerade die Achsstabilität und die Präzession eines Kreisels könnten bewirken, dass ein Fahrrad nicht umfällt. Ich meine, dass diese Erklärung, obwohl sie qualitativ ausführlich dargelegt ist, nicht schlüssig ist, denn nach einer quantitativen Berechnung erkennt man, dass diese Wirkung klein und unzureichend ist. So wie der Vorstandsvorsitzende der Chinesischen Gesellschaft für die Geschichte von Wissenschaft und Technologie Sun Xiaochun darauf verwiesen hatte, sind zum Beispiel bei den in den letzten Jahren in Mode gekommenen Skateboards die Räder besonders klein und drehen sich auch nicht schnell. Deshalb muss der Kreiseleffekt dieser kleinen Räder vernachlässigbar klein sein. Wie lässt sich mit ihm erklären, dass eine Person auf einem Skateboard nicht umfällt?

Die zweite Ursache in populärwissenschaftlichen Büchern, warum man mit einem Fahrrad nicht fallen kann, ist, dass der Radfahrer durch die Bewegungen nach rechts und links das Gleichgewicht hält, sodass das Fahrrad nicht umkippt. Ich hatte mit einer Berechnung der Mechanik festgestellt, dass eine Person mit einer Bewegung des Oberkörpers tatsächlich eine sehr große Wirkung auf die Stabilität des Fahrrads ausüben kann. Aber das Problem ist, dass sich eine Person beim Radfahren gemächlich und geruhsam verhält und nicht ständig den Oberkörper hin- und herbewegt, um das Gleichgewicht zu halten. Einige Leute haben vorgeschlagen, dass der Radfahrer durch Drehungen des Lenkers nach rechts und links erreicht, dass er beim Radfahren nicht fällt. Das trifft tatsächlich zu. Ich hatte auf der Grundlage der Mechanik berechnet, dass sich durch eine Drehung der Richtung des Vorderrads nach der Änderung der Fahrtrichtung des Rades die dadurch entstehende Zentrifugalkraft ändert. Wenn man die Größe dieser

Zentrifugalkraft spürt, genügt sie, um das sich schon neigende Fahrrad wieder aufzurichten. Aber die Erfahrung lehrt uns: Ein Radfahrer muss nicht ständig darauf achten, jederzeit den Lenker zu bewegen.

Besonders wurde festgestellt, dass das Fahrrad selbst die wunderbare Fähigkeit hat, „selbst zu fahren, ohne umzukippen". Danach nahm das Wissen um die Ursache, warum ein Fahrrad nicht umfallen kann, einen großen Schritt nach vorn.

Im Internet gibt es ein im Ausland gedrehtes Video, wie auf einem Sportplatz ein Mann ein unbemanntes Fahrrad kräftig anschiebt, und man sieht, wie das Fahrrad sich ruhig vorwärtsbewegt. Eine andere Person stößt dann das Fahrrad von der Seite an. Es ist merkwürdig, dass dieses seitlich gestoßene Fahrrad sofort automatisch seine aufrechte Haltung wiederherstellt und sich weiter vorwärtsbewegt. Der verblüfften Miene des Mannes, der das Rad angestoßen hatte, lässt sich entnehmen, dass ihn diese Selbststabilisierungsfähigkeit des Fahrrads perplex gemacht hatte. Aber sein von ihm entdecktes Wissen zur Frage „warum das Fahrrad nicht umfällt" konnte einen großen Schritt nach vorn nehmen. Ursprünglich hat das Fahrrad selbst eine Fähigkeit zur Selbststabilisierung, darum muss ein Radfahrer nicht konzentriert darauf achten, dass es nicht umfällt.

Jetzt blieb bezüglich der Selbststabilisierung des Fahrrads nur ein letztes schwieriges Problem offen, nämlich die Ursache für die Erzeugung der Selbststabilisierung des Fahrrads. Deshalb vermutete ich, dass das Fahrrad wie ein Mensch seine eigene Fallsituation prüfen kann, es kann den Lenker automatisch drehen (das heißt die Fahrtrichtung des Vorderrads), um mit Hilfe der Zentrifugalkraft sich selbst geradezurichten. Bald nach dieser Vermutung wurde ich durch das nachfolgende allgemein bekannte Phänomen bestätigt. Nämlich wenn wir die am Straßenrand abgestellten, nach links geneigten Fahrräder betrachten, so ist ihr Vorderrad immer nach links gedreht. Das bedeutet, dass das Fahrrad, wenn es sich nach einer Seite neigt, sich sein Vorderrad automatisch in diese Richtung dreht. Diese Bewegung gleicht aufs Haar der Reaktion des Radfahrers. Das Fahrrad hat als Roboter den Menschen ersetzt.

Diese wunderbare Fähigkeit des Fahrrads kann vollkommen die Bedienung des Fahrrads durch den Menschen ersetzen. So ist es nicht verwunderlich, dass der Mensch sich beim Fahren im Wesentlichen nicht darum kümmern muss, ob das Fahrrad umfällt. Er muss auch nicht mit einer Lenkerbewegung reagieren, weil das Fahrrad nun automatisch seine stabile Lage beibehält. Welche Kraft dann das Vorderrad dreht, wenn das Fahrrad sich einmal neigt, ist ein tief verborgenes schwieriges Problem. Mit meiner Erfahrung über mehrere Jahrzehnte in der Konstruktion räumlicher Strukturen dachte ich lange darüber nach und fand jetzt diese Kraft, und mit einem Bild und einer populärwissenschaftlichen Beschreibung habe ich sie erklärt. In dem Buch „Interessante Phänomene der Mechanik" habe ich auf mehr als zehn Seiten die Stabilität des Fahrrads erläutert.

Danach sah ich einen von David E. H. Jones in der „Physics Today" veröffentlichten Artikel. Jones hatte in dem Artikel aus dem Jahre 1970 eine Selbststabilisierung des Fahrrads vorgeschlagen. Aber um diese Selbststabilisierung zu beweisen, benutzte er Differentialgleichungssysteme und die Theorie der potentiellen Energie. Weil die für seinen Beweis benutzte Mathematik zu hoch und schwer verständlich ist, fand sie nicht die Aufmerksamkeit der Mitwelt. Ich hatte nun mit einfacher und leicht verständlicher Mechanik bewiesen, dass ein Fahrrad die Fähigkeit hat, selbst zu fahren.

Bild 2 Kraftanalyse für das Vorderrad eines Fahrrads

Es ist interessant, dass schon der Erfinder der Draisine die Drehachse des Vorderrades so konstruiert hatte, dass sie nach vorn geneigt war. Der Grund dafür war, wenn man mit dem Fahrrad einen Hang hinunterfuhr und plötzlich bremste, man sich leicht überschlagen konnte. Zugleich ist in dieser Konstruktion das Geheimnis für die Fähigkeit des Fahrrads zum Selbstfahren verborgen.

Um also die Stabilisierung des Fahrrads zu erhöhen, muss das Vorderrad möglichst weit nach vorn geneigt sein. Das erfordert, die Drehachse für die Richtung des Vorderrads so zu konstruieren, dass sie am oberen Ende nach hinten und am unteren Ende nach vorn geneigt ist. Diese Konstruktion mit der Neigung nach vorn verleiht dem Fahrrad die wunderbare Fähigkeit der Selbststabilisierung und des Selbstfahrens. Für die Erklärung der Mechanik siehe das Bild 2.

Dem Bild können wir entnehmen, die Drehachse OO' des nach vorn geneigten Vorderrads bewirkt, dass der Punkt K auf der Achse am äußeren Rand des Vorderrads über der Erdoberfläche liegt, sodass der Berührpunkt des Vorderrads um die Entfernung E ein Stück nach hinten verschoben ist, wo man die Position J unter dem Rad erreicht. Das Bild 2 zeigt auch die Kräfte am Punkt J des Vorderrads. Die Kraft P ist die Reaktionskraft aufgrund des Drucks des Vorderrades auf die Erdoberfläche, wobei man die Kraft P in zwei Kräfte zerlegen kann. Dabei ist die Teilkraft P_1 parallel zur Drehachse. Sie möchte, dass sich die Gabel des Vorderrades zusammenzieht, aber die Gabel des Vorderrades wird durch ein Lager festgehalten, weshalb sie nicht zurückweichen kann. Wenn sich der Lenker des Fahrrads in einer mittleren Position befindet, ist die Teilkraft P_2 gerade auf die Drehachse OO' gerichtet. Das heißt, wenn die Teilkraft P_2 zu dieser Drehachse keinen Kraftarm hat, dann gibt es auch kein Drehmoment, das die Gabel des Vorderrads dreht.

Aber wenn sich das Fahrrad neigt (zum Beispiel nach links), dann liegt eine ganz andere Situation vor. Wenn sich das Fahrrad zum Beispiel um 5° nach links neigt (dieser Neigungswinkel ist übertrieben, damit der Leser die Folgen besser versteht), dann wird das obere Ende O' der Achslinie gegenüber dem Punkt O am unteren Ende auch um 5° versetzt sein. Jetzt wird die Kraft P, die senkrecht auf dem Punkt J steht, nicht mehr parallel zur Achslinie OO' wirken, sondern etwas nach rechts von der Achslinie OO', und auch die Teilkraft P_2 zeigt nach rechts von der Achslinie OO'. Deshalb entsteht dadurch ein Kraftarm aus P_2 und der Achslinie OO'. Das Kraftmoment aus der Teilkraft P_2 multipliziert mit dem

Kraftarm bewirkt, dass sich die Gabel des Vorderrads nach links dreht. Diese Bewegung ist fast das gleiche, als ob der Radfahrer den Lenker mit der Hand nach links dreht. Wie oben dargelegt, kann bei einer Richtungsänderung des Fahrrads die dadurch erzeugte Fliehkraft das Fahrrad wieder aufrichten. Hiermit sind die automatische Bewahrung des Gleichgewichts eines Fahrrads und die Eigenschaften bei einer Richtungsänderung (das Selbstfahren) eindeutig erklärt.

Wenn man ein Fahrrad nach links (oder rechts) neigt, hat das Vorderrad die Eigenschaft, dass es sich automatisch nach links (oder rechts) dreht. Das kann man mit dem obigen recht schwer verständlichen Bild der aufgenommenen Kräfte erklären. Tatsächlich hat jeder schon diese Eigenschaft beobachtet, dass sich der Lenker automatisch dreht. Es ist nur verwunderlich, dass wir den Hinweis, den uns das Fahrrad mit dieser Erscheinung gibt, nicht verstehen können. Allen Leuten, die ein Fahrrad mit einer seitlich angebrachten Stütze benutzen, begegnet es, dass in dem Moment, in dem sie das Fahrrad abstellen, sich das Fahrrad erst etwas nach links neigt, bis die seitliche Stütze den Erdboden erreicht. Jetzt wird sich das Vorderrad schematisch und automatisch nach links drehen, und dabei um einen großen Betrag. Wenn Sie es nicht glauben, dann schauen Sie bei einem abgestellten, nach links geneigten Fahrrad, ob das Vorderrad nach links gedreht ist.

Ich schlage vor, der Leser möge ein abgestelltes Fahrrad und die Räder geradestellen und das Fahrrad dann mit der Hand ein wenig nach rechts neigen. Wenn man eine gründliche Analyse vornimmt, sieht man, dass die Teilkraft P_2 (siehe Bild 2) für das Drehmoment des Vorderrads nicht sehr groß ist (wenn das abgestellte Fahrrad stark geneigt wird, ist die Wirkung des Drehmoments aufgrund der Teilkraft P_2 offensichtlich). Aber für ein fahrendes Fahrrad, das gerade beginnt sich zu neigen, benötigt man dann nur ein sehr kleines Drehmoment zur Drehung der Achse des Vorderrads, um es geradezustellen oder um die Richtung der geringen Neigung umzukehren. Das liegt daran, dass die Drehachse des Vorderrads ein Kugellager hat. Die genannte Drehachse wird nicht nur nicht schwanken, sondern auch das Moment des Reibungswiderstandes ist sehr klein. Deshalb kann das Drehmoment aufgrund der sehr kleinen Teilkraft P_2 die Richtung des Vorderrades drehen. Weil die Drehachse des Vorderrades außerordentlich empfindlich ist, kann die sehr kleine Teilkraft P_2 beginnen, die Richtung des Vorderrades zu drehen, wenn die Neigung des fahrenden Fahrrades gerade 0,05° (entspricht 3') erreicht. Daraufhin kann das Fahrrad rechtzeitig aufgerichtet werden. Man sieht, dass die Fähigkeit des Fahrrads zur Selbststabilisierung und zum Selbstfahren bei Weitem die Fähigkeit des Radfahrers zur Steuerung des Fahrrads übertrifft. Das erlaubt dem Radfahrer sich zu entspannen, sodass er nicht ständig darauf achtgeben muss, ob das Fahrrad stabil ist.

8. Kapitel

Anekdotisches

Erlebtes aus den politischen Kampagnen

Die Hymne, die verboten war zu singen
Kurz nach der Befreiung hatte das Volk im ganzen Land ein Loblied auf die Kommunistische Partei Chinas gesungen, dessen Liedtext so ging:

> *Du bist der Leuchtturm, der das Meer vor dem Morgengrauen erleuchtet.*
> *Du bist der Steuermann, der die Richtung der Reise bestimmt.*
> *Heldenhafte Kommunistische Partei Chinas, du bist der Kern, du bist die Richtung.*
> *Wir werden dir immer folgen, die Menschheit wird bestimmt befreit!*
> *Wir werden dir immer folgen, die Menschheit wird bestimmt befreit!*

Mit diesem Liedtext gab es anscheinend keine Probleme, aber weshalb hatte man später verboten, es zu singen? Ursprünglich hatte damals ein sowjetischer Spezialist, der in Beijing arbeitete, gehört, wie die Massen dieses Loblied sangen, sodass er bat, es ihm zu übersetzen. Er fragte: „Wer von euch in China will sterben?" Ursprünglich hatte man für dieses Lied eine Trauermelodie benutzt, die in der Sowjetunion bei Beerdigungen gespielt wurde. Möglicherweise hatten Leute mit anderen Motiven, als diese Melodie nach China kam, sie absichtlich diesen Lobesworten untergeschoben.

Weshalb hatte man auch dieses Lied verboten zu singen?
Während der Kulturrevolution tauchte ein Lied auf, das „Salam Vorsitzender Mao" hieß. Salam heißt in der Sprache einer nationalen Minderheit in Xinjiang zehntausend Jahre, aber bald nachdem es im Radio gesungen wurde, hatte man verboten es zu singen. Der Grund war, dass die beiden Silben Sa-lam so ähnlich wie sha-le („tötet ihn") klangen.

Das Rechtsabweichlerelement, das keine Rede hielt
Ein Verwandter von mir, der in einer Mittelschule Lehrer war, kam während der Bewegung gegen die Rechtsabweichler gerade von außerhalb von einer Weiterbildung zurück und wurde einer neuen Einheit zugeteilt. In der Versammlung der Gruppe, die den Kampf gegen die Rechtsabweichler führte, hatte jeder die Fraktion der Rechtsabweichler kritisiert, nur er hatte keine Kritik geübt. Der Grund war, dass er gerade in diese Einheit gekommen war, er die Situation nicht kannte und deshalb nicht sprechen wollte. Aber von oben gab es eine Kennziffer, dass aus jeder Einheit unbedingt ein Rechtsabweichlerelement entlarvt werden müsste. Wenn er mit der Fraktion der Rechtsabweichler sympathisierte und gegen die Bewegung des Kampfes gegen die Rechtsabweichler war, war das nicht so gut wie eine Fraktion der Rechtsabweichler?

Was isst man im Kommunismus?
In den drei Jahren vor und nach 1960 erlitt die Landwirtschaft schwere Verluste durch Naturkatastrophen, die auch durch den Großen Sprung nach vorn und die Bildung der Volkskommunen beeinträchtigt wurde. Deshalb waren die Ernten in der Landwirtschaft eingebrochen, was zur Folge hatte, dass in den Städten sehr viele Menschen an Hungerödemen litten. Damals wurde die Menge des Getreides für jeden Einwohner durchaus nicht reduziert, aber Zusatznahrungsmittel waren äußerst rar. Es gab einen Zeitraum, in dem pro Person monatlich Fleischmarken für nur 2 Liang (100 Gramm) ausgeteilt wurden. Die Einheiten gaben die Fleischmarken einfach nicht an die Kantinen und Gemeinschaftsküchen, sondern direkt an die einzelnen Personen aus. So verschwanden die Fleischgerichte aus den Kantinen der Einheiten, und es gab nicht einmal mehr feine Fleischstreifen.

Ich erinnere mich, dass ich einmal in einem Laden für gekochte Speisen auf der Straße zwei Liang Fleisch gekauft hatte. Ich war so gierig, dass ich nicht bis zu Hause warten konnte und dieses bisschen Fleisch auf der Straße aufgegessen hatte. Ich dachte noch, an welchem künftigen Tage wird man in China täglich zwei Liang Fleisch essen können? China wird zu dieser Zeit wohl schon im Kommunismus leben. Nach dem von mir erdachten Standard konnte man in China schon Ende der Achtzigerjahre auf den Märkten beliebig Fleisch kaufen. Dann wäre das damalige China eine kommunistische Gesellschaft gewesen, aber befände sich nicht mehr im Anfangsstadium des Sozialismus.

Die Farce um einen Ertrag von 10.000 Jin pro Mu
Während des Großen Sprungs nach vorn im Jahre 1958 tauchten in den Zeitungen nacheinander Berichte auf, dass in einer gewissen Kommune das gute Ergebnis eines Ertrags von mehreren tausend Jin Getreide pro Mu erzielt wurde (damals erreichte Chinas mittlerer Mu-Ertrag noch nicht tausend Jin). Je länger diese Manie anhielt, umso mehr wucherte sie aus. Schließlich nahm ein Reporter der Nachrichtenagentur Xinhua an einer Versammlung zur Begutachtung der tatsächlichen Ernte teil, bei der zuletzt herauskam, dass die zehntausend Jin noch überschritten wurden.

Damals veröffentlichte eine Zeitung einen Sonderbeitrag eines Akademiemitglieds, in dem er wissenschaftlich bewies, dass ein Ertrag von 10.000 Jin/Mu[73] möglich sei. Er stützte sich dabei auf die Sonnenenergie, die ein Mu Getreide in einer Pflanzsaison aufnimmt. Wenn die darin enthaltene gesamte Wärmemenge vollständig in Getreide verwandelt werden würde, könnte diese Sonnenenergie in ungefähr 100.000 Jin Getreide verwandelt werden! Deshalb ist ein Ertrag von 10.000 Jin/Mu durchaus möglich. Einige Leiter aus der Zentrale fanden auch, dass das im ganzen Land propagierte Pflanzverfahren für einen Ertrag von 10.000 Jin/Mu möglich sei. Diese wunderbare Perspektive ließ die Menschen unwillkürlich daran denken, dass man die Bevölkerung, selbst wenn sie sich auf das Zehnfache vergrößert, ernähren könnte. China war schon nicht mehr weit vom Kommunismus entfernt.

Wie wurde der Reporter, der an der Gutachterversammlung teilnahm, hinters Licht geführt? Später wurde enthüllt, dass die Leitung der Kommune einen Tag vor der Gutachtersitzung befohlen hatte, das Getreide von mehr als zehn Mu auf einen Fleck von

---

73 10.000 Jin/Mu (siehe Anmerkung 42)

einem Mu einzupflanzen. Die Pflanzen drängten sich einen Tag, an dem sie noch nicht eingingen. Am nächsten Tag wurden die Pflanzen ausgegraben, und das ausgedroschene Getreide wurde gewogen, ergab das etwa nicht zehntausend Jin? Als der an der Gutachterversammlung teilnehmende Reporter sah, dass die einzelnen Pflanzen derart dicht standen, dass nicht einmal eine Maus durch sie hindurchschlüpfen konnte, fragte er die Bauern, die dieses Stück Land bestellt hatten, ob die Pflanzen denn noch leben könnten, wenn sie so dicht stünden? Die Bauern erklärten, sie hatten um das Stück Land von einem Mu ringsherum viele Gebläse aufgestellt und mit ihnen immer Wind auf dieses Stück Land geblasen, darum konnte so dicht stehendes Getreide wachsen. Hinsichtlich der Frage, wie viel Dünger sie benutzt hätten, antworteten sie ehrlich, dass sie so viel Getreide gleich auf einem Misthaufen gesät hätten.

Die echte Treue eines Führers zum Vorsitzenden Mao

Zum Beginn der Kulturrevolution hatte jeder durchschnittlich fünf kostbare rote Bücher mit den Aussprüchen von Mao Zedong. In drei Jahren wurden im ganzen Land insgesamt fünf Milliarden der roten Bücher gedruckt, was die 100 Millionen Exemplare der Bibel, die auf der ganzen Welt jährlich gedruckt werden, bei weitem übersteigt. Damals musste man vor Beginn der verschiedensten Versammlungen das Buch hochhalten und dreimal rufen: „Lang lebe der Vorsitzende Mao!"

Einmal hatte ein Techniker aus dem Werk für astronomische Geräte Nanjing in der Stadt an einer Kundgebung teilgenommen und nach seiner Rückkehr berichtet, dass der Führer der Volksbefreiungsarmee[74] dem Vorsitzenden Mao treu wäre. Anhand der Art, wie er das kostbare rote Buch hochhielt, konnte man sehen, dass er noch treuer als die Massen wäre. Ich fragte, wie er es hochgehalten hatte. Nachdem er auf die Tribüne gestiegen war, ging er erst zwanzig Schritte nach links, dann hob er das kostbare rote Buch mit der linken Hand hoch und rief: „Lang lebe der Vorsitzende Mao!" Dann ging er vierzig Schritte nach rechts, hob mit der rechten Hand das kostbare rote Buch und rief wieder: „Lang lebe der Vorsitzende Mao!" Schließlich ging er zwanzig Schritte nach links bis zur Mitte der Tribüne, hob wieder das kostbare rote Buch und rief drei Mal: „Lang lebe der Vorsitzende Mao!" Erst danach begann er zu reden.

Ein unbegründeter Schreck durch die „fünf Seen und vier Meere"

Bald nach dem Beginn der Kulturrevolution erhielten die Parteiorganisationen aller Ebenen den Befehl, alle Tätigkeiten einzustellen und, auf die Massen gestützt, mit den Roten Garden Revolution zu machen. Damals unterbrachen die Fabriken nicht nur die Produktion, die Schulen stellten den Unterricht ein, selbst die Ämter für Öffentliche Sicherheit, die Polizeidienststellen und die Gerichte waren paralysiert. Zum Glück wurde in der Armee keine Kulturrevolution gemacht, darum war die öffentliche Sicherheit in der Gesellschaft noch nicht allzu sehr gestört, sodass Tschiang Kaischeks Generäle auf Taiwan nicht wagten, das

---

74 Von 1959 bis zu seinem Tod bei einem missglückten Putschversuch gegen Mao im Jahre 1971 war Lin Biao Verteidigungsminister. Lin Biao hatte den Personenkult um Mao gefördert und ein Vorwort für das „kostbare rote Buch", auch Mao-Bibel genannt, verfasst. 1969 wurde er zum Stellvertreter des Parteivorsitzenden Mao Zedong ernannt. Er wurde damit Maos designierter Nachfolger.

Festland anzugreifen. Aber Unruhe im kleineren Maßstab war nicht zu vermeiden. Zum Beispiel lag eines Tages nahe vor dem Taiping-Tor eine Leiche, aber niemand kümmerte sich darum. Nach einigen Tagen fing die Leiche zu stinken an, worauf die Einwohner in der Nachbarschaft Geld sammelten und einen alten Mann baten, den Toten zu begraben. Der Mann steckte in die Nasenlöcher des Toten zwei Stangen Lauch, nahm einen Spaten und begrub schließlich den Leichnam.

Nachdem die Öffentliche Sicherheit, die Polizei und die Gerichte paralysiert waren, verbreitete sich in Nanjing das Gerücht, im Süden der benachbarten Provinz Anhui wären Banditen aufgetaucht, die sich „fünf Seen und vier Meere" nannten (in dem kostbaren roten Buch mit den Aussprüchen des Vorsitzenden Mao gibt es den Ausdruck „fünf Seen und vier Meere"[75]) und diese sich schon Nanjing näherten, sodass das Volk von Nanjing nicht umhin konnte, zu Maßnahmen der Selbstverteidigung zu greifen. Obwohl die revolutionäre Organisation im Werk für astronomische Geräte nicht über Gewehre verfügte, gab es aber ein Materiallager und Bearbeitungswerkstätten. Die Arbeiter trugen auf dem Kopf aus Rohrstreifen geflochtene Sicherheitshelme und hielten in der Hand lange Lanzen. Ihre ehrfurchtgebietende Art stand nicht den Kindertrupps des Antijapanischen Widerstandskrieges in Propagandafilmen nach.

Einmal wurde es wirklich kritisch, denn es hieß, die „fünf Seen und vier Meere" hätten das Taiping-Tor erreicht, das nur drei Kilometer vom Werksgelände entfernt war. Zum Glück waren die „fünf Seen und vier Meere" aber umgedreht und hatten sich entfernt. Es hieß, dass die „fünf Seen und vier Meere" die Einwohner ausraubten, aber generell würden sie niemanden umbringen. Meine Frau hatte dann die etwas besseren Kleidungsstücke in eine große Kiste gepackt. Da das Internat unseres Werks einsam in einem Feld stand, sodass es eine leichte Beute für die Räuber sein würde, wollte meine Frau die Kiste in einen etwas sichereren Stadtteil von Nanjing bringen. Eine gute Freundin von ihr, der Lehrling Zhang Yi, versprach, sie in ihrem Haus aufzubewahren. So kam die Kiste in ihr Haus. Obwohl ihre Mutter es ihr nicht direkt verbieten wollte, grollte sie aber danach der Tochter gehörig: „Wenn die Kiste dieser Leute in unserem Haus geraubt wird, wirst du sie ihnen ersetzen? Wenn du künftig wieder etwas Größeres unternimmst, dann frage zuerst mich!"

Nicht lange danach warb ein Techniker aus Guangdong, der im Werk arbeitete, um diese Arbeiterin, worauf sie es ihrer Mutter berichtete. Als die Mutter hörte, der Mann stammte aus Guangdong, war sie sofort dagegen. Raten Sie, weshalb? Die Mutter meinte, dass die Leute aus Guangdong vor noch nicht langer Zeit erst ihren Barbarenschurz abgelegt hätten.

Dreißig Jahre später arbeitete die Tochter dieser Arbeiterin im Forschungsinstitut des Werks für astronomische Geräte, wie es später hieß. Einmal bat ich sie, für mich ein Dokument auf der Maschine zu schreiben, und ich sagte ihr, du musst es schreiben, auch wenn du viel zu tun hast, denn wenn ich nicht wäre, wie hätte es dich gegeben? Als sie das hörte, war sie sehr verwirrt, bis sie es nicht aushielt, ihre Mutter zu fragen, ob Lehrer

---

75 In dem roten Buch mit den Aussprüchen des Vorsitzenden Mao gibt es den Ausdruck „fünf Seen und vier Meere". Es heißt dort: „Wir alle kommen von den fünf Seen und vier Meeren, um mit dem Ziel einer gemeinsamen Revolution zusammen zu gehen ... Unsere Kader müssen sich um jeden Kämpfer kümmern, alle Angehörigen der revolutionären Abteilungen müssen sich gegenseitig unterstützen, einander lieben und einander helfen."

Hu mein Vater wäre? Ihre Mutter erwiderte, was hast du für ungereimtes Zeug gehört? Nachdem die Mutter darüber nachgedacht hatte, fügte sie noch hinzu, wenn Lehrer Hu so etwas gesagt hatte, hat er trotzdem nicht unrecht! Die Tochter erschrak sehr, aber die Mutter erklärte ihr dann, dass ihr Vater ihr damals einen Wink gegeben hatte, nachdem die Großmutter mütterlicherseits und sie sich beraten hatten. Sie fanden, dass er als Techniker natürlich sehr gut wäre, aber wenn er in der damaligen Hitze immer noch eine Mütze trug, hieße das nicht, dass er ein Glatzkopf war? Wie kann unser Goldstück einen Glatzkopf heiraten? Daraufhin bat die Mutter, sich hin- und herwindend, Lehrer Hu, sie darüber aufzuklären. Am nächsten Tage antwortete Hu, dass der Mann sein Kopfhaar größtenteils noch habe, aber weil er vor Kurzem oft schwimmen gegangen war, hatte er sein Kopfhaar vor den Augen der anderen verborgen und schließlich ganz abrasiert, weshalb er nun eine Mütze tragen würde. Hätte Hu es mir damals nicht so erklärt, hätte ich, deine Mutter, wohl einen anderen geheiratet, denn damals waren viele hinter mir her. Wärest du dann die gewesen, die ich geboren hatte? Deswegen hatte er gesagt, „wenn ich nicht gewesen wäre, wie hätte es dich gegeben?"

Das ganze Volk tanzt den Loyalitätstanz
In der Anfangsphase der Kulturrevolution war es Mode, das kostbare rote Buch zu schwenken (die Aussprüche des Vorsitzenden Mao), aber das reichte noch nicht, um der Liebe des Volkes zum Vorsitzenden Mao Ausdruck zu verleihen. Daraufhin begann man zuerst in den Kreisen der Kulturschaffenden, den „Loyalitätstanz" zu tanzen (treu zum Vorsitzenden Mao zu sein), der dann im ganzen Volk verbreitet wurde.

Im Werk für astronomische Geräte kam es dahin, dass die Leute, nachdem sie das Essen gekauft hatten, nicht gleich essen konnten, die gesamte Belegschaft tanzte erst einen Loyalitätstanz, ehe man zu den Stäbchen greifen konnte, sonst hätte man nicht als treu gegolten. Außer einem gewissen Lü, dessen Tanz sehr schön anzusehen war, tanzten die übrigen ganz plump, besonders einige ältere Arbeiter, die beim Tanzen plötzlich die Arme ausstreckten und mit den Füßen trampelten, es war zu komisch. Aber niemand wagte, den Loyalitätstanz auszulassen. Später gab schließlich die Führungsgruppe der Kulturrevolution die Anweisung, nicht mehr zu tanzen. Ursprünglich tanzten vor den Konferenzen der Zentrale auch einige alte Generäle, wozu Jiang Qing[76] allerdings meinte, dass es zu fürchterlich aussähe. Sieht so etwa die Treue zum Vorsitzenden Mao aus? Dass man deswegen nicht mehr erlaubte zu tanzen, war eine gute Tat von Jiang Qing.

Es gibt tatsächlich Menschen, die „am hellen Tage träumen" können
Während der Kulturrevolution gab es im Werk für astronomische Geräte den Arbeiter Wang Zhong. Während des Mittagessens stand er in der Kantine plötzlich auf, und während er das kostbare rote Buch schwenkte, deklamierte er auswendig Aussprüche des Vorsitzen-

---

76 Jiang Qing (1914–1991) war die vierte Ehefrau von Mao Zedong. In der Kulturrevolution leitete sie die Führungsgruppe der Kulturrevolution und war durch ihre Grausamkeit bei der Verfolgung ihr missliebiger Personen gefürchtet. Nach dem Ende der Kulturrevolution wurde sie verhaftet und angeklagt und zur Todesstrafe auf Bewährung verurteilt.

den Mao. Danach beteuerte mir Wang, er habe ganz deutlich Zhang Chunqiao[77] von der zentralen Führungsgruppe der Kulturrevolution gesehen, der ihm auf die Schulter geklopft und gesagt hatte: „Alter Wang, auch beim Essen darf man nicht die Revolution vergessen!" Darum habe er in der Kantine dann Aussprüche des Vorsitzenden Mao aufgesagt.

Viele Jahre später erzählte mir Wangs Tochter, er hätte ganze Säcke Reis in die Toilette geschüttet, weil er behauptete, er hätte gesehen, wie schlechte Menschen den Reis vergiftet hätten. Darum haben manche Menschen wirklich Wahnvorstellungen, das heißt, sie können am hellen Tage träumen. Da lassen sich Wahr und Falsch schwer trennen!

Prüfung einer medizinischen Autorität

Auf einer Kritik- und Kampfversammlung[78] hatte man eine Autorität der Medizin aus einem Shanghaier Forschungsinstitut geprüft, sie sollte eine Messung der Körpertemperatur vorführen. Man sah nur, dass er das Fieberthermometer dem Patienten in den Mund steckte, und nachdem er auf seine Uhr geschaut hatte, schloss er die Augen, was alle im Saal in schallendes Lachen ausbrechen ließ! Warum? Nun, ursprünglich hatte man ihm ein Afterfieberthermometer gegeben … Die zweite Aufgabe war es, dass er mit einem Seziermesser die Sehnen aus einem Hühnerflügel herausschneiden sollte. Aber man hatte ihm ein lebendes Huhn gegeben, das auf dem Boden des Auditoriums lag. Die Autorität musste zuerst das Huhn, das in der Menschenmenge panisch hin- und herrannte, fangen. Er brauchte zuerst gut zehn Minuten für die Vorführung, das Huhn zu fangen.

Kritik an Einstein

In der Kulturrevolution mussten alle die Wissenschaftsautoritäten der Bourgeoisie kritisieren, und die Reihe kam an Einstein. Alle Forscher des Forschungsinstituts wuschen sich die Ohren, um ergeben zuzuhören. Wir sahen, wie ein Arbeiter auf die Tribüne stieg und Einstein zu kritisieren begann. Gleich zu Anfang erklärte er, dass Einstein tatsächlich sehr dumm gewesen wäre. Deshalb hatte er als Kind erst spät sprechen gelernt, und deshalb würden in seinen Veröffentlichungen die Fehler zu Hunderten auftreten. Anders als ein Grundschüler konnte er die Zahl 8 nicht schreiben, er hatte sie immer quer geschrieben, sodass sich ∞ ergab!

Das hohe Klassenkampfbewusstsein eines Arbeiters

Ein Arbeiter an der Nanjinger Brücke über den Jangtse gab einen Bericht, den auch ich hörte. Ein Abschnitt handelte davon, dass er ausländische Gäste bei der Besichtigung der Brücke führte. Der ausländische Gast hatte gefragt, wie hoch diese Brücke sei. Mein Klas-

---

77 Zhang Chunqiao (1917–2005) war ein chinesischer Spitzenpolitiker während der Kulturrevolution. Als Sekretär der Parteiorganisation von Shanghai ermöglichte er Jiang Qing, die Kulturrevolution zu inszenieren. Später war er ein Mitglied der sog. Viererbande, die von Jiang Qing geleitet wurde. 1975 wurde er zum stellvertretenden Ministerpräsidenten ernannt. 1976 wurde er verhaftet, vor Gericht gestellt und zum Tode verurteilt, die Strafe wurde später in lebenslange Haft umgewandelt. 2002 wurde er aus gesundheitlichen Gründen freigelassen.

78 Während der Kulturrevolution und schon einige Jahre zuvor wurden verdächtige Personen auf einer Massenversammlung vorgeführt, gedemütigt, gequält, oft geschlagen und zu einer Selbstkritik gezwungen, bei der sie meist Verbrechen gestehen sollten, die sie gar nicht begangen hatten.

senbewusstsein ist sehr hoch, wenn mich also jemand über die Höhe der Brücke ausfragen will, dann könnte dieser Jemand schlussfolgern, welche Kriegsschiffe unter der Brücke hindurchfahren könnten. Aber wenn man nicht antwortet, könnte es unhöflich wirken. Zum Glück hatte ich in höchster Not einen rettenden Einfall. So antwortete ich: „Wenn der Jangtse einen hohen Wasserstand hat, dann wird die Höhe zwischen der Brücke und dem Wasser etwas kleiner sein, und wenn der Wasserstand des Jangtse einmal niedrig ist, dann wird die Brücke etwas höher sein." Ob mich die Leitung gelobt hatte, dass ich so gut geantwortet hatte? In der Tat musste man wegen der Höhe der Brücke, die der Ausländer wissen wollte, nur das veröffentlichte Zeitungsfoto nachmessen, weil man schon veröffentlicht hatte, dass die Länge der Brücke über dem Wasser 1.600 Meter betrug.

Besuch eines schwedischen Wissenschaftlers in Shanghai
Ende der Siebzigerjahre besuchte der Nobelpreisträger Alfvén[79] Shanghai und hielt einen wissenschaftlichen Vortrag. Er berichtete über die Arbeit, für die er den Preis bekommen hatte – eine neue Entwicklung auf einem Feld der Plasmaphysik. Alfvén entdeckte, dass seinem gelehrten wissenschaftlichen Vortrag mehrere Hundert Personen zuhören wollten. Er glaubte nicht, dass die vielen Zuhörer alle Plasmaphysiker waren. Nachdem er eine Hälfte vorgetragen hatte, bat er alle, die ihn verstanden hatten, die Hand zu heben. Raten Sie, wie viele die Hand hoben? Tatsächlich wagte es niemand, die Hand zu heben. Da dachte sich Alfvén, dass er heute für Ochsen auf der Zither gespielt habe. Als Alfvén bei der Besichtigung der Beobachtungsstation Sheshan des Observatoriums Shanghai das Doppelrohr-Fototeleskop aus dem Jahre 1899 gesehen hatte, sagte er, man sollte es in einem Museum ausstellen.

Eine Frau vom Dorfe konnte den Vorsitzenden Mao töten
Wenn eine Frau vom Dorfe ihre Nadelarbeit beendete, hatte sie die Angewohnheit, ihre Nadel in das Neujahrsbild zu stecken. Aber nachdem die Kulturrevolution begonnen hatte, ersetzte jede Familie das Neujahrsbild durch ein Bildnis des Vorsitzenden Mao. So blieb der Frau vom Dorfe nur übrig, ihre Nadel in die Brust des Vorsitzenden Mao zu stechen. Aber ihr Tun wurde von den Nachbarn dem Dorfvorsteher gemeldet, sodass er nicht umhin konnte, gegen die Frau eine Kritik- und Kampfversammlung des ganzen Dorfes einzuberufen. Jemand bestieg die Tribüne und tadelte die Frau, dass sie mit der Nadel das Herz des Vorsitzenden Mao durchstechen und mit Absicht so bösartig handeln würde. Zum Glück war die Frau im Hinblick auf ihre Herkunft seit drei Generationen eine arme Bäuerin, sodass sie nicht zu einem aktiven konterrevolutionären Element erklärt wurde. Nachdem die Hälfte der Kritik vorgetragen war, schloss der Dorfvorsteher die Versammlung.

Der Tod von Lin Biao rettete ihr das Leben
Eine entfernte Verwandte von mir ist die Frau eines Malers der ersten Kategorie. Während der Kulturrevolution begleitete sie ihren Mann, um mit ihm die Kritikversammlungen

---

[79] Hannes Alfvén (1908–1995) war ein schwedischer Physiker. 1970 erhielt er den Physik-Nobelpreis für „seine grundlegenden Leistungen und Entdeckungen in der Magnetohydrodynamik mit fruchtbaren Anwendungen in verschiedenen Teilen der Plasmaphysik".

durchzustehen. Damals hatte sie vor Wut ein Propagandabild des stellvertretenden Oberbefehlshabers Lin Biao[80] von einer Wand heruntergerissen. So wurde sie als durch die Tat überführtes aktives konterrevolutionäres Element eingesperrt. Aber bald darauf stürzte Lin Biao, als er ein erfolgloses Attentat auf Mao verübt hatte, über der Steppe der Mongolei ab, und kam zu Tode. So konnte man meiner Verwandten das konterrevolutionäre Verbrechen gegen Lin Biao nicht länger zur Last legen, weil ihr Gegner selbst ein konterrevolutionäres Element war. Glücklicherweise kam sie danach wieder in Freiheit.

Nachdem Lin Biao im Statut der Partei zum Nachfolger des Vorsitzenden Mao bestimmt worden war, ging in einer gewissen Einheit ein Genosse Tian zum Amt für öffentliche Sicherheit, um den Namen seines Sohns in Tian Weibiao (Tian, der Verteidiger Lin Biaos) umzuändern. Aber nicht lange, nachdem er den Namen hatte ändern lassen, wurde Lin Biao zum Konterrevolutionär. Da blieb dem Genossen Tian nur, wieder zum Amt für öffentliche Sicherheit zu gehen, damit sein Sohn seinen alten Namen zurück erhielt.

Auch ein Verrückter hat einen Klasseninstinkt
Während der Kulturrevolution tauchte überall eine kleine Zahl von Verrückten auf, und manche Verrückte äußerten konterrevolutionäre Worte. Nachdem solche Vorfälle den zuständigen Organen gemeldet worden waren, kam von oben eine Anweisung: „Wenn allgemein gilt, dass eins sich in zwei teilt[81], dann gibt es auch Verrückte mit einem Klasseninstinkt." Schaut, warum rufen manche proletarische Geistesgestörte revolutionäre Losungen, aber manche Geistesgestörte der reaktionären Klassen konterrevolutionäre Losungen?

Warum konnte er nicht durch die politische Überprüfung kommen?
Vor der Periode von Reform und Öffnung in China musste das technische Personal des Werks für astronomische Geräte, wenn es irgendeine geheime militärische Einheit betreten wollte, um Partner der Zusammenarbeit zu gewinnen, eine politische Überprüfung durch die Politabteilung beider Einheiten durchlaufen. Aber wenn die Person Verwandte im Ausland hatte, galt sie als politisch unzuverlässig, und konnte die politische Überprüfung nicht bestehen. Natürlich hatte man ihr dann nicht erlaubt, jene geheime Einheit zu besuchen.

Damals gab es im Werk für astronomische Geräte einen Techniker mit Familiennamen Lin, der wiederholt die politische Überprüfung nicht bestand. Daraufhin fragte der Techniker Lin (später wurde er Oberingenieur) die Kaderabteilung unserer Einheit, warum er die politische Überprüfung nicht bestehen könne. Da musste die Kaderabteilung ihm alle Einzelheiten des Falls bekanntgeben: „In deinen Akten gibt es eine Anzeige von jemandem, in der es heißt, er hätte selbst gehört, wie du gesagt hattest, du wärst früher in Hongkong schwimmen gegangen und hättest noch gelobt, wie sauber das Wasser gewesen wäre. Wir haben daraus gefolgert, dass du in Hongkong Verwandte haben musst und dass du diese Beziehung mit dem Ausland vor der Partei verborgen hast. Darum hast du die politische

---

80 Lin Biao war der Stellvertreter des Vorsitzenden Mao, der wiederum als Oberbefehlshaber bezeichnet wurde.
81 Mao Zedong griff diese Sentenz der altchinesischen Philosophie schon auf dem Treffen der kommunistischen Weltbewegung im November 1957 in Moskau auf, um die Spaltung der kommunistischen Bewegung zu rechtfertigen.

Überprüfung nicht bestanden. Gibst du dich nun geschlagen?" Nachdem Lin das gehört hatte, rief er aus, er würde zu Unrecht beschuldigt. Er habe damals gesagt, dass er im Xiangjiang-Fluss (in der Provinz Hunan) geschwommen ist. Im Dialekt von Shanghai wird jiang = Fluss wie gang gesprochen, sodass das Ganze dann wie Xianggang = Hongkong klingt). Niemals hätte er das Wort Hongkong in den Mund genommen. Er rief aus: „Zum Glück habe ich heute nachgefragt, denn sonst hätte ich mein Leben lang die Schuld von anderen tragen müssen!"

Warum musste er seinen Vornamen ändern?
Während der Kulturrevolution teilte das Amt für Öffentliche Sicherheit mit, dass Li Guoqing aus dem Werk für astronomische Geräte seinen Vornamen ändern müsste.[82] Raten Sie, weshalb wohl? Die Antwort ist, dass Lis Geburtstag auf den 10. Oktober fiel, und damit auf den Staatsfeiertag der Guomindang. Weil Li Guoqing seinen Vornamen aber nicht ändern wollte, änderte das Amt für Öffentliche Sicherheit seinen Geburtstag dann auf den 1. Oktober.

Ein Sonderling, der eine Schildkröte fotografierte
Ich bin einmal in die Abteilung für Satelliten des Observatoriums Zijinshan gekommen. Qin Guangde aus dieser Abteilung erzählte mir, dass in die Abteilung ein Sonderling namens Chen Youxin versetzt worden wäre, der die von ihm gehaltene Schildkröte in den verschiedensten Stellungen aufgenommen hatte (in den Sechzigerjahren waren Filme noch sehr teuer). Das war ganz seltsam. Offensichtlich war er mit der Gesellschaft und der Kulturrevolution unzufrieden, aber niemand konnten einen Grund finden, um ihn zu kritisieren.

Diese ideologische Arbeit wurde wirklich effektiv vollbracht
Bei einer Bewertung des Gehalts Anfang der Achtzigerjahre war mein Gehalt ziemlich hoch. Deswegen suchte ein Ingenieur, den das wurmte, den Funktionär für politische Arbeit He Kemin auf, um sich bei ihm auszusprechen. He sagte ihm jedoch, dass er fachlich nicht an Hu heranreiche. Wenn Hus Gehalt reduziert werden würde, dann hätte er nie eine Chance, einmal aufzusteigen. „Denk doch einmal umgekehrt darüber nach, wenn ihr etwas entfernt von Hu seid, dann habt ihr doch Raum, um hochzuklettern." Das hatte mir He später einmal erzählt.

Das Fieber der außerordentlichen Fähigkeiten des menschlichen Körpers
In den 1980er-Jahren wurde in China schubweise ein Fieber der außerordentlichen Fähigkeiten des menschlichen Körpers entfesselt. Mehrere berühmte Großmeister führten der Öffentlichkeit, den Medien und Leitern verschiedener Ebenen zahlreiche außerordentliche Fähigkeiten vor, wie zum Beispiel mit den Augen durch etwas hindurchzublicken, mit den Ohren ein Schriftzeichen zu hören oder mit Gedanken einen Gegenstand zu verschieben. Schließlich kam aus Amerika eine Delegation von Zauberern, und nachdem sie die Vorführungen der außerordentlichen Fähigkeiten in China gesehen hatten, meinten sie, dass

---

82 Der Vorname Guoqing bedeutet Staatsfeiertag. Das Amt für Öffentliche Sicherheit hatte seinen Geburtstag auf den 1. Oktober abgeändert, weil dies der Staatsfeiertag der VR China ist.

diese Vorführungen Zaubertricks wären, die sie auch beherrschten. Danach trat die Farce mit den außerordentlichen Fähigkeiten in China schließlich von der Bühne ab.

Anekdoten aus der Welt der Astronomie

Die erste Blüte in der Welt der chinesischen Astronomie

Die erste Frau, die in China moderne Astronomie studiert hatte, war wahrscheinlich die Gründerin und Direktorin der internationalen Breitengradstation in Tianjin. In den Dreißigerjahren absolvierte sie die Fakultät für Astronomie der Sun-Yat-sen-Universität. Vor dem Antijapanischen Widerstandskrieg war sie nach Japan gegangen, um eine totale Sonnenfinsternis zu beobachten. Damals hatte die Fakultät für Astronomie nur eine Studentin, sodass sie natürlich zur Blüte der Fakultät wurde. So kam es, dass sich ein Student der mathematischen Fakultät in sie verliebte. Aber sie trug ihm auf, er solle zuerst im Ausland studieren. Wenn er zurückkäme, würde man weitersehen. Später kam dieser gewisse Qian wirklich aus England zurück, aber sie wollte Qian weiter prüfen und verlangte, dass er zum Zeichen seiner Liebe ein Fass mit blauer Tinte austrinken sollte. Qian tat auch dies und musste danach ein Krankenhaus aufsuchen, um sich dringlich untersuchen zu lassen. Danach musste sie Qian heiraten. Und später? Die beiden hatten sich dreimal scheiden lassen, aber dreimal wieder geheiratet, bis sie alt wurden und nicht mehr an Scheidung dachten.

Während der Kulturrevolution hatte sie, bevor ihr Besitz konfisziert wurde, verschiedene Dinge an nicht zu erratenden Stellen versteckt, aber die Leute von der Rebellenfraktion fanden die von ihr geschriebene Liste, auf der sie die Verstecke der Gegenstände notiert hatte, zum Beispiel die Quittungen in den Bambusstangen des Bettvorhangs. Was danach geschah, errät der Leser natürlich …

Dort ist nicht mehr China

Im Jahre 1976 hatte ich in der Internationalen Breitengradstation in einem Vorort von Tianjin ein Zenit-Teleskop montiert und erprobt, und ich aß auch in der Kantine dieser Station. Damals war die Decke der kleinen Kantine mit einem rabenschwarzen Fleck von Fliegen bedeckt. Aber ein paar Tage zuvor hatten die Zeitungen gerade damit geprahlt, dass Tianjin bei der Ausrottung der vier Schädlinge einen wichtigen Kampferfolg errungen hätte und die Fliegen im Wesentlichen ausgerottet wären. Raten Sie, wie ich den Zeitungen gegenüber hätte verteidigen können, warum es auf der Decke so viele Fliegen gab? Ich gab an, dass man sich hier in der „internationalen" Breitengradstation befände, die schon nicht mehr zu China und Tianjin rechnet.

Eine Kapazität der Wissenschaft gibt zu, auf einen Ausländer hereingefallen zu sein

Als ich in den Sechzigerjahren im Werk für astronomische Geräte arbeitete, suchte mich ein technischer Angestellter auf, um mir sein Leid zu klagen. Vor zwei Jahren habe er dem Werk vorgeschlagen, so berichtete er mir, dass er den Aufbau eines aus dem Ausland importierten Geräts schon völlig verstanden hatte (für dieses Importgerät hatte man 50.000 Yuan in Valuta ausgegeben, während damals ein Lastwagen der Marke Befreiung für nur 16.000 Yuan verkauft wurde), hatte im Werk den Antrag gestellt, dass er dieses Gerät verantwortlich entwickeln und anfertigen würde. Um die Unterstützung der Astronomen zu erlangen, bat ich eine gewisse Kapazität der Wissenschaft, ihre Meinung zur Unterstützung abzugeben. Aber er behauptete, nach ausländischen Quellen wäre das Prinzip dieses hochgradigen Geräts äußerst kompliziert, an die vielen optischen Teile darin würden äußerst hohe Anforderungen gestellt. Du als technischer Angestellter und das Werk für astronomische Geräte solltet nicht meinen, dass ihr es herstellen könnt. Aber der stellvertretende Werkdirektor Qian stimmte dem Entwicklungsvorschlag zu. Nach zwei Jahren war das neue Gerät fertig und durchlief die Begutachtung. Raten Sie, was die Kapazität der Wissenschaft jetzt erklärte? Die Antwort ist, wenn selbst er dieses Gerät bauen konnte, so hieße das, dass es nicht allzu kompliziert sein konnte. Ich hielt es früher für kompliziert, weil ich auf die Ausländer hereingefallen war. Der technische Angestellte ärgerte sich gewaltig, weil die Kapazität zwar zugab, auf einen Ausländer hereingefallen zu sein, aber nicht aussprechen wollte, dass der Angestellte ein hohes Niveau hatte. Übrigens war diese Kapazität der Wissenschaft zwanzig Jahre später aus der Welt der Menschen verschwunden.

Kein Wunder, dass das Denken der Intellektuellen umerzogen werden muss
Im Jahre 1958 fuhr der Direktor des Observatoriums Zijinshan, Zhang Yuzhe, in einem Jeep durch ein bergiges Gebiet der Provinz Hebei, um nach einem Ort für eine Beobachtungsstation des Observatoriums Beijing zu suchen. Mittags aßen sie in der Familie eines Bauern. Als Zhang aß, kamen Fliegen, um an seinem Essen teilzuhaben, sodass Direktor Zhang die Fliegen immer wieder mit der Hand verscheuchte. Als der alte Bauer das sah, meinte er, es sei kein Wunder, dass der Vorsitzende Mao das Denken der Intellektuellen umziehen wollte! Raten Sie, weshalb müsste man das Denken umziehen, wenn einer Fliegen verscheucht? Nun, Fliegen machen das Essen nicht schmutzig, sie sind so klein, wie viele wird man denn mitessen? Ihr Intellektuellen seid wirklich kleinlich, wenn ihr sie nicht essen wollt.

Einige Geschichten um den ersten Direktor des Observatoriums Beijing
Tan Tianning hatte während der Dreißigerjahre in Frankreich studiert und sich dort insgesamt 28 Jahre aufgehalten. Einst war er dort Direktor eines kleinen Observatoriums. Im Jahre 1958 kehrte er in die Heimat zurück, um das Observatorium Beijing aufzubauen, und natürlich war er sein erster Direktor. Damals erzählte er, Ministerpräsident Zhou Enlai hätte ihn gebeten, in die Heimat zurückzukehren. Als er ihn empfing, sagte er: „Alter Tan, das Projekt des Observatoriums Beijing liegt nun in deinen Händen!" Deshalb hätten ihn von da an alle mit anderen Augen angesehen.

Als einmal Jugendliche vom Observatorium Beijing aufs Land gingen, um mit den Bauern die drei Gemeinsamkeiten des Arbeitens, Essens und Wohnens zu pflegen, baten sie den Direktor, ihnen ein paar Worte auf den Weg zu geben. Er sagte, nachdem sie nun aufs Land gekommen sind, müssten sie nun unter der Leitung der Partei (er benutzte den bei der Guomindang gebräuchlichen Ausdruck) mit den Bauern gemeinsam essen, wohnen und plaudern (statt der offiziellen Losung „arbeiten" sagte er „plaudern"). Später als der Ministerpräsident einige Probleme der Zeitansage klären wollte und er mehrere Vertreter des Observatoriums Beijing empfing, fragten die Delegierten den Ministerpräsidenten, ob er Tan Tianning kenne. Zhou Enlai erwiderte, wer denn dieser Tan sein sollte. Er kenne ihn nicht. Danach hatte niemand mehr Angst vor Tan. Während der Kulturrevolution wurde er gewöhnlich verurteilt, und zur Strafe musste er mehrere Jahre die Toiletten putzen. Als in dieser Zeit ausländische Gäste das Observatorium Beijing besichtigten, forderte man ihn auf, für diesen Tag die Gäste in seiner Eigenschaft als Direktor des Observatoriums zu empfangen. Die ausländischen Gäste fragten Tan, was haben Sie in diesen Jahren geforscht? Tan konnte schlecht antworten, er habe geforscht, die Toiletten zu putzen. So sagte er, dass er es in dieser Zeit nicht erwarten konnte, eine Erdspalte zu finden, in die er sich hätte verkriechen können.

Eine Anekdote, die ich während des Aufenthalts im Observatorium Shanghai gehört hatte
Während der Kulturrevolution hatte ein gewisser Jia vom Observatorium Shanghai die Familie seiner künftigen Schwiegereltern in Augenschein genommen. Nachdem er eine Weile mit dem Mädchen zusammen gewesen war, schlug Jia jedoch vor, dass man sich trennen sollte. Als die Mutter des Mädchens nach dem Grund für die Trennung fragte, schützte Jia vor, die Personalabteilung des Observatoriums fände, die Herkunft der Familie des Mädchens wäre mangelhaft und unpassend. Vor Wut ging die Mutter zum Leiter der Personalabteilung und fragte ihn, ob das stimmen würde. Der Abteilungsleiter verneinte. Da gab die Mutter nicht nach, dass der Abteilungsleiter unbedingt die Trennung rückgängig machen müsste. Da blieb dem Abteilungsleiter nur, eine Karte aus der Hinterhand zu ziehen. „Was ist so Gutes an diesem Jia, auf den ihr euch stützt? Als er auf der Universität war, war er nervenkrank!" Nachdem die Mutter das gehört hatte, drehte sie sich um und ging. Unterwegs schätzte sich die Mutter glücklich. Zum Glück verfluchte die Großmutter den angehenden Schwiegersohn, denn sonst hätte die Tochter einen Mann heiraten müssen, der schon einmal eine Nervenkrankheit gehabt hatte! Auch der Abteilungsleiter schätzte sich glücklich. Zum Glück ist mir in der Not dieser Einfall gekommen, wider Erwarten konnte ich sie an der Nase herumführen!

Aufzeichnung von einer großen Kritik- und Kampfversammlung während der Kulturrevolution
Im Jahre 1970 nahm ich an einer Kritik- und Kampfversammlung gegen eine Autorität der Wissenschaft am Observatorium Shanghai, den Direktor Wu, teil. Damals musste er mehrere Fragen beantworten:
1. „Du bist der Direktor des Observatoriums. Auf welchem Längen- und Breitengrad liegt das Observatorium?"
   Wu antwortete, er könnte sich nicht erinnern. Unter den Nachfragen der Massen blieb ihm nur, irgendeinen Wert des Längengrads zu nennen, aber dieser Längengrad lag schon im Ostchinesischen Meer.
2. „Auf welchen Tag fällt der Nationalfeiertag im Jahre 1980?"
   Wu antwortete, in einem populärwissenschaftlichen Buch habe ich die Gleichung aufgeschrieben, um auszurechnen, auf welchen Wochentag ein beliebiger künftiger Tag fallen wird, aber jetzt habe ich sie vergessen.
3. „Bitte berechne mit diesem elektrischen Rechner die folgende Aufgabe mit den vier Rechenarten."

Wu antwortete, vor mehr als zwanzig Jahren hatte ich nur mit einem Abakus gerechnet. Aber die Massen bestanden darauf, dass Wu unbedingt den neuen Rechner benutzen müsste. So blieb ihm nur, damit zu rechnen. Als Ergebnis einer chaotischen Rechnung erhielt er Null, das aber falsch war.

4. Auf einer Tafel stand ein englischer Text. Wu hatte ihn, als er eine Konferenz in Moskau besucht hatte, einem englischen Professor geschickt und darin gebeten, sich um seinen Sohn, der sich in England aufhielt, zu kümmern. Wu hatte in China nicht gewagt, einen Brief ins Ausland zu schicken, aber der sowjetische Geheimdienst KGB hatte diesen Brief an die chinesische Botschaft geschickt, und über die Akademie gelangte er zum Observatorium Shanghai und schließlich in die Akte von Wu.
Nachdem Wu einige Zeilen auf der Wandtafel gelesen hatte, sagte er, dass dieses Englisch wirklich gut geschrieben sei. Er selbst hätte es nicht so gut schreiben können!

Die wahre Geschichte, wie ein Inder einem eisernen Hahn eine Feder ausriss
Als im Jahre 1987 in New Delhi eine Konferenz der Internationalen Gesellschaft für Astronomie stattfand, erzählte mir eines Tages ein Professor (er stammte aus der Stadt der Geizhälse Ningbo): „Heute hatte ich mit Shen Yuanliang Pech. Auf einer einsamen Straße begegneten wir einem indischen Schuhputzer. Absichtlich hatte er etwas Schlamm auf die Lederschuhe von uns beiden gespritzt. Dann sagte er auf Englisch, dass unsere Lederschuhe schmutzig seien und man sie putzen müsse. Ein Paar sollte zwei Dollar kosten." Shen gab brav nach, aber der Geizhals entgegnete, dass bei ihm nur ein Schuh schmutzig sei, es also nur einen Dollar machen würde. Schließlich nannte man ihn nicht zu Unrecht einen eisernen Hahn, dem man nicht einmal zwei Federn ausreißt.

Wir müssen für ihn etwas zu essen kochen
Dieser eiserne Hahn hatte im Gesicht kein Fleisch, so mager war er. Eines Tages luden er und ein gewisser Ceng in einem Münchener Wohnhaus die Familie Wilhelm von der Europäischen Südsternwarte zu einem Essen ein. Als der eiserne Hahn selbst das Gemüse briet, sagte Wilhelm zu Ceng, dass er so mager sei und sie ihm etwas zu essen kochen müssten!

Die drei besten Aspiranten, die ich kenne
(1) Als ein Reporter einen Doktoranden der Fakultät für Architektur in der Südost-Universität besuchte, erklärte er, das von mir geschaffene neue Fach, die Theorie des Architekturdesigns im n-dimensionalen Raum, würden auf der ganzen Welt nur anderthalb Personen verstehen. Der Reporter fragte, wer sind denn diese anderthalb Personen? Er antwortete, die eine Person bin ich, und die halbe Person ist mein Betreuer!
(2) Als ich im Jahre 1984 zur Universität von Florida in Amerika kam, sagte mir der Dekan der Fakultät für Astronomie dieser Universität, der aus China gekommene Doktorand Jiang Shunzhi sei seit 28 Jahren der beste Student, dem er je begegnet sei. Ich fragte, weshalb das so sei. Er antwortete, dass Shunzhi in seiner Dissertation nicht nur sehr gut das ihm zugeteilte schwierige Problem gelöst, sondern er auch alle anderen schwierigen Probleme in diesem Gebiet gelöst hätte. Später hatte mich Doktor Jiang, der schon im Forschungsinstitut für Weltraumastronomie arbeitete, zu sich nach Hause zum Essen eingeladen. Er sagte, dass er ursprünglich im Observatorium Beijing tätig

gewesen war. „Gerade als ich überlegte, mich zur Aufnahmeprüfung als Doktorand bei Lehrer Hu zu melden, bekam ich die Mitteilung, die Universität in Amerika hätte mich angenommen. So kam ich nach Amerika."

(3) Mein Post-Graduierter Lü Zhigao wurde später Doktor an der Universität Cardiff in England. Aber in den Achtzigerjahren unterhielt er noch Beziehungen zum Werk für astronomische Geräte. Einmal konnte er nicht an einer Beurteilung, um den Rang eines Oberingenieurs zu erhalten, teilnehmen. Nachdem ich seinen Antrag vorgetragen hatte, gab es eine Ingenieurin, die den Antrag nicht akzeptierte. So blieb mir nur, ihn zu trösten. Kurz zuvor hatte die bekannte ausländische Zeitschrift „Advances in Astronomy" zur Feier ihres zehnjährigen Bestehens ein Sonderheft herausgeben, in dem repräsentative ausgezeichnete Beiträge, die in diesen zehn Jahren erschienen sind, erneut herausgegeben wurden. Der erste Artikel in dem Sonderheft war „Dünne Spiegel", der von Lü verfasst worden war. Ob das das nicht genug für einen Oberingenieur war?

Anekdoten aus der Zeit im Nationalen Volkskongress

Meine Freundin Liu Yipin ist eine aus Japan zurückgekehrte taiwanische Astronomin. Als eine Führungspersönlichkeit des Staates sie als Delegierte der Provinz Taiwan im Nationalen Volkskongress empfing, schlug Liu vor, man sollte Taiwan ein Panda-Pärchen schenken. Die Führungspersönlichkeit tat sich sofort schwer und meinte: „Ai-ya, wir schenken niemals Pandas ins Ausland!" Liu erinnerte daran, dass Taiwan doch kein Ausland wäre. Da berichtigte sich die Führungspersönlichkeit sofort: „Ein Versprecher, ein Versprecher!"

Bei einer Vollversammlung der 3.000 Delegierten des Nationalen Volkskongresses wird durch Handhochheben über die Kandidaten abgestimmt. Seit jeher kam es niemals vor, dass jemand bei „Gegenstimmen" die Hand hochhob, alle wurden einstimmig bestätigt. Nur einmal war es vorgekommen, dass bei Gegenstimmen jemand die Hand hochhob, woraufhin die Fotoreporter dorthin stürzten, fotografierten und sahen, dass die Person, die die Hand gehoben hatte, Liu Yipin von der Taiwan-Delegation war. Danach hatte ich Liu gefragt, warum sie die Hand gehoben und dagegen gestimmt hatte. Sie erklärte, als man vorher die Kandidatenliste diskutiert hatte, meinten die meisten in der Delegation, der Kandidat wäre schon über achtzig und sollte nicht aufgestellt werden. Bei der Abstimmung hatten wir alle dagegen gestimmt, aber bei der endgültigen Abstimmung blieb nur ich übrig, dagegen zu stimmen.

Der Fall des Verschwindens eines Akademiemitglieds

In den 1980er-Jahren war das Akademiemitglied Bian vom Observatorium Zijinshan eines Morgens mit dem Fahrrad in die Stadt zu einer wissenschaftlichen Konferenz gefahren, aber er kam in der Konferenz nicht an. Die Organisatoren der Konferenz telefonierten, doch die Familienangehörigen gaben an, er hätte das Haus morgens verlassen. Als sich am Abend immer noch keine Spur von Bian zeigte, meldete die Familie sein Verschwinden bei der Polizei. Diese suchte mehrere Tage nach ihm, aber ohne Ergebnis. Das Observatorium Zijinshan entsandte jemanden, der in vielen Tempeln inner- und außerhalb Nanjings nachforschte, aber man fand niemanden, der gerade die Familie verlassen hätte und so gewachsen war wie er. Das Verschwinden des Akademiemitglieds wurde bis zum Ministerpräsidenten Li Peng[83] gemeldet, der daraufhin anwies: „Wenn er lebt, will ich ihn sehen, ist er tot, will ich den Leichnam sehen!"

Schließlich hatte das Amt für Öffentliche Sicherheit gemutmaßt: Bian musste auf der Straße von einem Lastwagen angefahren worden sein. Damals hätten die Leute des Lastwagens Bian und sein Rad auf den Lastwagen geladen und Passanten gesagt, dass sie ihn schnellstens ins Krankenhaus brächten. Aber unterwegs hätten sie festgestellt, dass Bian schon tot wäre, worauf sie den Lastwagen direkt ins Wagendepot gefahren und bis zur Nacht gewartet hätten. Dann wären sie zum Jangtse gefahren und hätten den mit einem Stein beschwerten Leichnam im Fluss versenkt.

Es ist leicht, in Ägypten ein Astronom zu sein

In den Achtzigerjahren kam ich zum Observatorium Heluan in einem Vorort der Hauptstadt Ägyptens, Kairo. Die dortigen Astronomen sagten mir, dass ich in Ägypten absolut sicher sei, weil das ganze Volk Ägyptens Anhänger des Islams ist und es nicht wagen würde, etwas Böses zu tun. Obwohl Kairo eine Einwohnerzahl von mehreren Millionen hat, gibt es in der ganzen Stadt über das Jahr nur ganz wenige Kriminalfälle. Als ich die Bibliothek des Observatoriums betrat, war dort wider Erwarten kein Mensch, überall lag Staub. Als ich das Büro eines Astronomen betrat, fand ich im Regal und auf dem Schreibtisch kein einziges Buch. Der Astronom hatte vor sich nur eine Zeitung. Nach einer Weile brachte eine Sekretärin zwei Flaschen eines Getränks. Um halb elf knieten alle Angestellten in der Eingangshalle nieder, um zu beten, und jeden Tag beteten sie fünf Mal. Die Astronomen dort mussten wider Erwarten nicht forschen.

Die ägyptische Regierung gibt enorme Subventionen auf den Preis von Mehl. Ich wusste das nicht, und als ich an einem Brotstand für einen US-Dollar gebackene Fladen kaufte, gab man mir einen solchen Berg Fladen, dass ich sie an zwei Tagen nicht aufessen konnte. Das Observatorium Heluan hatte kein Teleskop. Das von den Engländern zurückgelassene 1,8-Meter-Teleskop liegt mehrere zehn Kilometer entfernt in der Wüste.

Anekdoten aus dem früheren Leben

Der Ausweg für eine Nonne in den Anfangsjahren der Republik

In den Anfangsjahren der Republik führte die Regierung eine Kampagne, um den Aberglauben auszurotten. Es wurde festgelegt, dass die Nonnen in die weltliche Gesellschaft zurückkehren müssten. Daraufhin wurde der Ausweg für einige Nonnen zu einem Problem. Den Nonnen, die keine Familie hatten, blieb nur, sich zu verheiraten, aber den hässlichen Nonnen konnte es passieren, dass niemand sie wollte. Daraufhin überlegten sich die Behörden einen Weg, nämlich die Nonnen in einen großen Hanfsack zu stecken, aus dem nur eine Hand ragte. Daraufhin kamen die örtlichen Müßiggänger, um sich eine Nonne zur Frau zu nehmen. Ich frage Sie, wie will man auswählen, wenn man nur eine Hand sieht? Jedermanns Standard war ganz verschieden!

---

83 Li Peng (geb. 1928) war von 1998 bis 2003 Ministerpräsident der VR China.

Mein Sohn hat ein französisches Doktorat
Anfang des 20. Jahrhunderts hatten sich die drei großen Dandys von Shanghai, Huang Jinrong, Du Yuesheng und Zhang Xiaolin, eines Tages getroffen und eine Aufnahme gemacht, auf der die drei ein langes Gewand trugen und in der Hand einen Faltfächer und schräg vor der Brust ein berühmtes Foto hielten. Nachdem sie die Aufnahme gemacht hatten, unterhielten sie sich. Zhang Xiaolin prahlte, sein Sohn sei gerade mit einem französischen Doktortitel heimgekehrt. Nachdem Huang und Du das hörten, wären sie am liebsten vor Scham in den Boden versunken, denn ihre Söhne waren bekannte junge Nichtsnutze. Aber nicht lange danach erfuhren Huang und Du, dass Zhang Xiaolins Liebling mit dem französischen Doktorat bei der Behörde der französischen Konzession eine Anstellung haben wollte, aber der französische Beamte, der ihn prüfte, fand, dass er eigentlich kein Französisch verstünde. Daraufhin seufzten Huang und Du, dass auch Zhangs Sohn nicht aus der Regel fiel und ebenso ein junger Nichtsnutz war!

Der Professor musste zugeben, dass seine ausländische Doktorurkunde gekauft war
Eine Universität in China hatte einen Professor, der vor der Befreiung[84] in Holland studiert und dann in die Heimat zurückgekehrt war. Er besaß eine Doktorurkunde der Universität Rotterdam.

Eines Tages in den Sechzigerjahren kam in eine Fakultät ein Professor von der Universität Rotterdam, um einen wissenschaftlichen Vortrag zu halten. Der Dekan eröffnete dem ausländischen Gast, dass die Fakultät einen Professor habe, der sein Kommilitone war. Der ausländische Gast wollte dann mit dem Kommilitonen über die alten Zeiten reden. Nun war der Professor so erschrocken, dass er geradeheraus zugab, dass er eigentlich nicht an der Universität Rotterdam studiert habe, sondern die Doktorurkunde nur gekauft hatte.

Ein solches Übersetzungsniveau wurde veröffentlicht
In den Fünfzigerjahren hatte ich mir ein sowjetisches Liederbuch gekauft, in dem ein Lied Suliko[85] hieß und dessen Text so ging:

„Um das Grab der Liebsten zu finden,
bin ich durch das ganze Land gewandert,
aber ich habe nur Trauer und Tränen,
wo ist die, die ich liebte?"

Ich zweifelte, ob die Russen, um das Grab der Liebsten zu finden, denn durch das ganze Land wandern müssten. Oder gab es bei der Übersetzung ein Problem? Was war wohl der ursprüngliche Sinn des Grabes der Liebsten? Nun, dieses Lied war ursprünglich ein grusinisches Volkslied, und als es ins Russische übersetzt wurde, hatte der Übersetzer Liebe mit Liebster und Zuflucht mit Grab übersetzt. So entstand aus der „Zuflucht der Liebe" das

---

84 Mit der Befreiung ist der Sieg der Kommunisten im Bürgerkrieg gegen Tschiang Kaischeks Guomindang und die Gründung der Volksrepublik China im Jahre 1949 gemeint.
85 Suliko ist ein georgisches Liebeslied, das 1895 von A. Zereteli verfasst wurde, und welches Stalin sehr geliebt haben soll.

„Grab der Liebsten". Erstklassig, nicht wahr? Das Merkwürdige ist, dass in Baidu immer noch am Grab der Liebsten gesungen wird und dieser sechzig Jahre lang gesungene Fehler von niemandem aufgezeigt und korrigiert wurde.

Das Bestattungsinstitut kann wirklich einen guten Platz auswählen
In den Sechzigerjahren fragte ich einen neu gekommenen weiblichen Lehrling in der optischen Werkstatt, wo denn ihr Vater arbeitete. Sie antwortete, dass er in einem Bestattungsinstitut am Trommelturm beschäftigt sei und dort die Särge auf der Schulter trug. Damals befand sich das Bestattungsinstitut neben einem Krankenhaus. Wirklich hatten sie sich einen guten Platz ausgesucht! Das Krankenhaus konnte sich die Totenkammer sparen.

Ich gebe deinem Papa keinen Lohn
Als eines Tages meine Tochter aus dem Kindergarten heimkehrte, erzählte sie mir, dass an diesem Tage die Tochter der Buchhalterin pullern musste, aber die Hose sich um keinen Preis öffnen ließ. „Als ich ihr helfen wollte, ging sie auch nicht auf, auch die Kindergärtnerin schaffte es nicht, sodass sie sich am Ende in die Hose machte. Es blieb nur, dass sie sich mit dem Bauch auf die Bank legte, damit die Sonne ihren Po trocknete." Erbost kreidete sie mir noch an: „Du hast mir absichtlich nicht die Hose geöffnet, um mir eins auszuwischen. Ich werde meiner Mama sagen, dass sie deinem Papa keinen Lohn geben soll!" Als mein Töchterchen das sagte, erschrak ich zutiefst. Wenn ich keinen Lohn bekomme, was sollen wir dann essen?

Natürlich fahre ich im Bummelzug
Jemand wollte in seinem Leben zum ersten Mal mit dem Zug nach Shanghai fahren. Auf dem Bahnhof Hangzhou fragte er den Fahrkartenverkäufer nach dem Preis der Fahrkarten. Dieser antwortete, dass eine Fahrt mit dem Bummelzug 2 Yuan, mit dem Schnellzug 3 Yuan kosten würde. Der Mann fragte weiter, wie lange der Bummel- und der Schnellzug denn jeweils brauchen würden. Der Verkäufer antwortete: „Mit dem Bummelzug braucht man 6 Stunden, mit dem Schnellzug 4 Stunden." Der Mann fragte daraufhin, womit denn der Verkäufer fahren würde. Dieser antwortete: „Natürlich fahre ich mit dem Bummelzug, du kannst länger sitzen und der Fahrkartenpreis ist außerdem noch billiger."

Mehrere Methoden, das Geld zu verstecken
In den Sechzigerjahren kannte ich einen jungen, ledigen Oberschullehrer. Da er fürchtete, ein Dieb könnte in sein Zimmer einbrechen und ihm das Geld stehlen, wickelte er das Geld in Zeitungspapier ein und legte es auf den Boden des Papierkorbs. Aber nach ein paar Tagen hatte er das Geld vergessen und den Papierkorb entleert. Als er dann Geld brauchte, bereute er sein Tun unendlich.

Als ein Ingenieur des Werks für astronomische Geräte eine Dienstreise nach Beijing machte, versteckte er das Geld in einer Dose mit Räucherstäbchen zum Vertreiben von Mücken. So konnte er, als er nach Nanjing zurückkehrte, die Räucherstäbchen zum Vertreiben von Mücken nicht vergessen.

Ein Ingenieur des Werks für astronomische Geräte hatte sein Bankguthaben zusammengefaltet in einer wattierten Baumwolljacke verborgen. Da seine Frau das nicht wusste, hatte sie die Baumwolljacke bei einer Wohlfahrtsaktion gespendet. Das Paar suchte das ganze Haus nach der Jacke ab, konnte sie aber nicht finden, jedoch sie konnten es auch nicht der Polizei melden. Eines Tages kam von einer gewissen Organisation plötzlich ein Anruf, dass ein Bauer im Norden der Provinz Jiangsu, nachdem er eine wattierte Baumwolljacke erhalten hatte, darin das zusammengefaltete Geld des Bankguthabens, das mit einem Namen versehen waren, entdeckt hatte. Er hatte es den Organen übergeben, und erst so kam es, dass das Amt für öffentliche Sicherheit den Ingenieur überprüfte.

In den Achtzigerjahren erzählte mir der Direktor des Observatoriums Yunnan, dass sie auf ihrer Station einen Mann hatten, der die Geldscheine in eine Tasche des Oberhemds gesteckt hatte. Als er Bus fuhr, stellte er heimgekehrt jedoch fest, dass ein Dieb das ganze Geld gestohlen hatte. Ein Kollege, der mit ihm das Zimmer teilte, belehrte ihn, dass er das Geld zuerst dick in Zeitungspapier einwickeln sollte. Diese Karte aus Zeitungspapier bildet in der Tasche des Oberhemds dann eine „Presspassung", sodass sie ein Dieb nicht herausziehen kann. Aber einige Tage später wurde auch das Geld mit der Presspassung des Kollegen im Bus gestohlen.

Nach der Erfahrung der Diebe verstecken die Menschen am liebsten Geld in einem Bilder- oder (Foto-)rahmen und in einem Sofa.

Was soll ein Baby als erstes Fleischgericht essen?
Was essen die kleinen Kinder der Nanjinger als erstes Fleischgericht? In Jiaxing[86] essen sie Entenzunge. Raten Sie weshalb? Die Antwort ist, dass die Kinder die Zunge der anderen unterdrücken können[87]. Wenn das Kind aufgewachsen ist, kann es wie ein Rechtsanwalt die Zungen der Gegenseite unterdrücken.

Der Kampf zwischen China und Japan auf der Landkarte
Als ich die Grundschule besuchte, sagte unser Lehrer, dass Chinas Gestalt auf der Landkarte einem Maulbeerblatt, aber Japans Gestalt einer Seidenraupe gleicht. So kommt es, dass die Seidenraupe das Maulbeerblatt verschlingt. Aber als später die Mongolei unabhängig und von China getrennt wurde, glich Chinas Gestalt einem Huhn, das dann die Seidenraupe fressen wird.

Die Knochen deiner Ahnen kannst du mitnehmen
Als in den Siebzigerjahren Fundamente für das Werk für astronomische Geräte ausgeschachtet wurden, fand man ein Grab aus der Ming-Dynastie, zu dem ein Grabstein und mehrere kleine goldene Schmuckstücke gehörten. Bald kam der Vertreter einer Familie, der sein Familienstammbuch mitbrachte und erklärte, in dem Grab wären seine Ahnen bestattet. Darum wollte er den Schmuck mitnehmen, aber die Kulturbehörde belehrte ihn, dass die Objekte unter der Erde dem Staat gehörten, doch die beiden Skelette können wir euch mitgeben. Als die Nachfahren hörten, sie bekämen nur die Skelette, wendeten sie sich ab und gingen.

---

86 Jiaxing ist eine Stadt südwestlich von Shanghai in der Provinz Zhejiang.

87 „Sie können die Zunge der anderen unterdrücken." Ya (unterdrücken) klingt genauso wie ya (Ente). Aus diesem Grund bekommen kleine Kinder in Jiaxing als erstes Fleischgericht Entenzunge zu essen.

Ein von einem Reporter veröffentlichtes Foto, das ihn selbst umbrachte
Die amerikanische „National Geographic" hatte jüngst ein Foto eines Reporters veröffentlicht, das dieser in Afrika aufgenommen und die Menschen angerührt hatte – auf einer unbefestigten Dorfstraße lag ein etwa ein oder zwei Jahre altes schwarzes Baby, das kaum noch atmete, und zwei Meter neben seinem Körper hockte ein Aasgeier, der geradezu darauf wartete, dass das Kind starb, um es dann zu fressen. Nachdem der Reporter dieses Bild aufgenommen hatte, vertrieb er den Aasgeier und entfernte sich. Wer hätte gedacht, dass ein kleiner Freund in Amerika den Reporter sofort in den Medien beschimpfte? Wenn er nicht wollte, dass dieses kleine Kind stirbt, so hätte er mindestens warten müssen, bis die Familienangehörigen des Kindes gekommen wären. Aber nachdem er das Foto geschossen hätte, habe er das Baby liegen lassen und sich entfernt. Ob er noch ein Mensch sei? Er verdiene den Tod! Der Reporter hatte seitdem jede Nacht Albträume und wurde schließlich nervenkrank. Eines Tages entdeckte eine Krankenschwester, dass er sich das Leben genommen hatte.

Originelle Ladennamen
Ich habe gehört, dass es früher in Tianjin ein Baozi[88]-Geschäft gab, das Gou bu li („Die Hunde ignorieren es") hieß. Das bedeutet, dass nur Hunde sie nicht essen. Eines Tages am Morgen erschienen auf die Wand sechs mit Lack gemalte Schriftzeichen Gou Bu Li Bao Zi Pu („Die Hunde entfernen sich nicht von diesem Baozi-Geschäft"). Im Ergebnis fiel der Umsatz des Geschäftes aus luftiger Höhe ins Wasser. Noch in der Nacht befahl der Chef seinen Gehilfen, die Unglück bringenden Schriftzeichen abzukratzen.

In Nanjing gab es ein Gemüsegeschäft, dessen Ladenschild lautete: Pan-Di-Lao-Tu-Cai-Guan. Las man es Pan-Di-Lao-Tu Cai-Guan („Vom Boden des Tellers Erde holen" – ein Gemüsegeschäft), so klang das zu merkwürdig. Später fragte ich einen Gehilfen, der mich aufklärte, dass es richtig heißt: Pan-Di-Lao Tu-Cai-Guan („Vom Boden des Tellers geholt" – ein Geschäft für einheimisches Gemüse).

Unser Ziel
Im Jahre 1981 erklärte mir Wang Litang[89], die mit mir Delegierte der Politischen Konsultativkonferenz der Provinz Jiangsu war, dass unser Ziel darin bestünde, die hervorragenden Schauspieler in hervorragende Künstler zu verwandeln, während mein Ziel darin bestehen sollte, im Titel „stellvertretender Oberingenieur" den „Stellvertreter" zu streichen.

Widerspricht das nicht dem Gesetz, dass Materie nicht verschwindet?
Vor mehreren Hundert Jahren hatte ein Botaniker eines gewissen Landes gedacht, dass Materie nicht verschwinde, denn natürlich könne nicht aus dem Nichts etwas entstehen. Woher ist also das Holz der Bäume gekommen? Ob es sich bestimmt aus der Erde verwandelt hatte? Daraufhin pflanzte der Botaniker einen kleinen Baum in einen großen Kübel. Er wartete, bis er zu mehreren Pfund angewachsen war und wog dann wieder die Erde

---
88 Baozi ist eine gedämpfte, mit Fleisch oder Gemüse gefüllte Teigtasche. Das Baozi-Restaurant „Gou Bu Li" in Tianjin ist eine lokale Sehenswürdigkeit.
89 Wang Litang war eine bekannte Geschichtenerzählerin aus Yangzhou.

im Kübel. Dabei stellte er fest, dass die Erde nur geringfügig abgenommen hatte! Woher ist die Materie des Baums hergekommen? Die Antwort ist, dass die Blätter Kohlendioxid aus der Luft aufgenommen haben.

Lasst uns mit den Landwirtschaftsexperten vergleichen
In den Achtzigerjahren erzählte mir ein Freund von der Landwirtschaftsakademie folgende Geschichte: „Einmal fuhr eine Gruppe von Baumwollexperten unserer Akademie in einen Kreis, in dem Baumwolle angebaut wurde, um die Bauern in der Anbautechnik der Baumwolle zu unterweisen. Ein Bauer, der ein örtlicher Meister im Baumwollanbau war, ließ sich nicht unterkriegen und schlug vor, einen Vergleich mit den Experten der Landwirtschaftsakademie vorzunehmen. Beide Seiten pflanzen jeweils ein Mu Baumwolle, und bei der Ernte vergleichen wir, wer mehr hat!" Ich fragte, wenn sie eine Expertengruppe seien, müssten sie dann den Kampf antreten? Die Experten sagten jedoch, dass sie sich nicht vergleichen wollten. „Wenn wir gewinnen, werden die Bauern sagen, euer Verstand musste siegen; aber wenn wir verlieren, dann haben wir das Gesicht ganz verloren!"

Er ist ein Mönch auf Abteilungsebene
Nach dem Beginn der Periode von Reform und Öffnung musste für jedermann sein Rang festgelegt werden. Daraufhin gab es Mönche auf Abteilungsebene und Mönche auf Gruppenebene, was es mehrere Tausend Jahre nicht gegeben hatte.

Ein Chinese muss natürlich einem Chinesen helfen
Ein Jugendlicher, der vom Festland Chinas nach Australien gegangen war, arbeitete in Teilzeit in einem Restaurant, das eine dortige Chinesin führte. Die Chefin des Restaurants übergab das Restaurant bald darauf einem anderen Chinesen. Der Teilzeitarbeiter bat dann die Chefin, bei dem neuen Chef ein gutes Wort für ihn einzulegen, sodass der neue Chef ihn weiter beschäftigen möge. Die Chefin versprach es ihm auf die Hand und sagte, Chinesen müssen einander helfen und er ihr nicht danken müsse. Nachdem der Chef in dem China-Restaurant gewechselt hatte, setzte dieser den Jugendlichen tatsächlich nicht auf die Straße. Nach einem Monat meinte der neue Chef: „Ich habe dich einen Monat geprüft, aber konnte nicht feststellen, dass du stehlen würdest oder faul wärst. Warum also hatte die Chefin gewarnt, du wärst besonders faul und mich gebeten, dich auf keinen Fall weiter zu beschäftigen? Ich hatte damals keine geeigneten Kräfte gefunden, so blieb mir nur, es mit dir zu versuchen."

Das wissenschaftlich-technische Niveau eines Funktionärs einer Kreisregierung
In den Achtzigerjahren kam ein Bauer zu den Regierungsorganen eines gewissen Kreises in der Provinz Hebei. Er erklärte, er hätte ein wichtiges Naturgesetz gefunden, nämlich eine Gleichung, die beschreibt, dass, je höher man auf der Erde steht, umso weiter schauen könnte. Das war seine Erfindung, weshalb er forderte, dass die Behörde ihm dies bestätigen sollte. Im Kreis war man sich nicht sicher, wie man entscheiden sollte, deshalb gab man ihm Geld, um nach Beijing zum Observatorium zu fahren. Der Direktor des Observatoriums Li Qiwu empfing ihn und teilte ihm mit, dass in einer Radiosendung eine ähnliche Gleichung in einem Buch über Entfernungen erwähnt worden war und beendete die Diskussion.

Nach einigen Tagen kam in den Kreis wieder ein Mann, der behauptete, nach seiner Schätzung würde es in zwei Tagen in diesem Kreis von Hebei ein Erdbeben geben. Das Observatorium Beijing sollte es dem Erdbebenamt melden. Das Amt schickte einen Mann, der einen Astronomen des Observatoriums Beijing in einem Jeep in diesen Kreis begleitete. Unterwegs überschlug sich das Auto, und eine Person wurde verletzt.

Später erhielt der Direktor des Observatoriums einen Brief, in dem es hieß, der Mann würde sich in seiner Freizeit mit Astronomie beschäftigen und hätte schon ein Pfund Artikel geschrieben. Nach einem Jahr kam wieder ein Brief, in dem es hieß, er hätte nun schon zwei Pfund Abhandlungen geschrieben.

Das Ende der Beschimpfung eines Bodhisattvas

Als ein Angestellter des Werks für astronomische Geräte mit einer Reisegruppe der Gewerkschaftsorganisation des Werks Putuoshan[90] besuchte, war er geistig so verwirrt, dass er den Bodhisattva Guanyin, die Göttin der Barmherzigkeit, lautstark als Hitler beschimpfte! In dem Moment kam ein buddhistischer Abt vorüber und sagte ihm zähneknirschend, in den nächsten Tagen werde ihn Wohltäter ein Unheil ereilen. Tatsächlich starb der Angestellte nach wenigen Tagen auf der Heimfahrt an einer plötzlichen Erkrankung!

Ist die Chefin einer Fleischerei hässlich?

Nachdem ich über siebzig wurde, war nicht nur mein Geschmackssinn stark reduziert, sodass mir erlesene Delikatessen wie Rückstände von Bohnenquark schmeckten, sondern ich hatte auch keinen ästhetischen Sinn mehr, sodass mir eine Schönheitskönigin ebenso vorkam wie die Chefin einer Fleischerei! Ich frage Sie, ob die Chefin einer Fleischerei unbedingt brutale Züge hat?

Die nicht hohen Bedingungen für die Partnerwahl einer Frau

Als ich eine taiwanische Frau, die neben mir im Flugzeug saß, fragte, wie alt ihre Kinder wären, antwortete sie, dass sie noch nicht geheiratet habe. Ich erwiderte, dass die Bedingungen, die sie verlange, wohl zu hoch seien. Sie entgegnete jedoch: „Überhaupt nicht hoch, überhaupt nicht hoch. Was das Geld angeht, brauche ich nicht mehrere Hundert Millionen, aber es sollte schon eine eigene Firma sein. Was das Aussehen angeht, muss er nicht besonders elegant sein, es reicht, wenn er wie Liu Dehua[91] aussieht." Als zwei Jahre später drei junge Damen meine Erzählung hörten, meinte das Fräulein A, Liu Dehua sei doch nicht elegant, woraufhin Fräulein B erwiderte, deshalb hätte sie gesagt, er würde ausreichen. Fräulein C schließlich fand, dass es kein Wunder war, dass sie niemanden gefunden hat.

---

90 Putuoshan ist eine Insel vor der Küste der Provinz Zhejiang und ein Zentrum des chinesischen Buddhismus. Zu den Sehenswürdigkeiten der Tempelanlage gehört eine 20 Meter hohe Statue der Guanyin, der Göttin der Barmherzigkeit, die ein Bodhisattva ist.

91 Liu Dehua (geb. 1961, auch Andy Lau genannt), ist ein Schauspieler, Filmproduzent und Sänger aus Hongkong.

Veränderung der Bedingungen der Partnerwahl für eine Frau in den letzten vierzig Jahren

In den Siebzigerjahren gab es in China fast keine Stewardessen und noch weniger Models. Die schönen Frauen jener Zeit konzentrierten sich auf die Verkäuferinnen in Valutageschäften. Wenn damals die Verwandten von Auslandschinesen Geldüberweisungen aus dem Ausland erhielten, bekamen sie dafür konvertible Yuan. Mit diesem Geld konnten sie in eigens eingerichteten Valutageschäften Waren kaufen, die auf den Märkten nicht erhältlich waren, wie zum Beispiel Armbanduhren, Nähmaschinen, Fahrräder und so weiter. Außerdem wurden die Verkäuferinnen der Valutageschäfte von der Obrigkeit besonders ausgewählt, man konnte sich auf eine solche Arbeitsstelle nicht in Konkurrenz mit anderen bewerben. Natürlich waren ihre Bedingungen für die Partnerwahl am höchsten. Damals gab es einen Reim, der folgende zehn Bedingungen nannte:

> Ein Satz Möbel (damals wurde das Hochzeitszimmer von der Arbeitseinheit zugeteilt, man musste es nicht selbst kaufen);
> Die Eltern muss man nicht ernähren (das heißt, die Eltern hatten eine Rente, aber wenn die Frau es hasste, eine Schwiegermutter zu haben, dann sollten die Schwiegereltern schon das Zeitliche gesegnet haben);
> Kleider für die vier Jahreszeiten;
> Ein ebenmäßiges Gesicht;
> Ein Gehalt von 70 Silbermünzen (damals reichte das Gehalt normaler Leute von etwas über 30 bis 60 Yuan);
> Mit allen Wassern gewaschen zu sein;
> Er rührt Schnaps und Zigaretten nicht an;
> Er ist wirklich gehorsam.

Vierzig Jahre später waren die Auswahlkriterien der schönen Frauen für einen Partner folgende:

> Eine Villa;
> Die Schwiegereltern haben das Zeitliche gesegnet;
> Ein Vermögen von 300 Millionen;
> Vier Luxuskarossen;
> Ein ebenmäßiges Gesicht;
> Er nimmt selbst auf die nächsten Verwandten keine Rücksicht;
> Ein Taschengeld von 70.000;
> Er rührt Schnaps und Zigaretten nicht an;
> Er ist wirklich gehorsam.

Der kleinste Beamte

Als ich Direktor im Werk für astronomische Geräte war, sagte ein Mitarbeiter einer Abteilung zu mir: „Ich habe das starke Verlangen, dem Volk zu dienen. Können Sie als Werkdirektor mir nicht einen Leitungsposten geben?" Ich antwortete, dass es sehr gut sei, dass er dem

Volke dienen[92] wolle, da das genau mit den Mao Zedong-Ideen übereinstimme. Er sollte am nächsten Morgen noch einmal zu mir kommen.

Am nächsten Tage teilte ich ihm mit, dass das Komitee des Werkdirektors ihn zum zweiten Kandidaten eines stellvertretenden Abteilungsleiters ernannt hatte. „Wenn Sie an diesem niedrigen Rang nicht Anstoß nehmen, wird ein Beamtenposten Schritt für Schritt kommen!

Hörst du auf alles, was ich sage?
Ein Mädchen fragte den Bewerber, der sie heiraten wollte: „Liebst du mich?"

„Ich liebe dich!"

„Hörst du auf meine Worte?"

„Natürlich höre ich auf sie."

„Wirst du auf alles hören? Wenn du auf alles hörst, wirst du jemanden für mich töten?"

„Ich werde ihn töten!"

„Wirst du für mich eine Atombombe werfen?"

„Ich werde sie werfen!"

„Und wenn ich verlange, dass du dich töten sollst?"

„Du musst mir nur einmal befehlen, dann werde ich mich sofort umbringen. Hmm, wobei man noch einmal nachdenken sollte. Ich würde bis zum nächsten Tag warten und mich dann umbringen."

„Weshalb willst du es bis zum nächsten Tag aufschieben?"

„Weil ich am Morgen die Formalitäten erledigen will, um dir erst das Haus zu überschreiben."

Da jubelte das Mädchen. „So ist es recht, ich heirate dich!"

Ursprünglich kann man „nicht geheilt und doch gestorben" so erklären
Als ich Direktor im Werk für astronomische Geräte war, kam eines Tages ein Bauer von außerhalb, um Anklage zu erheben: „Als mein Sohn aus einer Bauernfamilie in deinem Werk in einer Höhe von 11 Metern Lackierarbeiten gemacht hatte, ist er ausgerutscht, gefallen und hat sich schwer verletzt. Ihr habt ihn nicht ins Krankenhaus gebracht, sodass er gestorben ist. Dein Werk muss eine Entschädigung zahlen." Ich fragte daraufhin die Leute, die sich im Werk um den Arbeitsschutz kümmern: „Warum habt ihr den Verletzten nicht ins Krankenhaus gebracht, um ihn zu retten?" Der Verantwortliche antwortete, dass sie ihn unverzüglich mit einem Auto ins Krankenhaus gebracht hätten. Da sagte der Bauer: „In dem Telegramm steht eindeutig geschrieben, dass er gestorben ist, ohne geheilt zu werden. Ihr habt ihn nicht geheilt und streitet es noch ab!"

Ein „politisches Gesicht" kann man so erklären
Ein Oberschullehrer fand in einem Formular für die Registrierung der Schüler, dass im Feld „politisches Gesicht (politische Betätigung) des Vaters" deutlich ausgefüllt war „politisch: Parteimitglied. Gesicht: quadratisch."

---

92 „Dem Volke dienen" ist eine bekannte Losung, die von Mao Zedong in den Sechzigerjahren herausgegeben wurde. Es ist auch eine Kapitelüberschrift in der sog. Mao-Bibel.

Anekdoten über die Enkelin Vivi

Die in Frankreich geborene Enkelin Vivi wurde ab dem Alter von einem Jahr bei uns aufgezogen und kehrte mit fünf Jahren nach Frankreich zurück. Als sie mit drei Jahren im Matsch mit Spielkameraden Hasche spielte, war sie plötzlich auf die Nase gefallen, aber nach nur zwei Sekunden sprang sie wieder auf die Beine. Die Mütter, die an der Seite den spielenden Kindern zuschauten, begannen unwillkürlich zu diskutieren, wie dieses kleine Kind wie ein Ball noch schneller aufspringen konnte als fallen! Dann kam Vivi zum Opa herüber und sagte: „Ich habe mir beim Fallen wehgetan, aber ich weine nicht!" Die Leute an der Seite wunderten sich: Es ist doch ein Ausländerkind! Sonst hätte es nach dem Fallen ein großes Geschrei gegeben, aber dieses Ausländerkind spricht ein wirklich gutes Chinesisch.

Vivi wurde bald drei Jahre, aber machte sich immer noch in die Hose. Eines Tages sagte die Oma: „Heute hast du so viele Hosen nass gemacht, dass ich schon nichts mehr zum Wechseln habe." Vivi erwiderte, dass es noch eine gebe. Die Oma fragte: „Wo denn?" Und Vivi antwortete: „Im Laden gibt es welche."

Als Vivi vier Jahre alt war, ging sie mit dem Opa in das Entwicklungsinstitut. Als ein Techniker sie kommen sah, sagte er: „Wei Wei ist gekommen!" Im Nanjing-Dialekt gibt es den Laut Vi nämlich nicht. Vivi gab deshalb zurück: „Du bist wirklich seltsam, du telefonierst nicht und sagst Hallo, hallo!"[93]

Vivi hatte sich einmal mit dem Professor-Opa verglichen, wer denn besser malen könne. Der Opa hatte zuerst einen Kreis gemalt, aber als er den Kreis schloss, geriet er nicht sehr rund und sah wie eine Birne aus. Als Vivi dann an die Reihe kam zu malen, malte sie zwei beliebige, krumme Linien. Der Opa fragte: „Was hast du gemalt?" Vivi antwortete: „Nudeln!"

Als Vivi mit sechs Jahren in Frankreich in den Kindergarten ging, schickte ihr die Oma einen purpurroten Rock. Nachdem sie ihn im Kindergarten angezogen hatte, wurde sie von allen bewundert. Die Mama eines Zöglings ließ durch die Kindergärtnerin fragen, ob sie den Rock verkaufen würde. Vivi antwortete, dass sie ihn natürlich nicht verkaufen würde. Selbst wenn Ministerpräsident Chirac ihn kaufen wollte, würde sie ihn auch nicht verkaufen!

An einem Sonntag telefonierte der Opa und fragte Vivi, die in die dritte Klasse ging, was sie gerade mache. Sie antwortete, dass sie sich mit ihrer Mitschülerin Noemi gerade als Prinzessinnen verkleiden würde.

Der Grundschullehrer verlangte, dass jeder Schüler an einen Schüler in der ehemaligen französischen Kolonie Burkina Faso einen Brief schrieb. In dem Antwortbrief, den Vivi erhielt, stand: „Wie heißt dein Papa? Wie heißt deine Mama?" In dem nächsten Brief, den sie erhielt, hieß es: „Ach, warum hast du nicht auf meine Fragen im letzten Brief geantwortet? Wie heißt dein Papa? Wie heißt deine Mama?" Schließlich konnten die kleinen Freunde in zwei Ländern nicht weiter korrespondieren.

Das Ideal der Kindergartenkinder

Die Kindergärtnerin fragte: „Dandan, was willst du machen, wenn du groß bist?" Er antwortete: „Ich will ein reicher Mann sein, der das ganze Jahr mit seiner Freundin in einem kleinen Flugzeug um die ganze Welt fliegt." Die Kindergärtnerin fragte weiter: „Xiaohong, was willst du machen, wenn du groß bist?" Sie antwortete: „Ich will Dandans Freundin

---

93   Im Chinesischen heißt „Hallo" beim Telefonieren „Wei".

sein." Die Kindergärtnerin meinte, dass das doch keine Zukunft habe, denn wie könne man nur eine Freundin sein wollen? Wenn schon, sollte man seine Frau werden.

Ich kämpfe um die nationale Ehre

Im Jahr 1993 sollten zwei große Teleskope des Werks für astronomische Geräte in einem Observatorium in Spanien aufgestellt werden, und der größte Teil der Techniker der Entwicklungsgruppe sollte dorthin gehen. Vor der Abreise teilte ich auf einer kleinen Versammlung mit, das Observatorium in Spanien hätte versprochen, neben der Kostenübernahme für Verpflegung, Unterkunft und Transport, jeder Person darüber hinaus einen Zuschuss von 500 Dollar zu zahlen. Als sie das hörten, fragte ein Mitarbeiter der Entwicklungsgruppe, der die Geldsumme für zu gering ansah: „Ich habe gehört, dass Spanien japanischen Experten nicht bloß 500 Dollar gab. Warum bekommen wir Chinesen also so wenig? Ich verlange, dass der Direktor des Werks mit dem Partner verhandelt, um den Zuschuss zu erhöhen. Ich fordere das nicht wegen des Geldes, sondern mir geht es um die Ehre von uns Chinesen." Natürlich konnte ich als Werkdirektor nicht losgehen, um vom Partner zu verlangen, den Zuschuss zu erhöhen. Ich wartete, bis wir drei Monate in Spanien gearbeitet hatten und bald in die Heimat zurückkehren würden, als ich wieder die von dem Mitarbeiter vorgebrachte Sache der nationalen Ehre erwähnte. Er sagte: „Ai-ya, dass du dich daran noch erinnerst!"

Ich kämpfe nicht um den Lohn, sondern um den politischen Fortschritt

Als ich im Werk für astronomische Geräte Direktor war, nahm der Funktionär für die politische Arbeit bei jeder Beratung über Lohnveränderungen Einfluss. Ein gewisser Angestellter konnte nach der anfänglichen Beurteilung keine Lohnerhöhung erhalten. Deshalb suchte er den Funktionär für die politische Arbeit auf, um sich auszusprechen. Er äußerte, die Tatsache, dass ich nicht höher gestuft wurde, zeige, dass mich alle mit einer farbigen Brille ansahen. Deshalb könnten sie nicht mein politisch vorwärts drängendes Streben erkennen. Ich erklärte den Leitern, dass mein ganzes Denken nicht darauf gerichtet ist, zehn oder etwas mehr Yuan Lohn zu erhalten, denn Geld ist für einen Revolutionär nicht der Rede wert. Ich konnte nicht begreifen, wie die Massen meinen konnten, dass ich politisch nicht genügend fortschrittlich sei, obwohl das für einen Revolutionär eine erstrangig wichtige Angelegenheit sei. Darum fordere ich, dass man organisatorisch nicht leichtfertig der Beurteilung meiner Person durch die Massen glaubt.

Zwei merkwürdige Dinge, die ich in meinem Leben gesehen hatte, und ein „Nonplusultra" in Europa

Eines Tages in den 1980er-Jahren flog ich mit einer Großraummaschine Boeing 747 von Beijing nach Europa. Als ich beim Überfliegen der Wüste Takla Makan in Xinjiang durch das gebogene Fenster nach unten sah, nahm ich nur eine gelbe Fläche wahr, auf der plötzlich ein großer Fluss erschien. Das Merkwürdige war, dass der Fluss mit einem Mal abgeschnitten wurde. Ursprünglich hatte ich das Glück, einen mehr als zehntausend Jahre alten großen See in der Wüste – den allmählich verschwindenden Lopnor-See[94] zu sehen.

---

94 Der Lopnor-See am Rande der Wüste Takla Makan hat keinen Abfluss und eine ständig wechselnde Größe. In diesem Gebiet hatte China die erste Atombombe getestet.

1984 flog ich in einer Boeing 747 von San Francisco in den USA nach Tokio in Japan. Aus 10.000 Metern Höhe sah ich nach unten nur eine große blaue Fläche des Stillen Ozeans, darüber hinaus war keinerlei Einzelheit zu erkennen. Aber nach einer Weile tauchte ein Tanker auf. Der orangene Tanker war ganz auffällig, aber er schien bemitleidenswert klein zu sein. Ich hatte den Tanker sofort in Farbe fotografiert. Ein kleiner Teil an der Seite der Aufnahme zeigte einen Schatten des Flugzeugflügels. Im folgenden Jahr fand in Beijing gerade das Jahr des Tourismus statt, und ich wollte mit dieser Aufnahme an einer Fotografieausstellung teilnehmen. Leider konnte ich dieses Vorhaben aber nicht verwirklichen.

Das sogenannte Nonplusultra Europas ist der spanische Astronom Victor Costa. Eines Abends hatte ich ein Teleskop in dem Observatorium auf 3.000 Metern Höhe justiert, und ich stand fünf Meter höher als Costa. Da sagte er zu mir: „Du bist jetzt der Mensch, der in ganz Europa am höchsten steht. Am Tage kann es Menschen geben, die mehr als Tausend Meter höher stehen[95], aber jetzt am Abend, sind sie vor der Dämmerung zu Tal gegangen."

Wer ist größer?
Der berühmte Schriftsteller Mo Yan[96] hatte an der Chinesischen Universität von Hongkong einen Ehrendoktor verliehen bekommen und fuhr nach Hause. Mo Yans Vater fragte ihn, wer höher stehe, ein Ehrendoktor oder ein stellvertretender Kreisvorsteher? Der Sohn antwortete, dass sich die beiden schlecht vergleichen ließen, aber wenn man es unbedingt vergleichen wolle, dann seien beide etwa gleich. Als der Vater das hörte, war er sehr stolz. „Wenn mein Sohn sich nun neben einen Kreisvorsteher setzen kann, warum sollte ich mich dann nicht auch neben einen Kreisvorsteher setzen können?"

Wie man einer Ärztin schmeichelt
Als ich im Krankenhaus war, um mich behandeln zu lassen, hatte die Ärztin, die einen Mundschutz trug, schöne Augen. Da auf ihrem Namensschild Chen Yan (陈言, Yan = Wort) stand, fragte ich sie: „Sie sehen Chen Yan (陈雁, Yan = Wildgans) zu ähnlich, sind Sie mit ihr verwandt?" Sie fragte, wer Chen Yan (陈雁) sei, sie kenne sie nicht. Ich antwortete, dass Chen Yan eine Blüte der Nanjing-Universität sei. Als sie das hörte, wurde sie ganz fröhlich. Später nahm sie den Mundschutz ab, damit ich sie richtig sehen konnte. Als ich sie so sah, sagte ich überrascht: „Wenn ich gewusst hätte, dass Sie so schön sind, hätte ich Chen Yan (陈雁) nicht erwähnt." Sie antwortete: „Was Sie jetzt gesagt haben, war noch besser als Ihre ersten Worte!"

Ich sage Ihnen drei Wahrheiten
Als ich einmal im Krankenhaus war, hängten mich die Krankenschwestern an den Tropf. Um ihnen zu schmeicheln, sagte ich der Krankenschwester Fang Bao mit dem ebenmäßigen Gesicht: „Ich sage Ihnen jetzt drei Wahrheiten. Erstens, wenn Ihnen jemand beteuert, Hunger ist besser als satt sein, so dürfen Sie ihm auf keinen Fall glauben. Zweitens, wenn Ihnen jemand sagt, Gehen ist schneller als Reiten, so dürfen Sie ihm auf keinen Fall glauben.

---

95   Costa meint die Touristen, die tagsüber im Bereich des Mont-Blanc-Massivs unterwegs sind.
96   Mo Yan (geb. 1955) ist ein chinesischer Schriftsteller, der im Jahre 2012 den Literaturnobelpreis verliehen bekam.

Drittens, wenn es in diesem Krankenhaus eine Krankenschwester gibt, die anmutiger als Sie ist, so dürfen Sie das auf keinen Fall glauben." Am nächsten Tag sagte ich der Krankenschwester Deng Yafeng drei Wahrheiten, nur änderte ich die dritte Wahrheit ab. „Wenn es jemanden gibt, der Ihnen sagt, dass es in diesem Krankenhaus eine Krankenschwester gibt, die noch hübscher ist als Sie, so dürfen Sie das auf keinen Fall glauben." Danach erzählte Deng Yafeng es Fang Bao. Daraufhin kam Fang Bao zu mir und schimpfte mich aus. „Haben Sie mir gestern nicht gesagt, dass ich die Hübscheste bin? Wie können Sie heute sagen, dass Deng Yafeng die Hübscheste ist?" Ich beteuerte jedoch: „Ich habe gesagt, dass Sie die Anmutigste und Deng Yafeng die Hübscheste sei. Das ist etwas anderes!"

Ich werde Ihren Namen in einer Geschichte erwähnen

Als ich im Krankenhaus zur Untersuchung war, kam ich jeden Tag an den Tropf. Weil man auf meiner Hand keine Ader finden konnte, hatte man fünfmal erfolglos mit der Nadel hineingestochen. Da sagte ich: „Wer jetzt Erfolg hat, dessen Namen werde ich in einer Geschichte erwähnen." Als dann die Oberschwester Lin Qing (林清) erfolgreich war, musste ich mir über sie den Kopf zerbrechen. Dies ist die Geschichte.

Kurz nach dem Beginn der Periode von Reform und Öffnung dachte der stellvertretende Leiter des Amts für Forstwirtschaft eines gewissen Kreises: „Ich muss einige Erfolge vollbringen, um Karriere zu machen. Jetzt hat man gerade das System der Verantwortung der Bauern für ihr Land eingeführt. Deshalb werde ich der Zentrale vorschlagen, die Verantwortung der Bauern für die Berge einzuführen. Könnte man so nicht die gefällten Bäume durch Schonungen ersetzen?" Bald wurde der Vorschlag von der Zentrale gutgeheißen, und der Vorschlag sollte in dem Kreis zuerst erprobt werden.

Der stellvertretende Amtsleiter verkündete in einer Versammlung den Massen, dass alles auf dem Berg, für den er eine Verantwortung übernimmt, ihm gehöre und dass diese Politik fünfzig Jahre unverändert beibehalten werden solle. An diesem Tage wurden die Berge auf die Bauernfamilien aufgeteilt. Am Abend dieses Tages sah man auf den Bergen überall Fackelschein, und der stellvertretende Amtsleiter war sehr selbstzufrieden. Ich fragte mich, was an diesem Abend auf den Bergen passiert ist. Am nächsten Morgen sah der stellvertretende Amtsleiter, dass die Berge ganz gelb geworden waren, und er schickte jemanden los, sich das anzusehen. Als der Mann zurückkam, berichtete er, die Bauern hätten gestern Abend die Büsche und sogar das Gras auf ihren eigenen Bergen abgeschnitten und als Feuerholz nach Hause gebracht. Der stellvertretende Amtsleiter fragte: „Aber hatte ich nicht gesagt, dass diese Politik fünfzig Jahre nicht verändert wird?" Der Mann erwiderte: „Das habe ich den Leuten auch gesagt, aber sie erwiderten, dass auch die Lautsprecher während des Großen Sprungs voran verkündet hatten, dass eine Zeit anbrechen werde, wenn die Begeisterung der Massen für den Kommunismus entfacht sein wird, dass ein Tag so viel wie zwanzig Jahre sein wird![97] Obwohl wir nicht sehr viel Bildung haben, können wir aber noch diese Rechnung machen. Sind fünfzig Jahre dann nicht zweieinhalb Tage?" Da musste der stellvertretende Amtsleiter seufzen, sein Kreis sei arm wie eine Kirchenmaus, aber jetzt sei es noch schlimmer, die Wälder seien so sauber (林清), als wären sie

---

97 Diese in der Zeit des Großen Sprungs voran oft kolportierte Losung stammt als Zitat ursprünglich aus einem Brief von Karl Marx an Friedrich Engels vom 9. April 1863.

gewaschen[98]. Habe ich die Aufgabe für die Oberschwester erfüllt? Der Fall, dass den Bauern Verantwortung für die Berge übertragen wurde, hat sich tatsächlich ereignet.

Die Geschichte von Lu Pingping

Eine Absolventin der Universität Lu Pingping stellte mir als ihrem Betreuer ihren Geschäftsplan vor: „Ich habe eine spezielle Webseite zur Lösung menschlicher Probleme aufgebaut. Ich gebe in den Computer alles verfügbare Wissen über die Menschen ein. Wenn irgendjemand eine Frage hat, kann er sich bei ihm Rat holen und entsprechend dem Grad der Kompliziertheit des Problems und der ökonomischen Effektivität erhebe ich eine Gebühr." Ich äußerte, ich werde einmal seine Fähigkeiten auf die Probe stellen. Daraufhin fragte ich den Computer: „Wer ist die Schweineleber von Lu Pingping?" Der Computer fragte: „Ist sie ein Schwein oder ein Mensch?" Nun ja, ein Mensch. Der Computer erklärte, dieses Problem sei nicht lösbar, daher lehnte er eine Recherche ab. Aber ich wollte unbedingt, dass er recherchiert. Also machte ich es wie die Frauen – zuerst heulte ich, lärmte dann und hängte mich schließlich auf. Ich sagte: „Das ist ein alter Trick, wenn neben der Hauptfrau eine Nebenfrau auftaucht!" Der Computer erwiderte: „Ai-ya, wenn ich zu sehr vermenschlicht bin, werde ich abstürzen."

„Du musst nicht abstürzen, ich versuche eine Recherche in zehn Minuten. Ich zahle dir zehn Yuan." Es vergingen gerade sechs Minuten, als der Computer das Ergebnis meldete: „Lu Pingpings Schweineleber ist das Kindergartenkind Jiang Hong aus dem Kindergarten in der Zhongshan-Straße!" Ich fragte, wieso. Der Computer antwortete: „In Aufzeichnungen des Kindergartens, den ‚Anekdoten über unsere Kleinkinder', wird erwähnt, dass Jiang Hong sagte: ‚Mama hat gestern beteuert, ich wäre ihre Schweineleber.'" In dem Buch ist aber nicht angegeben, wer die Mama ist. Wenn Lu Pingping nicht nachfragt, wie weiß ich dann, dass sie es ist? Ich prüfte den Computer mit einem weiteren Problem – wenn ich einen Yuan investiere, wie kann ich Geld verdienen? Der Computer antwortete: „Ziehe einen sauberen alten Anzug an. Du musst den Anschein geben, dass du in einer verzweifelten Lage bist, aber freundlich bleiben. Geh in einen Park zu alten Leuten mit einem Enkel. Dann lobe, wie liebreizend der Enkel ist. Kaufe nahebei eine Zuckerstange und gib sie dem Kind." Nachdem ich das so gemacht hatte, zog der Großvater gleich fünfzig Yuan heraus und sagte: „Bitte essen Sie davon eine Schale Rindfleisch mit Nudeln. Wenn Sie es nicht annehmen, hieße das, mich nicht zu achten."

In der nächsten Woche verabredete ich mich wieder mit Pingping, investierte in ihre Webseite zehn Yuan und fragte, wie ich Geld verdienen könnte. Der Computer antwortete: „Heute Abend um sieben Uhr lädt in einem gewissen Restaurant im zweiten Stock ein Mann Gäste ein. Du solltest ein Bier bestellen und ihm gratulieren." Ich machte es auch entsprechend. Wer hätte gedacht, dass der Gastgeber auf mich zuging und sagte: „Ich freue mich, weil ich von meiner Tante geerbt habe, deshalb habe ich alle Freunde und Verwandte eingeladen, und es gibt viele Menschen, die von mir Hilfe erbitten. Nur du, ein Fremder, gratulierst mir von ganzem Herzen. Wie könnte mich das nicht anrühren?" Danach nahm er ein Bündel Hundert-Yuan-Scheine heraus und drängte sie mir auf, was mich ganz verlegen gemacht hatte.

---

98 Lin Qing ist der Name der Oberschwester.

Nachdem ich zweimal Geld verdient hatte, gab ich 6.000 Yuan aus, um Lu Pingpings Computer der Version I zu kaufen. Ich fragte den Computer: „Wie kann ich Geld verdienen, wenn ich zehntausend Yuan investiere?" Der Computer antwortete: „Du musst auf einer Versammlung, an der auch der Rektor der Universität teilnimmt, zehntausend Yuan verbrennen." Lu Pingping fragte den Computer vorwurfsvoll, warum man das Geld im Beisein des Rektors denn verbrennen sollte. Der Computer antwortete: „So können die Medien ungehemmt darüber berichten, wodurch Lu Pingping und ihr Computer über Nacht berühmt werden. Das lohnt viel mehr, als für 30.000 Yuan eine Reklame im Fernsehen zu schalten."

Ich hatte das Geld entsprechend seiner Anweisung wirklich verbrannt, aber nach drei Tagen war immer noch nichts passiert. Im Ergebnis meiner Nachforschung erfuhr ich, dass der Computer ursprünglich zuerst vorgeschlagen hatte, mit den zehntausend Yuan ein Update des Geldverdien-Computers der Marke Lu Pingping Version II zu kaufen, weil man mit diesem Computer noch mehr Geld verdienen könnte. Aber der alte Computer der Version I dachte, wenn die Version II herauskommt, wird dann nicht die Version I in die Mülltonne wandern? Deshalb wollte er nicht, dass die Version II bestellt wird und produziert werden kann. Darum mussten die zehntausend Yuan verbrannt werden, um zu verhindern, dass die Version II Kapital für die Produktion bekommt. Lu Pingping hatte mir von sich aus die zehntausend Yuan ersetzt.

Die Beratung für den Bobo-Popow-Preis
Die Krankenschwester, die das dritte Mal erfolgreich einen Tropf gelegt hatte, trug den englischen Namen Bobo. Für sie habe ich diese kleine Geschichte geschrieben:

Ich hatte eine Beraterfirma gegründet, die Chinas zweitgrößter Servicefirma für die Handykommunikation den Vorschlag unterbreitete, für die Nachkommen des Erfinders der drahtlosen Kommunikation auf der Welt einen Dankbarkeitspreis zu stiften, weil die drahtlose Kommunikation nicht nur die gesamte Menschheit bereichert, sondern auch der eigenen Firma riesige Profite beschert hatte. Hinsichtlich der Frage, warum wir nicht vorschlugen, dass die größte Servicefirma für die Handykommunikation den Preis stiftete, so deshalb, weil diese Firma nicht interessiert war. Aber die zweitgrößte Firma zeigt sich deshalb interessiert, weil die Propaganda in den Medien über die Stiftung des Preises den Bekanntheitsgrad der Firma wirksam erhöhen kann. Darum ist der Vorschlag nützlich, um ihren Bekanntheitsgrad vom zweiten auf den ersten Platz klettern zu lassen. Bald war der Generaldirektor der Firma einverstanden, dass unsere Beraterfirma die Arbeiten zur Verleihung des Preises in die Wege leitete. Unsere Firma hatte erkundet, dass es hinsichtlich des Erfinders der drahtlosen Kommunikation drei verschiedene Ansichten gab. Die erste besagte, sie wurde von dem Italiener Marconi[99] erfunden, aber die Firma wollte keinen Preis für einen Ausländer geben. So wurde überstürzt behauptet, Marconis Sohn wäre aufgrund von Nachforschungen schon im Zweiten Weltkrieg auf einem Schlachtfeld in Nordafrika gefallen und man hätte noch keinen Enkel finden können. Die zweite Ansicht

---
99 Guglielmo Marconi (1874–1937) war ein italienischer Radiopionier und Unternehmensgründer. 1909 bekam er den Nobelpreis für Physik.

besagte, es wäre der Amerikaner Tesla[100], aber unsere Firma hatte recherchiert, dass Tesla sein Leben lang ledig geblieben war. Darum hat er keine Nachfahren. Aber nach der dritten Ansicht war der Erfinder der drahtlosen Kommunikation der Russe Popow[101]. Er war natürlich auch ein Ausländer. Unsere Firma hatte ebenfalls hastig behauptet, sein Sohn wäre während des Zweiten Weltkriegs in Leningrad verhungert, sodass er keinen Enkel hinterlassen hatte. Deshalb schlug unsere Firma vor, den Preis dem Ehemann der Krankenschwester Bobo zu verleihen, weil er auch ein Popow war.[102] Als der Generaldirektor der Servicefirma diesen Vorschlag sah, meinte er, dass die Beraterfirma da etwas an den Haaren herbeigezogen hätte, um am Ende einen unglaubwürdigen Vorschlag zu produzieren. Aber als er weiter darüber nachdachte, fand er, wenn diese Geschichte von den Medien verbreitet werden würde, müsste das Volk im ganzen Land in Lachen ausbrechen, und das wäre außerordentlich hilfreich, um den Bekanntheitsgrad seiner Firma zu steigern. Das Ergebnis war, dass der Erfinderpreis in Höhe von zehn Millionen Yuan an den Ehemann von Bobo ging. Unerwartet hatte Bobo mich später aufgesucht. Sie sagte: „Mein Mann will das Preisgeld nicht mit mir teilen. Was soll ich tun, wenn es künftig in die Hände eines Seitensprungs fällt?" Ich antwortete: „Das Beste ist, wenn Sie jetzt auf einer Scheidung bestehen, muss er Ihnen dann nicht fünf Millionen geben?"

Die chinesischen Schriftzeichen im Japanischen und die Familiennamen der Japaner
Weil ich früher achtmal nach Japan gereist war, hatte ich auch etwas Japanisch gelernt. Ich fand, dass es im Japanischen sehr viele chinesische Schriftzeichen gibt, aber ihre Bedeutungen waren eigene Wege gegangen.

Wie zum Beispiel „娘、手紙、魔法瓶、汽車、火車 und 一生懸命" und so weiter. Im Japanischen heißt 娘 Tochter (Mädchen)[103], 手紙 ist ein Brief, 魔法瓶 ist eine Thermoskanne, 汽車 heißt Eisenbahn, und 火車 ist ein Auto. 一生懸命 heißt: aus Leibeskräften.

Vor mehreren hundert Jahren hatten die Japaner gar keine Familiennamen. Später legten die Behörden fest, jede Familie müsste einen Familiennamen haben, sodass dann vor den Rufnamen beliebig ein Familienname gesetzt wurde. Wer zum Beispiel unterhalb eines Berges (山下) wohnte, bekam den Familiennamen Yamashita (山下), wer an einem Fluss (河边) wohnte, hieß mit Familiennamen Kawanabe (河边), wer an einem Feld (田中) wohnte, hieß Tanaka (田中). So gab es im ganzen Land mehr als 200.000 verschiedene Familiennamen. Als ich in Japan war, hatte ich auf den Namensschildern an den Häusern auch Namen wie „Hundezüchter" (犬养 = Inukai) oder „Schweinefütterer" (猪饲 = Ikai) gelesen. Dieser Hundezüchter ist aber nicht das, was die Chinesen als einen Hurensohn

---

100 Nikola Tesla (1856–1943) war ein Erfinder und Elektroingenieur. Er erfand u. a. den Mehrphasenwechselstrom.
101 Alexander Stepanowitsch Popow (1859–1906) war ein russischer Physiker und Pionier der Funktechnik. Marconi hatte ein Gerät der Funktelegrafie, das Popow beschrieben hatte, kopiert und zum Patent angemeldet. Popow hatte sich aber seine Erfindung nicht patentieren lassen und so die Priorität verloren.
102 „Weil er auch ein Popow ist" ist ein Wortspiel im Chinesischen, der Ehemann von Bobo wird genauso geschrieben wie Popow (波波夫).
103 Im Japanischen heißt 娘 Tochter (Mädchen). Die hier angeführten Beispiele heißen im Chinesischen anders.

bezeichnen[104], sondern bedeutet, dass seine Familie darauf spezialisiert ist, Hunde aufzuziehen. In gleicher Weise ist der „Schweinefütterer" einer, der darauf spezialisiert ist, Schweine zu pflegen. Außerdem bedeutet das chinesische Wort für Hausschwein (猪) im Japanischen Wildschwein, während unser Wildschwein „豕" im Japanischen Hausschwein heißt.

In den Vornamen der Japaner kommen häufig Zahlen vor, sie geben an, der wievielte derjenige in der Reihenfolge der Brüder ist. Zum Beispiel ist Hirata Ichirō (平田一郎) der älteste Sohn, Shisan Shirō (姿三四郎) ist der vierte Sohn, und der berühmte General Tōgō Heihachirō (东乡平八郎) im japanisch-russischen Krieg war der achte Sohn[105]. Aber Yamamoto Isoroku (山本五十六), der den heimtückischen Überfall auf Pearl Harbour geführt hatte, war nicht das 56. Kind[106] in der Familie, sondern zu seiner Geburt war sein Vater 56 Jahre alt.

In den Gassen Japans sieht man oft Schilder mit der Aufschrift „小心子供飞出" (wörtlich: Vorsicht Kinder fliegen hervor), was bedeutet „Vorsicht, Kinder tauchen plötzlich auf", und auf den Straßen gibt es Tafeln, die Chinesen verstehen können, wie zum Beispiel „Wer unter Alkohol mit erhöhter Geschwindigkeit fährt, riskiert sein Leben" (饮酒、暴走、灭亡).

In einem Ausflugsgebiet sah ich einen Wegweiser „布袋尊" (zum ehrwürdigen Bodhisattva), nur wird Bodhisattva im Japanischen budai (布袋) und im Chinesischen puti (菩提) geschrieben. Die Chinesen übersetzen das Sanskrit-Wort für Bodhisattva auch mit pusa (菩萨), aber die Japaner haben die Phonetik direkt mit budai (布袋) wiedergegeben.

Über die Geschwindigkeit des Hausbaus, von der ich in Japan hörte

Als ich im Jahre 1984 in dem japanischen Observatorium Mizusawa arbeitete, hatte mich Herr Ōshima in sein Haus eingeladen. Erst nach drei Stunden Autofahrt kamen wir an. Er hatte ein alleinstehendes Holzhaus, im ganzen Haus lebte nur eine Familie, es hatte zwei Stockwerke und eine Fläche von etwa 300 Quadratmetern, und es war erst vor kurzer Zeit gebaut worden. Ich fragte ihn, wie lang die Bauzeit für das Haus gewesen sei. Er berichtete, dass er ein Stück Land gekauft hätte, auf dem es schon Wasser, Strom, Telefon und einen Fernsehanschluss gegeben hatte. Nachdem er der Firma, die die Häuser verkaufte, den Preis bezahlt hatte, kam am Nachmittag um zwei Uhr ein Auto vorbei. Am Nachmittag kamen pünktlich noch zwei Lastwagen. Wie lange hatte es wohl von den Lastwagen bis zur Übergabe des Hauses gedauert? Ich empfehle Ihnen, kürzer zu raten! Herr Ōshima sagte, dass er auf die Uhr geschaut hatte – tatsächlich hatte es nur zwei Stunden gedauert.

Die weise japanische Regierung

Als ich auf einem Flugplatz in Rumänien einen Direktor eines bulgarischen Weizen-Forschungsinstituts traf, war er ebenso wie ich in den Achtzigerjahren ein von Japan eigens eingeladener Forscher. Er seufzte: „Die Japaner sind wirklich weise, sie gaben mir 9.000

---

104 Ein ähnliches Wort wie der japanische Familienname „Hundezüchter" ist im Chinesischen das Schimpfwort „Hurensohn".

105 In diesen Namen kommen die Schriftzeichen für die Zahlen eins (一), vier (四) und acht (八) vor.

106 In dem Namen bedeutet Isoroku (五十六) sechsundfünfzig.

Dollar, dass ich bei ihnen eine Zeitlang forsche und verschafften sich so meine im Verlaufe von mehreren Jahrzehnten erzielten Ergebnisse zur Verbesserung des Weizens!"

Die Unterschiede in den Gewohnheiten der Chinesen und Japaner können einen Menschen umbringen

In den 1990er-Jahren war ich in der Beobachtungsstation auf dem Xinglong-Berg, die zum Observatorium Beijing gehört. Damals aßen in der kleinen Kantine nur zwei Personen, ein aus Japan gekommener Astronom (er benutzte das von mir entwickelte 1,2-Meter-Infrarot-Teleskop für Beobachtungen) und ich. Als der Japaner vor sich fünf Schalen mit Gerichten sah, bat er mich: „Bitte gehen Sie zum Koch und sagen ihm, für mich sind zwei Gerichte ausreichend, aber er schickte mir fünf Gerichte, wie soll ich sie aufessen? Ich werde noch platzen!" Ich teilte dem Koch dann seine Klage mit. Im Ergebnis erwiderte der Koch, dass dieser japanische Gast außerordentlich viel essen würde. „Beim ersten Mal hatte ich für ihn zwei Gerichte zubereitet, aber er hat alles aufgegessen. Wenn jemand nach unserer Sitte alles aufisst, heißt das doch, dass er noch nicht satt ist. Daraufhin habe ich ihm bei der nächsten Mahlzeit drei Gerichte zubereitet. Danach erhöhte ich die Zahl noch auf vier Gerichte, und heute haben wir schon fünf Gerichte!" Als ich die Worte des Kochs dem Japaner auf Englisch übermittelte, erwiderte er: „Nach der japanischen Sitte ist es ganz unhöflich, wenn der Gast etwas übrig lässt, denn es drückt aus, dass das Gericht nicht schmeckt. Darum muss ich die aufgetischten Gerichte ganz aufessen." Zum Glück konnte ich das Missverständnis aufklären, ansonsten hätte man sich die Folgen kaum vorstellen können!

Erinnerung, wie ich mit spanischen Vagabunden eine Nacht zubrachte

In den Achtzigerjahren sollte ich nach einer Konferenz auf Teneriffa (die taiwanische Schriftstellerin Sanmao[107] hatte der Insel den Namen „Die Anmutige" gegeben) nach Madrid fliegen, um in der deutschen Botschaft ein Visum zu beantragen, weil ich den Bereich der neuen Technologien des Auto-Unternehmens MAN in München zu besuchen und über eine Lieferung von ihnen zu verhandeln hatte.

Der Langstreckenbus, den ich am Nachmittag genommen hatte, hatte nur an einer Weggabelung vor dem Flughafen gehalten, aber nachdem ich ausgestiegen war, war vom Flughafen noch nichts zu sehen. Außerdem war die Straße menschenleer, ich sah weder Fußgänger noch Autos. So blieb mir nur, mein Gepäck in die Hand zu nehmen und 800 Meter zu gehen. Ich hatte gerade 200 Meter zurückgelegt, als ich von vorn ein Auto hereaneilen sah, das 60 Meter vor mir plötzlich stoppte. Danach setzte der Fahrer mit höchster Geschwindigkeit zurück und wendete. Ich wunderte mich noch, weshalb das Auto so verrückt fuhr. Wer hätte gedacht, dass das Auto dann genau neben mir hielt! Jetzt wurde der Schlag geöffnet, es kam ein Gentleman, der mich höflich bat, in sein Auto zu steigen. Er sagte, er konnte es nicht mit ansehen, wie ich das Gepäck schleppen und mühsam einen weiten Weg gehen musste. Deshalb kam er zurück, um mich ein Stück des Weges zu bringen.

---

107 Sanmao (1943–1991) war eine taiwanische Schriftstellerin. Sie studierte in Taiwan, Spanien und Deutschland und schrieb zahlreiche Bücher über ihre Aufenthalte im Ausland.

Am Flughafen angekommen, stellte sich heraus, dass das ältere Paar im Auto aus Schweden stammte. Vor der Pension arbeitete er als Autoverkäufer. Sie waren als Touristen auf die Insel gekommen. Ursprünglich hatte ich einen Flug, der um acht Uhr abends startete. Unerwartet hatte ich vier Stunden Verspätung, sodass ich nachts um zwei Uhr in Madrid ankam. Als ich mit einem Bus die Endstelle im Stadtbereich erreichte, war es bald drei Uhr. Nachdem ich ausgestiegen war, schloss der Busbahnhof. Was sollte ich nun tun? Ein Hotel zu suchen lohnte sich nicht. Ich sah nur, dass der Busbahnhof unterhalb einer Brückenkreuzung gebaut war. Obwohl die Nacht rabenschwarz war, bot eine Brückenkreuzung doch ein Dach gegen den Himmel. Unter der Brücke saßen auf der Erde, an eine Mauer gelehnt, zwanzig, dreißig obdachlose Vagabunden. Mir blieb nur, mir ein freies Fleckchen zu suchen, mich zu setzen und auf den Morgen zu warten.

Nach einer Weile fragte mich ein Vagabund mittleren Alters neben mir stockend: „Kann der Herr mir zwei Dollar in Peseten leihen? Wenn es hell ist, werde ich auf dem Flughafen handeln. Gib mir deine Adresse. Wenn ich Geld habe, gebe ich es dir zurück." Ich dachte mir, wenn dieser Ehrenmann nur zwei Dollar haben will, werde ich sie ihm schenken. So wartete ich in unbequemer Lage, bis um sieben Uhr eine Straßenbahn fuhr, und suchte dann die deutsche Botschaft auf. Nachdem ich den Visumantrag und den Pass abgegeben hatte, teilte mir der Beamte mit: „Sie haben einen Dienstpass, er muss von Ihrer Botschaft zu unserer geschickt werden, dann bearbeiten wir den Antrag." So blieb mir nur, die chinesische Botschaft aufzusuchen. Wieder fuhr ich mit einer Straßenbahn dorthin. Da der Mann am Empfang wusste, dass ich ein Delegierter des Volkskongresses war, sorgte er dafür, dass mich ein Botschaftsrat empfing. Der Botschaftsrat rief den ihm bekannten deutschen Botschaftsrat an und bat ihn um eine Ausnahme. Schließlich versprach die deutsche Seite, meinen Antrag zu bearbeiten. Bevor ich mich von dem chinesischen Botschaftsrat verabschiedete, erkundigte er sich, ob ich schon gefrühstückt hätte. Ich erwiderte, dass ich seit gestern Abend nichts mehr gegessen hätte. Höflich wollte er, dass ich noch blieb, um das Frühstück nachzuholen. Ich lehnte aber dankend ab, denn ich wollte sofort wieder zur deutschen Botschaft fahren. Er hatte mir dennoch ein paar Kleinigkeiten zur Stärkung mitgegeben.

Ein ausländischer, zivil und militärisch vollkommener Lei Feng[108]

Victor Louis war fast vierzig Jahre alt und von nicht großer Statur. Den Backenbart hatte er immer sauber abrasiert, sodass er stets sehr wach wirkte. Er war ein Astronom des Forschungsinstituts für Himmelskörperphysik in Andalusien. Damals war er der Verantwortliche für die Betreuung der chinesischen Montagegruppe eines Teleskops. Im Folgenden habe ich ein paar Geschichten über ihn festgehalten. Louis erzählte, dass Spanien vor 600 Jahren einst mehrere Hundert Jahre von den Arabern beherrscht wurde. Darum unterscheidet sich das Aussehen nicht weniger Spanier von dem der Europäer, weil sie so wie Louis Mischlinge waren. Fachlich musste er immer gut sein, sonst wäre er nicht

---

108 Lei Feng war ein junger Soldat der Volksbefreiungsarmee, der sich immer um die anderen kümmerte. 1962 kam er bei einem Unfall ums Leben. Mao Zedong rief danach dazu auf, von Lei Feng zu lernen. Seitdem hat es in China immer wieder Propagandabewegungen gegeben, von Lei Feng zu lernen.

ein internationaler Koordinator für die Entwicklung eines Fotometers geworden. Seine Interessen waren sehr weit gefächert, in der Freizeit fuhr er gern Ski, und er erreichte den Rang eines Sportmeisters. Neben dem Observatorium liegt ein furchterregender, mehr als dreitausend Meter hoher, aber zu Fuß besteigbarer Gipfel. Wenn hier jemand stolpert, kann er sein Leben verlieren, aber Louis berichtete, dass er hier auf Skiern heruntergefahren wäre und an mehreren Stellen große Sprünge machen musste.

Als ich ihn einmal zu Hause besuchte, kamen wir an einem kleinen Flugplatz vorbei. Er erzählte, dass er Mitglied im Fliegerklub dieses Flugplatzes wäre und gelernt hätte, ein kleines Flugzeug zu fliegen.

Sein Haus stand in einem kleinen Dorf mit etwas über zehn Haushalten, das Santa Fé hieß. Er sagte, in Spanien und Amerika gäbe es mehrere Orte, die Santa Fé hießen, aber ihr gemeinsamer Ursprung wäre dieses Dörfchen. Weil der Beitrag Spaniens für die Forschungsausgaben in der Europäischen Union am niedrigsten war, teilte die EU Spanien mit: „Um euch zu helfen und die Forschung zu steigern, geben wir euch einen Zuschuss zu den Gemeinkosten der Forschung." So wurden die Forschungsausgaben Spaniens verdoppelt. Aber auch nach der Verdoppelung blieb das Land weiter an erster Stelle von hinten. Einmal waren die Berge nach einem heftigen Schneefall unpassierbar, sodass wir auf einem Pfad einen Berg hochsteigen mussten. An der einen Seite des Berges war ein steiler, sehr gefährlicher Hang. Louis aber beachtete die Gefahr nicht weiter und ging von sich aus auf der Außenseite des Pfades, um uns zu schützen. So wurde er zu einem lebenden Lei Feng.

Dieser chinesische Professor versteht alles

Als ich in Spanien ein großes Teleskop montierte, mussten wir zuerst in der Kuppel die astronomische Nord-Süd-Linie (nicht die Nord-Süd-Linie entsprechend dem Magnetpol) festlegen. Gemäß einem verbesserten Verfahren der Astronomie des chinesischen Altertums zeichnete ich auf der Erde eine Linie, während mehrere spanische Astronomen mit einem modernen Verfahren auch eine Linie zeichneten. Aber von den beiden Linien war eine fehlerhaft. Nach der Prüfung durch beide Seiten gaben die Spanier zu, sie hätten einen Faktor vergessen, wodurch die Linie falsch wurde. Als sie am nächsten Tag noch einmal gemessen hatten, war die Linie wieder nicht richtig. Schließlich verloren sie die Geduld und meinten, dass sie dann doch meine Linie nehmen sollten. Nach zwei Monaten fragten sie: „Wie kommt es, dass du als Professor alles verstehst? Alles weißt?" Ich erwiderte: „Ihr schmeichelt mir, zum Beispiel hatte der berühmte Filmstar Andy Lee mehrere Liebhaber fürs ganze Leben – aber ich weiß nicht, wie sie heißen."

Eindrücke von Hongkong

Von 2011 bis 2014 hatte ich mit Unterbrechungen mehr als ein Jahr in Hongkong gearbeitet. Folgende Dinge hatten mir einen recht tiefen Eindruck hinterlassen.

Ein vierzig Jahre alter Bauarbeiter fragte mich, warum die Kommunistische Partei immer die Revolution im Munde führte. Ich sagte, dass im alten China die Gutsbesitzer die Bauern grausam ausgebeutet hatten, darum hatte die Kommunistische Partei die Bauern mobilisiert, die Gutsbesitzerklasse zu beseitigen. Er fragte weiter, was ein Gutsbesitzer sei und warum er die Bauern ausbeuten würde. Nachdem ich es ihm ausführlich erklärt hatte, meinte er: „Ah, so war das!" Ursprünglich gab es in Hongkong keine Gutsbesitzer, die die Bauern ausbeuteten, sodass einige Leute nicht einmal wussten, wer oder was Gutsbesitzer waren.

Einmal erzählte mir ein Angestellter der Verwaltung, dass zu Zeiten, als England in Hongkong geherrscht hatte, auch in Hongkong die Korruption um sich gegriffen hätte, sodass man für fast alles eine Bestechung zahlen musste. Aber nachdem Hongkong vor mehr als zehn Jahren zu China zurückgekehrt und die Selbstverwaltung eingeführt worden war, begann die unabhängige Kommission zur Bekämpfung der Korruption, Vertrauen herzustellen. Seitdem muss man sich in allen Tätigkeiten an die Gesetze halten, ein Bittsteller muss nicht mehr Schmiergeld zahlen, niemand wagt es mehr, dich zu nötigen. Die Journalisten Hongkongs wagen es, jeden beliebigen Beamten zu kontrollieren. Zum Beispiel las ich in einer Zeitung einen Artikel, in dem gegen den Verwaltungschef von Hongkong Vorwürfe erhoben wurden. „Als du im Ausland an einer Sitzung teilgenommen hattest, wohntest du in einer Präsidentensuite, das ist eine Verschwendung von Steuergeldern! In Shenzhen hast du in einem Hochhaus viele Zimmer für dich und deine Familie gemietet. Die jährliche Miete betrug 800.000 Yuan, hattest du als Verwaltungschef da nicht einen Nutzen daraus gezogen? Du hattest für private Zwecke ein Flugzeug eines Freundes gemietet und für den Treibstoff nur 180.000 Yuan bezahlt, sodass du zu wenig gezahlt hattest, aber niemand wagte, sich zu beschweren! Zum Frühlingsfest bist du nach Macao gefahren, bei der Rückkehr nach Hongkong bist du auf einer Yacht eines Freundes gefahren und hast nur 500 Yuan gezahlt. Die Leute verlangen von dir wenig." Wäre ich gefahren, hätten 500 Yuan nicht gereicht! Nachdem der Verwaltungschef diesen Artikel gesehen hatte, erklärte er, künftig werde er wohl keine Freunde mehr haben, aber vielleicht könne seine Amtszeit ja etwas früher enden …

Eines Tages erschien in einer Zeitung eine kleine Anzeige: „Unsere Firma stellt unverheiratete Frauen ausländischen ledigen Männern für ein gemeinsames Abendessen vor. Die Gebühr beträgt soundso viel." Am nächsten Tage kritisierte jemand, diese Anzeige hätte einen Fehler begangen. Raten Sie, welchen Fehler sie begangen hatte? Nun, angeblich handelte es sich hier um Rassendiskriminierung, denn warum gelte dies nicht für chinesische Männer?

In Hongkong besuchen viele Menschen eine „wilde" Universität. Die Führerinnen durch das Sonnenhaus haben alle an einer solchen Universität studiert. So hatte eine angegeben, sie hätte „Gesundheit und Unterhaltung" studiert. Eine andere erzählte, vergleichende Literatur studiert zu haben. Da fragte ich sie: „Wer ist Gorki?" Sie antwortete: „Kenne ich nicht." Als sie am nächsten Tage geschminkt auf einer Bühne saß, schmeichelte ich ihr, dass sie heute wirklich schön aussah. Unerwartet hatte sie sich nicht nur nicht für das Kompliment bedankt, sondern, ganz im Gegenteil, schimpfte sie mit mir: „Ich bin wirklich böse, hast du damit nicht gesagt, ich wäre früher nicht hübsch gewesen?"

Die gute Sehkraft eines Hongkonger Kapitalisten
Als ich auf dem Flughafen auf das Flugzeug wartete, fragte mich ein Hongkonger Kapitalist, was ich auf dem Festland auf dem Feld anpflanzen würde. Ich antwortete: „Bevor ich in Rente ging, war ich Türsteher." Ob ich nach Hongkong als Tourist gekommen sei? „Nein, ich bin mit der Hongkonger Methode, hervorragende Talente des Festlandes herzuholen,

nach Hongkong gekommen. Wenn Sie es nicht glauben, sehen Sie mein Spezialvisum. Braucht man zum Bewachen großer Tore besondere Talente? Die Hongkonger Gesellschaft für Sicherheit hat mich zu Vorlesungen eingeladen. Meine Spezialität ist zu lehren, wie Bo Le[109] die Fähigkeiten der Pferde erkannt hatte und wie man nach zehn Jahren das Talent eines Generalmanagers erkennt, um jetzt anzufangen, den Pferden auf den Hintern zu schlagen." Ich hatte ihm munter drauflos geantwortet.

---

109 Bo Le war ein berühmter Pferdebändiger und Gefolgsmann des Herzogs Mu von Qin (659–621 v. Chr.). Er konnte anhand der Physiognomie eines Pferdes auf seinen Charakter und seine Fähigkeiten schließen.

Anhang

Analyse des Netzes zum Einfangen von Flugzeugen

Man glaubt, dass es mit der Mechanik recht schwierig ist, die im Verlauf der Beschleunigung des großen Netzes zu jedem Zeitpunkt aufgenommene Kraft genau zu berechnen, weil man hierfür die Beschleunigung der Seile des Netzes durch die Kanonengeschosse in den einzelnen Zeitabschnitten ermitteln muss. Obwohl wir schon die Anfangsgeschwindigkeit v der Kanonengeschosse beim Abschuss kennen, ist es aber recht schwierig, die gebräuchliche Gleichung Ft = MV anzuwenden, um die mittlere Zugkraft F der Seile zu berechnen. Obwohl in der obigen Gleichung die Masse des bewegten Körpers m (die Kanonengeschosse am Netz) bekannt ist, können wir aber die Beschleunigungszeit des großen Netzes sehr schwer bestimmen. Wenn t schwer zu ermitteln ist, können wir die Kraft F nicht berechnen, und wir müssen urteilen, dass es nicht möglich ist zu folgern, ob das „Netz zum Einfangen von Flugzeugen" machbar ist. Das ist jedoch falsch.

Liebhaber der Mechanik erkennen schon, dass die Anwendung der obigen Gleichung gründlich analysiert werden muss. Nimmt man an, dass das Gewicht der Kanonengeschosse 20 kg und das von einem Kanonengeschoss gezogene Gewicht von einem Viertel = 100 kg des Netzes mit 400 kg beträgt, dann ist das Gewicht M = 120 kg/g = ca. 12 kp = ca. 120 N, wobei g hier die Schwerebeschleunigung ist.

Nach dem Gesetz der Energieerhaltung wissen wir, dass die kinetische Energie der mit der Geschwindigkeit V bewegten Kanonengeschosse und des Netzes gleich der kinetischen Energie beim Abschuss ist. In Form einer Gleichung ergibt sich $(1/2)mv^2 = (1/2)MV^2$. In der Gleichung ist M = 6 m, (120 kg = 6 x 20 kg). Darum verändert sich die obige Gleichung zu $(1/2)mv^2 = (1/2)6mV^2$, das heißt $v^2 = 6V^2$. Setzt man die Anfangsgeschwindigkeit der Kanonengeschosse mit 600 m/s an, dann ist V = 245 m/s.

Kehren wir wieder zur Gleichung Ft = MV zurück, dann sind M und V bekannt. Nur t ist noch unbekannt, aber wir schätzen, dass t, wenn es am größten ist, die Zeit sein muss, die benötigt wird, damit das Netz von der statischen zur bewegten Entfernung die halbe Netzbreite S erreicht. Dieses t ist gleich S/U, und U ist ungefähr der Mittelwert von v und V, das heißt U = 422 m/s. Setzt man diesen Wert U ein, so ergibt sich t = S/u und somit t = 50/422 = 0,12 s. Setzt man diesen Wert t in F = MV/t ein, so erhält man F = 24.500 kp = ca. 245 kN, das heißt, die von einem Seil (Ecke des Netzes) aufgenommene mittlere Zugkraft beträgt 245 kN und die größte Zugkraft 490 kN. Aber die Hanfseile in dem von Jiang Baili geschriebenen Buch, selbst wenn sie einen Durchmesser von 20 Millimeter haben, brauchen nur eine Kraft von einigen 10 kN, um zu reißen. Darum können wir folgern, dass dieses „Netz zum Einfangen von Flugzeugen in der Luft" nicht fliegen kann.

Das „Netz zum Einfangen von Flugzeugen in der Luft" hat dennoch einen überraschenden Effekt – durch die obige anfängliche Berechnung und Analyse wissen wir schon: Nachdem die vier Kanonen zugleich abgefeuert wurden, kann das Netz nicht hochfliegen, weil die Seile an den vier Ecken des Netzes reißen. Aber wenn wir weiter darüber nachdenken, gibt es vielleicht eine Methode, um diese kühne Idee von Jiang Baili eines „Netzes zum Einfangen von Flugzeugen in der Luft" zu verwirklichen. Der Autor hat in dem Buch „Interessante Phänomene der Mechanik" darauf verwiesen: Wenn man anstelle der vier Kanonen vier Raketen nimmt, dann ist die Beschleunigung beim Abschuss der Raketengeschosse sehr klein, sodass die Seile an den vier Ecken des Netzes nicht reißen werden. Kann das Netz dann nicht zum Himmel fliegen? Aber ich hatte vorausgesagt, dass, wenn man wirklich mit vier Raketengeschossen versucht, das Netz aufzuspannen, man nach der Praxis feststellen wird, dass das Netz tatsächlich hochfliegen kann, aber es wird sofort eine unerwartete Situation eintreten, weil das Netz sich gleich zusammenziehen und einen Knäuel Seile bilden wird. Warum werden sich die vier Ecken des Netzes zusammenziehen? Das liegt daran, dass die Raketengeschosse durch die seitliche Zugkraft des Netzes zueinander gezogen werden.

Bis hierher können nicht wenige Analysten folgern, dass Jiang Bailis „Netz zum Einfangen von Flugzeugen in der Luft" keine Chance hat, realisiert zu werden. Aber ich meine, dass kluge Forscher dennoch die Schwierigkeiten überwinden und sich ein Lösungsverfahren überlegen können. Es kann gelingen, wenn die Richtung der vier Flakkanonen etwas auseinander steht.

Das Potential der Verfahren der Näherungsrechnung

Die Machbarkeit der obigen Verfahren der Näherungsrechnung zur Analyse des „Netzes zum Einfangen von Flugzeugen in der Luft" hat schon recht überzeugend das Vermögen dieses Verfahrens veranschaulicht. Als wir das Verfahren der Näherungsrechnung anwendeten, konnten wir einige schwer fassbare komplizierte Variable in unveränderliche Mittelwertkonstanten umwandeln. Das hat nicht nur die Rechnung vereinfacht, manchmal kann man auch ein nicht zu berechnendes Problem in ein berechenbares verwandeln, sodass sich die Lösung dieses wissenschaftlichen Problems von einem unlösbaren in ein lösbares verwandelt.

Außerdem besteht ein wichtiger Faktor darin, in geeigneter Weise festzulegen, wie groß der erlaubte relative Fehler bei dieser Näherungsrechnung werden darf. Allgemein gesagt gilt: Nur solange der relative Fehler nicht zu groß ist und das Ergebnis nicht beeinflusst, dass eine offensichtliche Veränderung oder ein Fehler auftritt, ist ein entsprechender relativer Fehler akzeptabel. Allgemein liegt der Bereich des erlaubten relativen Fehlers bei Berechnungen im Maschinenbau zwischen 1% bis 30%. Aber bei Forschungen in der theoretischen Physik der Himmelskörper ist der erlaubte relative Fehler viel größer, manchmal erreicht er 100% bis sogar 1000%, so ist es vertretbar, dass der erlaubte relative Fehler das 100-fache oder gar das 1000-fache der Differenz beträgt. Außerdem können sich bei den sich ausbreitenden Energien bei der Messung eines Erdbebens Fehler ergeben, die ein Mehrfaches der relativen Differenzen betragen.

Ein weiterer wichtiger Punkt bei der Durchführung wissenschaftlicher Untersuchungen ist, dass man sich bei dem bei einem wissenschaftlichen Phänomen auftretenden Mechanismus nicht nur auf die qualitativen Erscheinungen stützen darf, sondern man identifizieren muss, dass es sich um diese Ursache handelt. Zum Beispiel wird in populärwissenschaftlichen Büchern im Hinblick auf das Fahrradfahren immer behauptet, dass man wegen der Achsstabilität eines sich drehenden Rades nicht umfällt. Von den qualitativen

Eigenschaften hat die Achsstabilität tatsächlich eine stabilisierende Wirkung, aber wenn man weiter darüber nachdenkt, wie sehr schwere Personen und ein Fahrrad durch die Wirkung der Kreisel-Achsstabilität eines kleinen Rades stabil bleiben können, habe ich, um dies zu bestätigen, ein Fahrrad mit der Hand geradegerückt. Ich saß auf einem schnell fahrenden Fahrrad, sodass sich die Räder schnell drehten. Das Ergebnis war, dass das Fahrrad gleich umgefallen war, wenn ich eine Hand losließ. Daran sieht man, dass die Kreisel-Achsstabilität der Räder keine Wirkung ausübt. Wenn deshalb das Fahrrad stabil bleibt, ohne umzufallen, so muss es eine andere Ursache geben. Obwohl diese Ursache tief verborgen ist, sodass seit mehr als Hundert Jahren Wissenschaftler auf der ganzen Welt sie nicht entschlüsselten, wurde diese Ursache von mir im Jahre 2015 gefunden und in dem Buch „Interessante Phänomene der Mechanik" beschrieben.

Über einige Besonderheiten von Bombenflugzeugen

Wenn ein Bombenflugzeug im Allgemeinen nicht frontal von feindlichen Flugzeugen angegriffen wird, liegt das daran, dass sich die beiden Flugzeuge zu schnell einander nähern, sodass das Flugpersonal gar nicht dazu kommt, den Gegner anzuvisieren. Darum muss sich ein Bombenflugzeug nur vor einem es von hinten verfolgenden feindlichen Flugzeug schützen, weshalb sich im hinteren und im hinteren unteren Teil jeweils ein MG-Schütze befindet. Wenn ein feindliches Flugzeug von hinten angreift, vollführt das Flugpersonal der TU-2 oft einen Schlängelflug, damit das feindliche Flugzeug es nicht anvisieren kann. Wenn deshalb der Schütze das feindliche Flugzeug sieht, fliegt der Pilot solche Richtungen, dass er nicht selbst anvisiert werden kann. Die grundlegende Vorgabe für den Schuss ist es, dass der Schütze innerhalb von einer Sekunde das Projektionsverhältnis der Stellung des feindlichen Flugzeugs identifizieren und dieses Projektionsverhältnis der Richtungen der beiden Flugzeuge zu 0, 1, 2, 3 und 4 vereinfachen muss. Es ist festgelegt, dass das Projektionsverhältnis des feindlichen Flugzeugs gegenüber unserem, wenn beide Flugzeuge parallel flogen, 0, aber das Projektionsverhältnis der Flugrichtung des feindlichen Flugzeugs gegenüber unserem, wenn sie senkrecht zueinander flogen, 4 beträgt.[110] Der Schütze muss gleichzeitig entsprechend der durch den Typ des feindlichen Flugzeugs gegebenen Geschwindigkeitsparameter, zum Beispiel war der Parameter beim Bomber P-51 Wildpferd 70, diesen Parameter mit dem Projektionsverhältnis multiplizieren, sodass man beim Abschuss dieses Flugzeugs die Größe der Vorverlegung der Visierlinie des MGs erhält (wenn sie nicht vorverlegt wird, sondern wenn das abgeschossene Geschoss auf die augenblickliche Position des feindlichen Flugzeugs zielt, wird das feindliche Flugzeug inzwischen schon viel weiter vorwärts geflogen sein).

Wenn man zum Beispiel ein feindliches Flugzeug P-51 mit einem Projektionsverhältnis 2 abschießen will, kann der Schütze innerhalb von zwei Sekunden rasch ausrechnen, dass die Größe der Vorverlegung für den Abschuss 140 beträgt. Wie viel 140 ist, kann der

---

110 Das Projektionsverhältnis der beiden Flugzeuge ist der Winkel $\sin \Theta$ der Flugrichtungen zwischen beiden Flugzeugen. Fliegen sie parallel zueinander, so ist $\sin \Theta = 0$. Fliegen sie senkrecht zueinander, so ist $\sin \Theta = 4/4$ und das Projektionsverhältnis 4.

Schütze anhand einiger konzentrischer Ringe außerhalb des Zielzentrums abschätzen. Offensichtlich kann die Wahrscheinlichkeit, dass der Schütze mit der Größe der Vorverlegung, die er mit dieser Näherungsrechnung erhält, ein feindliches Flugzeug abschießt, nicht sehr hoch sein. Oft schießt er mehrere Salven, aber würde das Ziel nicht mit einem Schuss treffen. Glücklicherweise haben die Konstrukteure von Militärmaschinen die Verwendung von Leuchtspurgeschossen erdacht, sodass der Schütze selbst im Sonnenlicht einen sehr hellen Sprengkopf treffen kann. Dabei wird augenblicklich die Richtung des MGs beim Abschuss korrigiert.

Mit einem Leuchtspurgeschoss lässt sich die Trefferwahrscheinlichkeit eines feindlichen Flugzeugs wirksam erhöhen. Bei Übungen des Abschusses in der Luft werden jeweils 40 Schuss abgegeben. Wenn ein Geschoss davon das Ziel trifft, zählt es als in der Norm, zwei Treffer sind gut und drei Treffer sehr gut. Ich hatte in einer TU-2 nur einmal ein Luftziel geschossen, das Ergebnis war überraschend, ein Geschoss hatte das Zugseil vor dem Ziel durchtrennt. Das Luftziel fiel nach unten in den Fluss Songhuajiang[111], sodass der Erfolg verloren war.

Mit dem oben dargestellten Abschussverfahren mit einer Korrektur durch ein elektrooptisches Geschoss zum Anvisieren der Größe der Vorverlegung kann man offensichtlich feindliche Flugzeuge effektiv angreifen. Aber die Konstrukteure der Militärmaschinen gaben sich damit noch nicht zufrieden. Sie überlegten sich ein automatisches Visiergerät, mit dem man fast ohne geistige Anstrengungen noch genauer arbeiten konnte. Das ist wirklich etwas, was für normale Menschen nur schwer vorstellbar ist. Das neue Verfahren besteht nun darin, das schon seit mehreren Jahrzehnten verwendete mechanische Visiergerät vollständig aufzugeben, und ein völlig neues elektrooptisches Visiergerät nach dem Effekt der gyroskopischen Präzession zu schaffen. Diese Methode beinhaltet, dass unser Flugpersonal vorn auf einer halbdurchlässigen Glasscheibe das feindliche Flugzeug und einen Lichtring sehen kann. Der Pilot (oder der Schütze) muss nur die Spitze des Flugzeugs oder das MG auf das feindliche Flugzeug richten und es mit dem Lichtring in etwas mehr als einer Sekunde einfangen. Dann hat sich die Richtung des MGs schon automatisch auf die notwendige Größe der Vorverlegung eingestellt, sodass der Schütze dann das Feuer eröffnen und das Flugzeug abschießen kann. Nach dem Eröffnen des Feuers korrigiert der Schütze, gestützt auf das Leuchtspurgeschoss, die Schussrichtung. Als ich zuerst sah, dass die sowjetischen Flugzeuge mit diesen revolutionären, fortschrittlichen Visiergeräten ausgestattet waren, bewunderte ich unwillkürlich vom Grunde meines Herzens die Klugheit der russischen Eisbären, aber später sah ich zufällig ein in Amerika produziertes gleichartiges Visiergerät. Wenn ich nicht vom Krieg zwischen der Sowjetunion und Amerika gewusst hätte, wer hatte hier wen kopiert?

Oben habe ich beschrieben, dass es für den Schützen im Flugzeug gar nicht leicht ist, ein feindliches Flugzeug zu treffen. Ist dann das Abwerfen von Bomben aus einem Bombenflugzeug, die ein Ziel treffen sollen, etwas einfacher? Nach einer eingehenden Analyse wurde mir klar, dass die Schwierigkeiten, mit einem Bombenflugzeug ein Ziel zu bombardieren, noch größer sein können.

---

111 Die Stadt Harbin liegt am Fluss Songhuajiang.

Die Besonderheiten des Bombardierens aus der Luft

Ein Bombenflugzeug wählt einen Flugort, um Bomben abzuwerfen, weil, wenn es zu schnell fliegt, der Fehler, dass die Bombe ihr Ziel verfehlt, zu groß sein kann. Aber wenn es zu tief fliegt, dann kann es nicht das Ziel in der Ferne sehen. Jedoch bei einem Flugzeug in der Luft, zum Beispiel in 2.000 Metern Höhe, das mit hoher Geschwindigkeit fliegt (zum Beispiel mit 140 m/s), kann die abgeworfene Bombe wegen der Trägheit jede Sekunde fast 120 Meter vorwärtsfliegen. Wenn die Bombe so vom Flugzeug ausgeklinkt wird und nach einem Fall von circa 20 Sekunden die Erde erreicht, hat sich die Bombe schon circa 2.000 Meter vorwärtsbewegt. Darum muss das Flugzeug etwa 2.000 Meter vor der exakten Position rechtzeitig die Bombe auslösen. Offensichtlich hängt die Größe des vorzeitigen Auslösens der Bombe von der Geschwindigkeit des Flugzeugs (sowie von Windrichtung und Windgeschwindigkeit), von der Höhe des Flugzeugs über dem Meeresspiegel, der Höhe des Ziels über dem Meeresspiegel und dem Typ der Bombe (hinsichtlich der Größe der Bremskraft) ab. Wenn man außerdem nicht einen starken Wind berücksichtigt, kann die Bombe nur vor dem Flugzeug herunterfallen. Das bedeutet, dass die Flugrichtung des Flugzeugs gerade auf das Ziel ausgerichtet sein muss. Weil der Pilot vorn keine exakte Anzeige der Flugrichtung hat, muss der Bediener der Bomben im Visiergerät die Größe der seitlichen Abweichung des Ziels beobachten, um zu jeder Zeit den Piloten anzuweisen, die Richtung der Flugzeugspitze auf das Ziel auszurichten. Offensichtlich kann der Bediener der Bomben kaum in einer halben Minute die Größe der Vorverlegung, die zum Bombenabwurf benötigt wird, ausrechnen. Dafür hatten Experten ein Visiergerät für Bomben entwickelt. In einer Zeit, in der es noch keine Rechner gab, hatten die Ingenieure in diesem Visiergerät einen elektrischen Analogrechner benutzt. Der Bediener der Bomben musste nur in das Visiergerät die verschiedenen Parameter eingeben, und nach zehn bis 20 Sekunden wurde die Visierlinie automatisch zum entsprechend vorverlegten Ort übertragen.

Danach wartete der Bediener der Bomben nur, dass das Ziel im Visiergerät auftaucht und wies den Piloten an, nach rechts oder links das Ziel anzusteuern. Wenn danach das Ziel im Mittelpunkt des Fadenkreuzes erschien, musste der Bediener der Bomben rechtzeitig einen elektrischen Knopf zum Auslösen der Bombe drücken. Selbst wenn er ihn eine halbe Sekunde zu spät drückte, konnte die Bombe das Ziel um mehrere Meter verfehlen.

Daraus wird ersichtlich, dass es das stillschweigende Zusammenspiel des Piloten und des Bedieners der Bombe erfordert, eine Bombe auf ein Ziel fallen zu lassen, was man nur durch wiederholte Übung erreicht. Außer einem Simulationstraining am Boden war es auch erforderlich, in einem Bombenflugzeug zu lernen, Bomben auf ein Erdziel abzuwerfen. Beim Bombentraining mit einer TU-2 in der ersten Schule der Luftstreitkräfte war der Pilot damals der Lehrer. Als wir das erste Mal über das Ziel flogen, konnte der Schüler, der die Bombe abwarf, noch nicht die Flugrichtung gerade durch das Ziel steuern und deshalb die Bombe noch nicht abwerfen. Das Flugzeug musste umkehren und das Ziel noch einmal anfliegen, aber beim zweiten Mal konnten wir immer noch nicht die Bombe abwerfen, und das Flugzeug flog über das Zielgebiet hinaus. Jetzt musste dieser Schüler den Lehrer peinlich bitten, noch eine Runde zu fliegen, und der Schüler biss schließlich die Zähne zusammen, um den Knopf zum Auslösen der Bombe zu drücken. Das Ergebnis war, dass diese Übungsbombe, obwohl sie keine große Sprengkraft hatte, ein Bauernhaus zerstörte und sämtliche Hühner und Hunde des Hofes getötet wurden. Zum Glück war der Bauer aufs Feld gegangen, sodass er mit dem Leben davonkam. Die Schule der Luftstreitkräfte musste aus eigenem Antrieb die Verluste der Familie entschädigen.

Selbst wenn man das oben erwähnte automatische Bombenvisiergerät benutzt hätte, wäre es immer noch äußerst schwierig gewesen, eine große Brücke zu zerstören, denn wäre die Bombe nur zehn bis 20 Meter neben der Brücke eingeschlagen, wäre die Brücke unversehrt geblieben. Hier schadet es nichts, wenn sich der Leser eine gute Methode zum Zerstören einer Brücke überlegt. Wenn Sie noch keine Methode gefunden haben, dann betrachten Sie das folgende klassische Bombardierungsverfahren:

Dieses Verfahren ist im Bild 3 gezeigt.

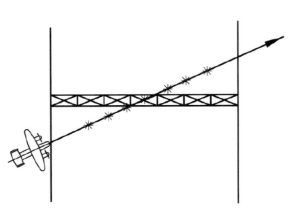

Bild 3 Bombardierung einer Brücke, die von einem Flugzeug schräg angeflogen wird, welches eine Reihe von Bomben abwirft

Zuerst bildet die Flugrichtung des Bombers mit der Brücke einen beliebigen kleinen Winkel. Selbst wenn so die Flugrichtung etwas abweicht oder parallel verschoben ist, kann die Projektion des Bombers immer noch in den Bereich der Gesamtlänge der Brücke fallen. Als nächstes muss der Bomber eine Reihe von Bomben abwerfen. Im obigen Bild sind insgesamt sieben Bomben angegeben. Sie fallen alle innerhalb von 0,2 Sekunden. So kann es von den sieben Bomben eine geben, die die Brücke trifft. Natürlich kann der Bediener der Bomben, der das nächste Mal den Knopf drückt, um eine Bombe auszulösen, selbst wenn er ein vorzüglicher Tischtennisspieler ist, nicht so schnell drücken. Darum wird der Betrieb des intermittierend kontinuierlichen Bombenabwurfs durch einen elektrischen Bombenabwurfmechanismus realisiert.

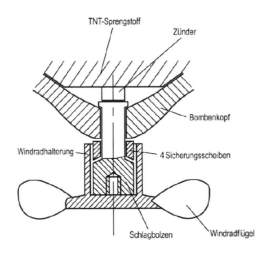

Bild 4 Bombe mit Windradgehäuse, Scheiben des Sicherungsblocks und Schlagbolzen im gesicherten Zustand

Der Leser kann sich vielleicht nicht vorstellen, dass, wenn man mit einer Bombe einen Feind vernichten will, man auch einige notwendige Sicherheitsprobleme lösen muss, weil eine Bombe wirklich ein kreuzgefährliches Gerät ist. Wenn der Bomber tief fliegt und ein Vogel gegen den Zünder der Bombe stößt, kann die Bombe explodieren, und alles ist aus. Außerdem fliegt ein Bomber, wenn er manchmal noch nicht alle Bomben abgeworfen hatte, noch einmal zurück. Es wurde jedoch festgelegt, dass ein Flugzeug nicht mit Bomben zurückkehren sollte. Der Leser kann sich vorstellen, welche besonderen Maßnahmen man treffen musste, damit die Bomben nur zur richtigen Zeit explodieren.

Das in der Sowjetarmee angewendete Verfahren ist im Bild 4 gezeigt.

Wenn man im Bild 4 das Windrad in die Gewindebohrung vor dem Schlagbolzen hineindreht, ist das Windrad außerhalb des Sicherungsblocks eingeschlossen, sodass mehrere Scheiben des Sicherungsblocks hinter dem Schlagbolzen diesen sichern. Wenn man jetzt mit einem Hammer auf den Schlagbolzen schlägt, kann er nicht zurückweichen und auf den Zünder der Bombe schlagen. Deshalb kann die große Menge TNT-Sprengstoff um den Zünder nicht explodieren.

Wenn die Bombe jedoch einmal ausgeklinkt war und herunterfiel, wurde eine Sicherungsgabel aus dem Windrad herausgezogen. Dieses Windrad drehte sich durch die starke Windkraft beim Fallen der Bombe entgegen dem Uhrzeigersinn, sodass sich die Gewindestange vom Schlagbolzen löste, woraufhin die vier Sicherungsscheibenstücke herunterfielen. Somit befand sich der Schlagbolzen im Zustand der Vorbereitung der Explosion. Wenn die Bombe dann die Erde berührte, konnte der Schlagbolzen den Zünder heftig zusammendrücken und den ganzen TNT-Sprengstoff in der Bombe zur Explosion bringen.

Bis hierher kann sich der Leser vorstellen, wie wir kontrollieren können, dass eine auf uns abgeworfene Bombe nicht explodiert. Wenn man also möchte, dass die Bombe nicht explodiert, dann muss man nur die Sicherungsgabel zusammen mit der Bombe werfen.

Wir stellen uns vor, dass, wenn man eine Bombe hat, die auf das Dach eines großen Gebäudes fällt, sie nach der Explosion nur das obere Stockwerk des Gebäudes zerstören wird. Aber was muss man unternehmen, um das ganze Gebäude zu zerstören? Man lässt die Bombe zeitverzögert noch einmal explodieren, denn jetzt hat sich die Bombe bis zum Erdgeschoss des Gebäudes durchgebohrt. Wenn wir zum Beispiel eine Straße des Feindes lahmlegen wollen, ist die beste Methode, mehrere zu einer bestimmten Zeit explodierende Bomben abzuwerfen. Diese Bomben können zu unregelmäßigen Zeiten nacheinander explodieren. So wagt es in kurzer Zeit niemand mehr, diese Straße zu benutzen, außerdem kann man die Zünder von zu einer unbekannten Zeit explodierenden Bomben nicht demontieren. Aber der Leser kann sich für den Feind vorstellen, wie er sich aus dieser misslichen Lage befreien könnte – nämlich mit einem Bündel von Handgranaten diese Bomben zur Explosion zu bringen.

Es versteht sich von selbst, dass das Militär bestimmt an die Sprengstoffe in Bomben strenge Sicherheitsanforderungen stellt. Da der Sicherheitssprengstoff nur mit einem Zünder zur Explosion gebracht werden kann, wird er, auch wenn andere Verfahren angewendet werden, nicht explodieren. Im Ergebnis erfüllt der von Chemikern hergestellte TNT-Sprengstoff tatsächlich diese strengen Forderungen. Er widersteht nicht nur Feuer oder Schlägen mit Beilen; selbst wenn man auf ihn schießt, kann er nicht zur Explosion gebracht werden!

Gegen Ende des Zweiten Weltkriegs hatte die amerikanische Armee, um die japanische Armee einzuschüchtern, erklärt, dass sie einen schweren Bomber B-29-Superfortress gebaut hätte, der die weite Strecke von Sichuan in Chinas Hinterland bis nach Japan fliegen konnte. Nach der Bombardierung konnte er noch zurückkehren. Das entspricht den Tatsachen. Aber weiter wurde verkündet, dass in der B-29 ein neuartiges Visiergerät installiert wäre, mit dem man aus 5.000 Meter Höhe eine Bombe exakt in eine Mülltonne werfen könnte. Das war offensichtlich geprahlt. Die Praxis bestätigte, dass es nicht möglich war, Bomben so präzise abzuwerfen – es sei denn, man beförderte wie in der japanischen Armee die Bomben mit Kamikazeflugzeugen, die ihr Ziel in aller Regel mit großer Präzision trafen. Tatsächlich gab es zum Ende des 20. Jahrhunderts schon Bomben auf lasergelenkten Raketen. Erst sie konnten fehlerlos das von einem Laserstrahl beleuchtete Ziel treffen. Einmal hatte ein amerikanisches Flugzeug irrtümlich das Gebäude der chinesischen Botschaft in Jugoslawien bombardiert. Die Reporter vieler Länder, die die Stätte nach dem Vorfall besichtigten, meinten, einen Trümmerhaufen vorzufinden. Wer hätte gedacht, dass das Gebäude von außen unversehrt aussah, aber wenn man hineinging, war alles zerstört? Wie hatte das amerikanische Flugzeug das vollbracht? Die Antwort ist, dass eine Rakete durch ein Fenster eingedrungen war.

Im Folgenden beschreibe ich, wie an den Tanks von Flugzeugen ein Feuer vermieden wird.

Es ist allgemein bekannt, dass in den Treibstofftanks früherer Kampfmaschinen (hauptsächlich in den Flügeln) äußerst leicht entflammbares Flugbenzin enthalten war. Wenn dann in einem Luftkampf der Tank unseres Flugzeugs von einem Geschoss des Gegners durchschlagen wurde, musste das zu einem starken Feuer, ja, sogar zur Explosion führen. Und das war nun wirklich schrecklich! Der Leser sollte sich zuerst überlegen, ob es eine wunderbare Methode gibt, die verhindert, dass der Tank Feuer fängt, und diese mit der gebräuchlichen Methode vergleichen.

Damals wurden folgende Maßnahmen ergriffen. Erstens: Um die Tanks aus einer Aluminiumlegierung wurde eine Schicht von Gummiplatten aus einem besonders dicken Gummischwamm geklebt. Nachdem somit das Geschoss die Gummiplatte und die Tankwand durchschlagen hatte, zog sich das von dem Geschoss herrührende Loch sofort zusammen und schloss es ab. Wenn außerdem die Gummiplatte mit dem Benzin zusammenkam, gefror sie gleich und dichtete das Leck noch besser ab. Zweitens: Im Normalfall wurde der Raum im Tank mit Stickstoff gefüllt, um die normale Luft zu ersetzen und der die Verbrennung nicht fördern kann. Somit würde das Benzin, selbst wenn es mit einem feuerheißen Geschoss in Berührung käme, nicht Feuer fangen. Daraus wird ersichtlich, dass die damaligen Ingenieure erfolgreich dieses schwierige Problem lösen konnten. In der TU-2 wurden bei den Tanks die beschriebenen Feuerschutzmaßnahmen angewendet. Im Zweiten Weltkrieg waren für die Tanks in den japanischen Kampfmaschinen des Typs 0 keine Feuerschutzmaßnahmen ergriffen, aber es gab sie in den amerikanischen Kampfmaschinen. In den Luftkämpfen zwischen beiden Seiten stürzten die japanischen Flugzeuge oft durch Feuer ab.

Maßnahmen, um in den Flügeln der Flugzeuge Eisbildung zu verhindern

Nachdem die Bombenflugzeuge in eine feuchte Wolkenfront in mittlerer und großer Höhe geflogen waren, konnte sich selbst im Sommer angesichts der strengen Kälte in großer Höhe

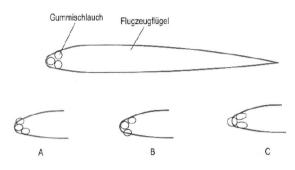

Bild 5 Prinzipschema der Verhinderung von Eisbildung an der Vorderkante des Flugzeugflügels

an der Vorderkante der Flugzeugflügel Eis bilden. In einigen Fällen wurde dieses Eis jedoch immer dicker und der vereiste Bereich wuchs allmählich an, sodass das Flugzeug schwerer wurde. Dies galt es zu vermeiden. Jetzt soll sich der Leser überlegen, wie man das Problem der Eisbildung an den Flugzeugflügeln lösen kann.

Die damaligen Ingenieure wendeten das im Bild 5 gezeigte Verfahren an:

Die Ingenieure konstruierten die Vorderkante der Flugzeugflügel aus Gummi, das im Inneren drei verschieden große (röhrenförmige) Hohlräume bildete. Wenn sich an der Vorderkante der Flugzeugflügel gerade eine dünne Eisschicht bildete, wurde nacheinander in die Röhren der Lufträume Druckluft geblasen, sodass diese Röhren sich ausdehnten und die Eisschicht zerplatzte. Die zerbrochene Eisschicht wurde sofort von dem Luftstrom mit hoher Geschwindigkeit fortgeblasen. Diese Maßnahmen wirkten Wunder und waren leicht zu realisieren, und man konnte mit ihnen das Problem sehr gut lösen. Hätten Sie das gedacht?

Ein Flugmotor, der Vollkommenheit anstrebt

Die hauptsächlichen Forderungen an einen Flugmotor sind: Erstens: seine Ausgangsleistung muss möglichst groß sein; zweitens: sein Gewicht muss möglichst leicht sein; drittens: höchste Zuverlässigkeit, sodass unter schwierigen klimatischen Bedingungen keine Störungen auftreten. Die obigen Bedingungen gleichzeitig zu erfüllen, bedeutet natürlich, bei einer anderen Eigenschaft Abstriche zu machen. Zum Beispiel, wenn die technologischen Forderungen sehr hoch sind, die Bearbeitung kompliziert ist, die Kosten besonders hoch sind und die Lebensdauer recht niedrig ist und so weiter.

Zum Beispiel wurden im Flugzeug TU-2 zwei Asch-82-Triebwerke eingesetzt. Das Gewicht jedes Triebwerks lag unter 1000 Kilogramm, aber seine Ausgangsleistung erreichte 1.850 PS, das heißt, mit dem Gewicht von zwei Pferden konnte man eine Leistung von fast 2.000 PS erzeugen. Wir wissen, wenn bei einem Auto ein Unfall passiert, muss das noch keine Gefahr bedeuten. Aber wenn sich ein Flugmotor nicht mehr weiterdreht, dann stürzt das Flugzeug oft ab. Somit muss man bei der Konstruktion der Einzelteile des Motors besonders beachten, dass die Teile nicht die Belastung überschreiten, was oft im Widerspruch dazu steht, dass die Teile leicht sein sollen. Als ich diesen Flugmotor studierte, gab es etwas, das bei mir einen tiefen Eindruck hinterließ, nämlich, dass der Motor eine Gruppe von sich schnell drehenden Schraubenblättern antrieb. Die Neigungswinkel dieser Blätter mussten exakt übereinstimmen, sonst bewirkten die Blätter, dass das ganze Flugzeug in Schwingungen geriet. Man muss darauf hinweisen, dass es nicht allzu schwierig ist, die Blätter mit vier statischen Neigungswinkeln gleich einzustellen. Schwierig ist es, die Neigungswinkel im dynamischen Zustand einzustellen. Wenn der Motor im Flug aufhört sich zu drehen, können die vier Schraubenblätter noch bis zu einem günstigen Winkel der Blätter gedreht werden, um den von der Stellung der Schraubenblätter abhängigen Widerstand im Flug des Flugzeugs zu verringern.

Es ist allgemein bekannt, dass das Ziel für ein MG eines Soldaten Menschen sind, darum reicht es aus, Geschosse mit einem kleinen Durchmesser zu verwenden. Aber das Ziel für ein Flugzeug-MG ist ein aus Metall hergestelltes Flugzeug. Darum ist die erste Forderung an dieses MG, große Geschosse zu verwenden. Ihr Durchmesser beträgt allgemein 0,5 Zoll (12,7 Millimeter), und sie sind 50 Gramm schwer. Ihre Anfangsgeschwindigkeit beim Abschuss erreicht 800 m/s. Gewöhnlich bezeichnet man in den einzelnen Ländern MGs, deren Durchmesser mehr als 20 Millimeter erreicht, als Flugkanonen.

Die zweite Forderung an ein Flugzeug-MG ist, dass es eine möglichst große Schussgeschwindigkeit haben muss. Das liegt daran, dass das feindliche Flugzeug sehr schnell fliegt, folglich ist die Zeit, in der es getroffen werden kann, außerordentlich kurz, oft kaum ein paar Sekunden. Und wenn man mehrere Dutzend Schüsse abgibt, kann das feindliche Flugzeug nur ein- oder zweimal getroffen werden. Darum fordert das Militär, dass das Flugzeug-MG mit dem großen Durchmesser pro Sekunde 20 Schuss abgeben kann. Aber wenn man mit so großen Geschossen schnell schießt und die Munition nachlädt, erreicht man trotz größter Anstrengungen nicht mehr als 16 Schuss pro Sekunde.

Die dritte Forderung an ein Flugzeug-MG ist, dass sein Gewicht möglichst leicht sein soll.

Die vierte Forderung ist, dass der Auf- und Abbau des MGs einfach sein muss, um die Vorbereitung des Einsatzes und die Wartung bequem zu gestalten. Deshalb kann man an einem MG keine Schrauben verwenden, weil das Hinein- und Herausdrehen von Schrauben zu viel Zeit in Anspruch nehmen würde. Jedes Einzelteil und jede Baugruppe eines MGs greifen mit Zapfen und Nut ineinander und sind zuletzt nur mit einem Bolzen befestigt, und zum Stecken eines Bolzens benötigt man nur zwei, drei Sekunden.

Ein Teleskop zur Beobachtung der Bahnen von Satelliten

Über die Forderung, dass die Menschheit alle Bewegungsgesetze von Satelliten beherrschen muss, gibt es eine interessante Geschichte. Die Abteilung für Planeten des Zijinshan-Observatoriums wurde einmal als die Forschungsabteilung für Grundlagentheorie, die den geringsten praktischen Nutzen hat, angesehen. Aber nein, Sie denken, welchen Nutzen hat es, wenn Astronomen ständig die Bahnen jener kleinen dunklen Planeten erforschen, die man mit bloßem Auge nicht sehen kann? Die von ihnen angewandte Mechanik der Himmelskörper ist auch nur ein Zeitvertreib mit nutzloser höherer Mathematik. Der Grund, warum das Zijinshan-Observatorium eine Abteilung für Planeten eingerichtet hatte, war nur, dass Direktor Zhang von der Erforschung von Kleinplaneten herkam. Aber nachdem die Sowjetunion im Jahr 1957 den ersten Satelliten der Welt gestartet hatte, begriff man, dass das Wissen über die Bewegungsgesetze von Satelliten zum großen Teil vom früheren Verständnis der Bewegungsgesetze der Kleinplaneten herrührte. Aber ein Jahr bevor

China seinen Satelliten zum Himmel schoss, wurde während der großen Kulturrevolution im Zijinshan-Observatorium eine Wandzeitung angeklebt, in der geschrieben stand: Der Verfasser fragt die Gruppe zur Beobachtung von Satelliten, was für eine Arbeit sie machten. Sie antworteten: „Wir führen entsprechend der vorausgesagten Position ausländischer Satelliten, die von der Gruppe für die Positionsvoraussage von Satelliten errechnet wurde, praktische fotografische Beobachtungen durch, und die Ergebnisse schicken wir zurück an die Voraussagegruppe." Der Verfasser fragte die Voraussagegruppe weiter, was für eine Arbeit sie nun machten und erhielt folgende Antwort: „Entsprechend dem Messfehler der Beobachtungsgruppe verbessern wir unsere Berechnungsergebnisse und liefern an die Beobachtungsgruppe nach der Verbesserung Voraussagepositionen der Satelliten." Der Verfasser fand, dass die beiden Gruppen nur Dienste in einem internen wechselseitigen Kreislauf lieferten. Dieses geschlossene System hatte für andere nicht den geringsten Wert, sodass es das Beste war, diese Gruppen aufzulösen. Wer hätte gedacht, dass nur ein Jahr später, nachdem diese Wandzeitung erschienen war, diese beiden beinahe aufgelösten Forschungsgruppen beim Start von Chinas erstem Satelliten eine so große Rolle spielen würden?

Prinzipien der Beobachtung der Bahnen von Satelliten

Bevor man ein Fototeleskop speziell zur Beobachtung der Bahnen von Satelliten konstruiert, muss man natürlich zuerst die wichtigsten Besonderheiten des Luftraums, über den der Satellit fliegt, klären. Nur so kann man sich ein Verfahren überlegen, um ihn zu beobachten.

Als Beispiel für die Besonderheiten der Bahnen von Kleinplaneten um die Sonne, die den Bahnen künstlicher Satelliten ähneln, siehe zuerst Bild 6.

Nach der von Newton entdeckten universellen Anziehungskraft ziehen sich zwei Körper mit einer Masse mit einer universellen Anziehungskraft an, wobei die Anziehungskraft noch vom Abstand zwischen den beiden Körpern abhängt. Mathematisch kann man beweisen, dass die Bahn eines Kleinplaneten um die Sonne eine Ellipse mit unterschiedlich großer Abflachung ist. Die Bewegungsgeschwindigkeit von Kleinplaneten ist auch nicht konstant, sondern ändert sich entsprechend dem Abstand von der Sonne. Die Astronomen benutzen dieses vor mehr als 200 Jahren entwickelte Wissen über die Mechanik der Himmelskörper, um auszurechnen, wann sich ein Kleinplanet zu einer bestimmten Position bewegt und erzielen dabei eine sehr hohe Genauigkeit. Was die Position eines Kleinplaneten angeht, so wird die Position vor dem Hintergrund des Sternenhimmels (des Referenzkoordinatensystems) bestimmt, so wie wir, wenn wir auf der Erde die Position eines Körpers bestimmen, die Messung auf die Koordinaten auf der Erdkugel beziehen.

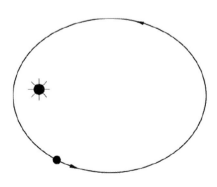

Bild 6 Bewegungsbahn eines Kleinplaneten um die Sonne

Offensichtlich ist die Situation der Bewegung eines Satelliten um die Erdkugel eine verkleinerte Ausgabe der Bewegung eines Planeten um die Sonne. Allerdings erzeugt die dünne Atmosphäre der Erdkugel in großer Höhe bei einer niedrigen Bahn des Satelliten eine geringe Widerstandskraft, sodass sich die Geschwindigkeit des Satelliten allmählich verlangsamt. Allgemein, wenn ein Satellit den Luftraum eines Gebiets überfliegt (zum Beispiel die Stadt Nanjing), können wir ihn bei Nacht in der Höhe unter der Wirkung des reflektierten Sonnenlichts sehen. Große Satelliten kann man mit bloßem Auge sehen. Sie liefern einen kleinen Lichtpunkt, der sich am Nachthimmel langsam vorwärts bewegt. Aber kleine Satelliten kann man, weil sie zu dunkel sind, nur mit einem astronomischen Teleskop beobachten. Wegen der unterschiedlichen Höhe der Satelliten kann ihre scheinbare Bewegung am Himmel unterschiedlich schnell sein. Die Zeit, in der ein Satellit den Luftraum eines Gebiets überfliegt, liegt im Allgemeinen zwischen zwei Minuten bis zu mehreren zehn Minuten.

Die Astronomen, die die Bahnen von Kleinplaneten untersucht haben, entdeckten, wenn sie auf der Bahn eines Kleinplaneten drei Positionen (sie müssen relativ weit entfernt sein) und die entsprechenden Zeiten messen können, sie dann die Wurzel der gesamten Bahn dieses Kleinplaneten berechnen können, und man daraus die Position des Kleinplaneten zu einer beliebigen Zeit erhalten kann.

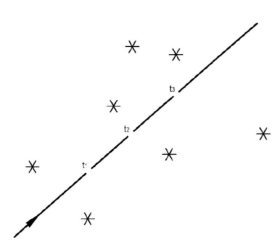

Bild 7 Die Lichtspur eines Satelliten und von Hintergrund-Fixsternen in einem Foto-Teleskop

Offensichtlich ist, wie wir oben schon festgestellt haben, die Bewegung eines Satelliten um die Erde eine verkleinerte Ausgabe der Bewegung von Kleinplaneten um die Sonne. Die hauptsächliche Besonderheit der Bewegung eines Satelliten ist, dass er bei einer niedrigen Bahn eine Widerstandskraft durch die Atmosphäre in der Höhe erfährt.

Bild 7 stellt die Lichtspur der Bewegung eines Satelliten vor dem Hintergrund der Sterne dar, die mit einem Fototeleskop aufgenommen wurde. Die Lücken in der Lichtspur entstehen dadurch, dass der Verschluss des Fotoapparats kurzzeitig geschlossen wird. Es wurde hier nun die exakte Zeit registriert, in der der Verschluss jedes Mal geschlossen wurde. So konnte anhand der Positionen der entsprechenden Lücken auf der Lichtspur die exakte Position des Satelliten am Sternenhimmel zu dieser Zeit ermittelt werden. Wenn man mehrere Lücken aufnehmen kann, dann hat der Mittelwert der einzelnen Positionen eine noch höhere Genauigkeit.

Nachdem die Besonderheiten der Bewegung von Satelliten ermittelt wurden, habe ich folgendes Beobachtungsverfahren in dem konstruierten Spezialteleskop angewendet:
1. Zur Vorbereitung der Beobachtung wird der Stromkreis des Teleskops geschlossen. In eine Drehtrommel im Teleskop werden vier Negativfilmkassetten eingelegt, und dabei

nimmt man den Schutzverschluss ab, sodass der Negativfilm einsatzbereit ist. Man muss wissen, dass man diesen Negativfilm nur mit einer Hand in das Teleskoprohr, das 70 Zentimeter Durchmesser erreicht, hineinbringen darf, und man im Dunkeln tasten muss. Deshalb hatte ich mir ein ausgeklügeltes und zugleich einfaches Verfahren ausgedacht – mit nur einer Bewegung konnte man die Negativfilmkassette in der exakten Position befestigen, und danach brauchte man auch nur eine Bewegung, um die Kassette herauszunehmen. Man kann sagen, dass dieses Verfahren auch das Niveau der Luftfahrttechnik erreichte.

2. Elektrisch wird das Himmelsfenster der astronomischen Kuppel geöffnet, und der Bediener dreht mit vier elektrischen Knöpfen für den Schnellgang das Teleskoprohr genau in die Richtung der vorausgesagten Position des Erscheinens des Satelliten.
3. Die Uhr wird abgelesen. Zwei Minuten, bevor der Satellit erscheint, wird im großen Gesichtsfeld mit niedriger Vergrößerung im Teleskop ein Stern gesucht. Dann wartet man auf das Erscheinen des Satelliten.
4. Sobald der Satellit im Gesichtsfeld erscheint, hält man mit der Hand zwei Knöpfe (von vieren) des Bedienpults, um das Zentrum des Gesichtsfelds in den vorderen Bereich der Bewegung des Satelliten zu legen.
5. Man drückt den einzigen Bewegungsknopf. Die Aufgabe, die er jetzt erfüllt, besteht darin, sofort den großen Verschluss vor dem Teleskop zu öffnen, um mit der Belichtung des Negativfilms zu beginnen und die mit dem Teleskop genau verfolgten Fixsternpunktbilder aufzunehmen.
6. Wenn der Beobachter im Spiegel für die Sternsuche sieht, dass der Satellit in das Gesichtsfeld eintritt, drückt er diesen Knopf. Jetzt weiß das Teleskop, dass es den Verschluss des Fotoapparats abwechselnd schließen muss, um auf der Lichtspur des Satelliten mehrere Lücken zu erzeugen. Wenn der Beobachter auf dem Spiegel für die Sternensuche sieht, dass der Satellit schon den Fotografierbereich durchlaufen hat, kann er den Bedienknopf loslassen, damit der Verschluss aufhört zu arbeiten.

    Im Folgenden muss er wieder diesen Knopf drücken, dann wird sich der große Verschluss vor dem Teleskop elektrisch schließen. Danach muss er den Knopf noch einmal drücken, um automatisch einen neuen Negativfilm einzulegen.
7. Man drückt die beiden Knöpfe für den Schnellgang auf dem Bedienpult, damit der Satellit immer im Spiegel für die Sternensuche bleibt.
8. Man wartet, bis der Satellit den Himmel über dem Ort schon eine recht große Strecke verlassen hat, und die Beobachtungsoperation beginnt von Neuem.

Verbesserung der Konstruktion des schrägen Achslagers eines Teleskops

Nach einer stehenden Regel werden fast alle Konstrukteure die schräge Hauptachse eines Teleskops (am Ende der Achse wirkt eine Last von 2 Tonnen) wie im Bild 8 gestalten, weil das der Standardaufbau ist, der in den Handbüchern empfohlen wird.

In dem Bild wird an den beiden Enden der schrägen Achse ein sogenanntes radialsphärisches Kugellager vorgesehen. Der Innenring dieses Lagers kann gegenüber dem

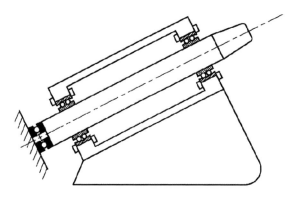

Außenring um mehrere Grad geschwenkt werden. Dadurch kann man die unterschiedlichen Exzentrizitäten der beiden Bohrungen für die beiden Außenringe ausgleichen. Die Achskraft der Hauptachse nach links wird von einem axialen Drucklager aufgenommen. Die Handbücher geben an, dass der Reibungskoeffizient dieses Achssystems etwa 1 bis 2 Prozent beträgt. Es wird aber nicht gesagt, woher dieser Wert rührt.

Bild 8 Klassischer Aufbau einer schrägen Achse und der Kugellager

Ich hatte aber in einem aus dem Russischen übersetzten Werk „Handbuch der technischen Mechanik" gelesen, wenn eine Kugel aus hartem Stahl auf einer glatten Ebene aus hartem Stahl rollt, beträgt der Reibungskoeffizient nur 0,0002, das heißt, er beträgt nur 1/40 des beschriebenen Achssystems. Warum also ist der Reibungskoeffizient von Kugellagern in den Lehrbüchern so groß? Nach Überlegungen fand ich, dass es dafür zwei wesentliche Ursachen geben musste. Die eine ist, dass, damit der Außenring gewöhnlicher Kugellager in der Lagerbohrung sich nicht hin- und herbewegt, dieser in der Lagerbohrung fest geklemmt wird. Damit der Außenring, der gedrückt und dadurch ein wenig zusammengezogen ist, die Stahlkugel im Inneren fest zusammendrückt, kommt es dazu, dass der Reibungskoeffizient des Lagers dramatisch steigt. Die zweite Ursache ist, dass die beiden Lager an den Stirnflächen befestigt werden. Dadurch entsteht das Phänomen der „Überbestimmung". Besonders nachdem sich die Umgebungstemperatur stark verändert hatte, führen leicht unterschiedliche Größen der Ausdehnung (oder des Schrumpfens) dazu, dass die Stahlkugeln, die ursprünglich nur radiale Kräfte aufnehmen, eine unerwünschte Achskraft aufnehmen. Diese Achskraft kann bezüglich der in den Stahlkugeln entstehenden Reibkraft den Reibungskoeffizienten des Lagers erheblich vergrößern. Wie kann man also diese beiden Mängel beheben? Das Verfahren zur Verbesserung, das ich vorgeschlagen hatte, ist im Bild 9 gezeigt.

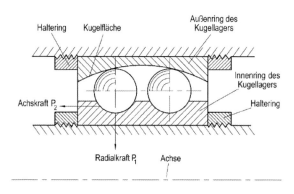

Bild 9 Einstellbares Kugellager

Das Bild 9 zeigt die Achskraft P_2, die die Stahlkugeln in einem gewöhnlichen Lager aufnehmen. Weil diese Achskraft auf einer schrägen Ebene wirkt, kann sie die Reibkraft deutlich vergrößern.

In meiner Konstruktion (Bild 10) wurden Wälzzylinder (keine Kugeln, sondern kurze Zylinder) eingesetzt. Aber dieses Lager ist nicht in der Lage, das Zentrum einzustellen (geringes Schwenken des Außenrings). Jedoch kann man

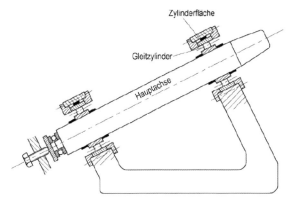

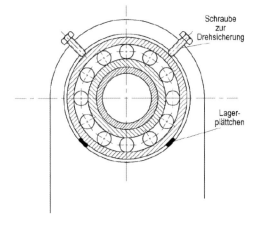

Bild 10 Schrägachsenlager des Autors für niedrige Geschwindigkeiten

außerhalb des Außenrings zwei kleine Aluminiumplättchen platzieren. Durch die geringe Verformung der Aluminiumplättchen kann der Außenring ein wenig geschwenkt werden, damit das andere Ende der Hauptachse genau mit der ferneren Lagerbohrung fluchtet. Weil die Dicke der Plättchen nur 1 Millimeter beträgt, kann es in der Dickenrichtung im Wesentlichen nicht durch schwere Belastungen flach gedrückt werden, weshalb dieses Verfahren machbar ist. Durch die Verwendung von zwei Plättchen, die den Außenring abstützen, erreicht man, dass die Lager, die Druck nur in eine Richtung aufnehmen können, überhaupt kein Drehspiel haben, und man kann auch zulassen, dass das vordere und das hintere Lager nicht sehr genau konzentrisch sein müssen. Außerdem konnte man vollkommen die Möglichkeit vermeiden, dass der Außenring des Lagers beim Hineindrücken in die Bohrung verspannt wird. Diese Konstruktion erfüllte wider Erwarten die Funktion, dass mit einer Klappe zwei Fliegen geschlagen wurden. In Japan sagt man übrigens „mit einem Stein zwei Vögel treffen", während es in China heißt „mit einem Pfeil zwei Adler schießen".

Als dieses neue Achssystem in einer schnelllaufenden Antriebsmaschine eingesetzt wurde, verwendeten wir, um zu verhindern, dass der Außenring des Lagers durch großes Spiel springt, zwei Justierschrauben, um den Außenring zu fixieren. „Die Praxis ist die einzige Norm, um die Wahrheit zu überprüfen". Die Ergebnisse unserer Messungen waren:
1) Bei der Beobachtung im stark vergrößernden Okular des Leitsternteleskops hatte dieses Achssystem nicht einmal ein Spiel von 1".
2) Der Reibungskoeffizient der Hauptachse des Teleskops betrug nur 0,0004. Obwohl dieser Wert nur 1/40 des Werts in den Handbüchern betrug, wurde aber der Grenzwert von 0,0002 nicht erreicht, das heißt, er betrug das Doppelte. Daraufhin dachte ich über die Ursache nach und fand später, dass die Bedingung für den Wert 0,0002 diejenige war, dass die Stahlkugel einseitig die benachbarten Stahlteile berührte, während die Stahlkugeln im Lager einen Druck von zwei Seiten aufnahmen. War das Zweifache von 0,0002 dann nicht 0,0004? Das zeigte, dass die von mir konstruierte Struktur schon den

theoretisch bestmöglichen Wert erreichte. Zehn Jahre später hieß es in einem amerikanischen Artikel, dass der Reibungskoeffizient der Hauptachse eines neu fertiggestellten großen Teleskops (auch) 0,0004 erreichte.

28 Jahre nach dieser Prüfung stellte ich auf einer kleinen Konferenz die Eigenschaften dieses Achssystems vor. Unter den Zuhörern war jemand, der das nicht glaubte. Er stieg mit mir also bis zum Observatorium auf den Berg und maß es selbst nach. Das Ergebnis war wieder 0,0004!

Materialien über die Forschung des Autors zur Rekonstruktion von Zhang Hengs Seismometer

Chinese Society for the History of Science and Technology
55 Zhongguancun East Road, Haidian District, Beijing, 100190, China
Tel/Fax: 0086-10-57552533 Email: zgk_js_xuehui@163.com

Expertenmeinung der Gutachtersitzung über die Forschung zur Rekonstruktion von Zhang Hengs Seismometer mit einer stehenden Säule und die Versuchsergebnisse

Das von Zhang Heng in der Östlichen Han-Dynastie geschaffene Seismometer ist eines der wichtigen Erfolge in Wissenschaft und Technologie des chinesischen Altertums. Über Zhang Hengs Seismometer gibt es schon viele Untersuchungen zu seiner Rekonstruktion, und über die Rekonstruktion des mechanischen Prinzips seines inneren Aufbaus gibt es die beiden Arten mit stehender und mit hängender Säule.

    Im Jahre 2013 hatte Herr Hu Ningsheng vom früheren Entwicklungszentrum für astronomische Geräte Nanjing der Academia Sinica ein Modell auf der Grundlage des Prinzips der stehenden Säule vorgeschlagen und von der Theorie und dem Experiment gleichzeitig seine Machbarkeit bewiesen. Angesichts der großen wissenschaftlichen Bedeutung und des gesellschaftlichen Einflusses des Seismometers rief die chinesische Gesellschaft für die Geschichte von Wissenschaft und Technologie am 26. November 2016 in Nanjing Experten Chinas der betreffenden Gebiete zu einer wissenschaftlichen Gutachtersitzung über Herrn Hu Ningshengs Untersuchungen zur Rekonstruktion des Seismometers und der Versuchsergebnisse zusammen. Die an der Sitzung teilnehmenden Experten hörten den Bericht von Herrn Hu Ningsheng über die Untersuchungen zur Rekonstruktion an, besichtigten das Versuchsmodell des rekonstruierten Seismometers und führten eine lebhafte Diskussion. Die Meinung der teilnehmenden Experten ist wie folgt:

1. Der Typ der stehenden Säule in dem von Hu Ningsheng rekonstruierten Seismometer löste durch die theoretische Analyse das Problem des wahllosen Fallens. Die Vorführung des Versuchsmodells zeigte auch, dass das Modell mit der stehenden Säule machbar war. Das zeigte von der Theorie und der Technologie, dass das Modell mit stehender Säule vernünftig war. Die Expertengruppe befand übereinstimmend, dass der Terminus „douzhu"(都柱) in der Beschreibung des Seismometers eine stehende Säule, aber nicht eine hängende Säule bedeutete. Die Arbeit von Herrn Hu Ningsheng bestätigte von der Theorie und dem Experiment die Machbarkeit des Modells mit der stehenden Säule. Das hatte eine große Bedeutung für die Arbeit zur Rekonstruktion des Seismometers.
2. Der Rekonstruktionsentwurf von Hu Ningsheng ist vom Prinzip der Mechanik richtig und auch hinsichtlich der Technologie während der Han-Dynastie machbar, er stimmt mit der Beschreibung im „Hou Han Shu.Biografie von Zhang Heng" überein und zeigt, dass die Aufzeichnung des „Hou Han Shu" über das Seismometer zuverlässig ist.
3. Das von Herrn Hu Ningsheng vorgeschlagene Modell des Seismometers ist ein wichtiger Fortschritt in den Untersuchungen zur Rekonstruktion des Seismometers, aber nicht der Abschluss dieser Arbeiten. Über das Problem der Messung der Richtung eines Erdbebens

mit dem Seismometer kann man noch weiterführende Untersuchungen durchführen. Die Expertengruppe schlägt vor, eine finanzielle Unterstützung zu beantragen, um weiterführende Untersuchungen durchzuführen und ein Rekonstruktionsmodell im Maßstab 1:1 anzufertigen, damit die Untersuchungen des Prinzips und seine Demonstration noch besser durchgeführt werden können.

Anlage: Liste der Experten der Gutachtersitzung

Chinesische Gesellschaft für Geschichte von Wissenschaft und Technologie
Teilnehmerliste der Experten an der Gutachtersitzung über die Untersuchung des Prinzips von Zhang Hengs Seismometer mit stehender Säule und die Versuchsergebnisse

Name	Stellung	Organisation
Sun Xiaochun (Vorsitzender der Expertengruppe)	Professor	Universität der Academia Sinica
Su Dingqiang	Akademiemitglied	Nanjing Universität
Cui Xiangqun	Akademiemitglied	Akademieinstitut für Astrooptische Technologien Nanjing
Li Qiang	Professor	Nationalmuseum
Gao Buxi	Professor	Forschungsinstitut für Geodäsie und Geophysik der Akademie
Hu Weijia	Professor	Universität der Academia Sinica
Guan Zengjian	Professor	Jiaotong-Universität Shanghai
Shi Yunli	Professor	Chinesische Universität für Wissenschaft und Technologie
Xiao Jun	Ständiger stellvertr. Direktor des Observatoriums	Alte Sternwarte Beijing
Wang Jian	Professor	Forschungsinstitut für Geophysik des chinesischen Erdbebenamts

26. November 2016

Der gebührende Platz von Zhang Heng in der Weltgeschichte von Wissenschaft und Technologie

Hu Ningsheng
Einheit: Entwicklungszentrum des früheren Werks für astronomische Geräte Nanjing der Academia Sinica
Adresse: Nanjing, Huayuan Rd. 6, 210042
Privatadresse: Nanjing, Tongwei Rd. 19-02-103, 210012

Zusammenfassung

Anhand der Tatsache des erfolgreichen experimentellen Nachweises, dass Zhang Heng in seinem Seismometer eine stehende Säule verwendet hatte, lässt sich bestätigen, dass die Höhe von Zhang Hengs wissenschaftlich-technischem Niveau einen Grad erreicht hatte, dem Wissenschaftler verschiedener Länder, die mit dem Wissen der modernen Mechanik bewaffnet sind und durch fortschrittliche Technologien unterstützt werden, nach 1.800 Jahren noch hinterher hinken. Deshalb schlägt der Autor vor, dass unter den Wissenschaftlern des Altertums derjenige mit dem höchsten Niveau in Wissenschaft und Technologie Zheng Heng aus China ist, während der mit dem größten Erfolg in Wissenschaft und Technologie Archimedes aus Griechenland ist.
Schlüsselwörter: Zhang Heng, Zhang Hengs Seismometer, Schwingungsprüfung mit stehender Säule, Archimedes

1. Einleitung

Das Zeitalter der Weltgeschichte von Wissenschaft und Technologie des Altertums verweist auf einen Zeitraum von mehreren Hundert Jahren vor und nach der Zeitenwende von vor 2.000 Jahren. In den mehr als Tausend Jahren danach verzeichneten Wissenschaft und Technologie der Welt fast keinen bedeutenden Fortschritt. Bis etwa im 15. Jahrhundert in Europa die Renaissance begann, ereignete sich in Wissenschaft und Technologie folglich ein revolutionärer Fortschritt, und nacheinander traten große Wissenschaftler wie Kopernikus, Galilei, Newton und Darwin auf den Plan. Danach erschienen ununterbrochen große Wissenschaftler wie Maxwell, Edison, Einstein, Hawking und andere. Wissenschaftler des Altertums, die sich des größten Ansehens erfreuten, waren Archimedes und Ptolemäus. In diesem Aufsatz werden Zhang Heng und Archimedes miteinander verglichen.

2. Zhang Hengs Erfolge in Wissenschaft und Technologie

Zhang Heng (78–139) war außerordentlich gelehrt und vielseitig talentiert. Er war ein Universalgenie, das sowohl in Wissenschaft und Technologie als auch in der Literatur begabt war, wie man es in der Weltgeschichte von Wissenschaft und Technologie selten erlebt. Auf dem Gebiet seiner Erfolge in Wissenschaft und Technologie hatte Zhang Heng das astronomische Werk „Die geistige Verfassung des Universums" (Ling Xian) verfasst. Darin war ihm schon bekannt, dass der Mond das Licht der Sonne reflektiert. Er hatte auch seine eigene Ansicht über Himmel und Erde. Weiter schuf er eine relativ präzise, hydraulisch angetriebene Armillarsphäre, die die Himmelserscheinungen demonstrierte. Zhang Heng leistete auch Beiträge zur Mathematik und Geografie. In Wissenschaft, Philosophie und Literatur verfasste er insgesamt 32 Werke. Unter den literarischen Werken sind das „Poem über die östliche Hauptstadt" (Dong Jing Fu) und das „Poem über die westliche Hauptstadt" (Xi Jing Fu) die berühmtesten. Auf dem Gebiet der Präzisionsmechanik war Zhang Heng besonders beschlagen. Er schuf ein Seismometer, einen Südzeigewagen, einen automatischen Li-Anzeige-Trommelwagen und die erwähnte hydraulisch angetriebene Armillarsphäre. Es ist wert, darauf hinzuweisen, dass in der Literatur ein von Zhang Heng geschaffener Holzvogel erwähnt wird, der mehrere Li weit fliegen konnte. Wenn das wahr ist, dann ist Zhang Heng der Vater des Flugwesens in der Welt. Der Autor meint, dass Zhang Heng mit leichten Holzteilen und Seidenstoff ein kleines Segelflugzeug gebaut hatte. Dieses antriebslose Segelflugzeug konnte mit einem Drachen in große Höhen aufsteigen (oder von einer Felswand losfliegen). So ist es möglich, dass, wenn das Segelflugzeug auf eine aufsteigende Luftströmung trifft, es wie ein Adler mehrere Li weit gleiten kann.

Der berühmte chinesische Literat und Historiker des 20. Jahrhunderts Guo Moruo[112] hatte Zhang Heng so beurteilt: „Eine derart allseitig entwickelte Persönlichkeit trifft man auch in der Geschichte der Welt selten an. In allen Ländern und allen Zeiten muss man ihn bewundern."

Besonders über Zhang Hengs Seismometer, das durch die Geschichte dahingetrieben war, aber in den letzten Jahren am besten Zhang Hengs wissenschaftlich-technisches Niveau repräsentieren kann, lege ich Folgendes dar: Nachdem Zhang Heng im Jahre 132 das Seismometer angefertigt hatte, arbeitete er mehrere Jahre in der damaligen Hauptstadt Luoyang, aber bis er im Jahre 139 starb, wusste man nichts über den Verbleib des Geräts. Sehr wahrscheinlich wurde das außer Dienst gestellte Seismometer eingeschmolzen, um aus ihm Kupfermünzen herzustellen.

Erst im Jahre 1886 tauchte Zhang Hengs Seismometer in dem von dem Engländer John Milne geschriebenen Buch „Erdbeben und andere Bewegungen der Erde" (Earthquakes and other Earth movements) wieder auf. (1) Danach wurden Seismologen im internationalen Rahmen auf Zhang Hengs Seismometer aufmerksam. Milne meinte nach der Aufzeichnung über Zhang Hengs Seismometer im „Hou Han Shu · Biografie von Zhang Heng" entsprechend der Erwähnung einer Säule, dass Zhang Hengs Seismometer mit einer stehenden Säule die Schwingungen geprüft hätte. Deshalb erprobte Milne mit einer stehenden Säule die empfindliche Schwingungsprüfung, erzielte aber schließlich keinen Erfolg. Milne meinte dann, dass nur eine hängende Säule in Zhang Hengs Seismometer zum Erfolg führen würde.

In der ersten Hälfte des 20. Jahrhunderts hatten in Japan viele Seismologen auch Versuche mit einer stehenden Säule zur empfindlichen Schwingungsprüfung unternommen, aber alle blieben erfolglos. Sie fanden, dass eine empfindliche stehende Säule im Wesentlichen nicht stehen bleibt, aber wenn eine nicht ausreichend empfindliche stehende Säule, die stehen bleibt, eine Schwingung erfährt, wird sie wahllos in eine beliebige Richtung fallen, das heißt, sie wird nicht in die Richtung der Schwingung fallen.

Der Japaner Sekino Takeshi schrieb einen Artikel, in dem er die Meinung vertrat, je schlanker die stehende Säule, desto empfindlicher ist sie, und wenn sie noch empfindlicher

---

[112] Guo Moruo (1892–1978) war ein berühmter Schriftsteller, Historiker und Politiker. Bald nach der Gründung der VR China wurde er Präsident der Academia Sinica. Er bekleidete zahlreiche andere Funktionen im Bereich von Kultur und Wissenschaft.

als ein Mensch sein sollte, dürfte der Durchmesser der stehenden Säule nur 1/1225 ihrer Höhe betragen. Wenn eine solche stehende Säule 2450 Millimeter hoch ist, dann beträgt ihr Durchmesser nur 2 Millimeter. Offensichtlich kann eine so schlanke hohe stehende Säule absolut nicht stehen bleiben. Danach hatten chinesische Forscher über das Seismometer auch diese Meinung vertreten und behauptet, dass man mit einer stehenden Säule theoretisch keine Schwingungsprüfung durchführen könne.

Nach Feng Ruis Artikel(2) erschienen ab 1969 im internationalen Rahmen mehrere Artikel, die Zhang Hengs Seismometer scharf kritisierten. Der österreichische Wissenschaftler Leopold Leeb hatte, nachdem er diese ausländischen Meinungen zusammengefasst hatte, in seinem auf Chinesisch verfassten Buch geschrieben, dass viele chinesische Bücher Zhang Hengs Seismometer preisen würden. Der Grund, dass es zu einem Vorbild und Symbol für die Schöpferkraft chinesischer Wissenschaftler werden konnte, war hauptsächlich, dass sein Seismometer als „Staatsschatz" und „nationale Kostbarkeit" angesehen wurde – und noch immer wird. Aber Zhang Hengs Seismometer war nicht von einer exakten Theorie begleitet. Deshalb symbolisiert das Seismometer vielmehr die Sehnsucht der Chinesen nach der Vergangenheit und vertritt nicht etwas Vollkommenes. Es ist eher ein klassischer Ausdruck der Besonderheiten der Stagnation der Wissenschaften in China.(3) Danach wurden im Internet Chinas zahlreiche Stimmen des Zweifels an Zhang Hengs Seismometer laut. Fang Zhouzi, der für die Entlarvung zahlreicher Schwindler bekannt ist, äußerte nicht nur einmal, wenn Zhang Hengs Schwingungsprüfung mit einer stehenden Säule selbst nach 1.800 Jahren von Wissenschaftlern, die mit der modernen Mechanik bewaffnet und mit moderner Technologie unterstützt sind, nicht realisiert werden konnte, hat dann Zhang Hengs Seismometer wirklich existiert?

In China haben sich mehrere Generationen von Menschen Zhang Hengs Seismometer zur Ehre angerechnet, und zudem ziert es auch das Wappen des chinesischen Erdbebenamts. Wenn das Seismometer international auf Zweifel stieß, wie könnte sich China da heraushalten? Daher gründete das Erdbebenamt im Jahre 2004 eine Forschungsgruppe zur wissenschaftlichen Rekonstruktion von Zhang Hengs Seismometer, an der neun Institute teilnahmen, die beweisen sollten, dass die Aufzeichnung im Hou Han Shu zutreffend ist. Aber die Arbeit dieser Gruppe erlitt ebenso wie die ausländischen Fachkollegen nach mehreren Jahren ein Scheitern der Experimente, und deshalb übernahmen sie die Meinung des Auslands, indem sie erklärte, dass man in Zhang Hengs Seismometer nicht mit einer stehenden Säule Schwingungen prüfen könnte. Danach konstruierte und baute diese Gruppe mehrere Seismometer von Zhang Heng nach dem Pendelprinzip(4) und lieferte viele Berichte an die Medien. Sie hatte auch an mehreren Stellen (wie im Museum für Wissenschaft und Technologie) lange Zeit ein Seismometer von Zhang Heng mit dem falschen Pendelprinzip ausgestellt. Eine gewisse Firma in China hatte noch verkündet, dass sie 1.000 kleine Seismometer von Zhang Heng mit dem Pendelprinzip herstellen und ins In- und Ausland liefern werde.

Aber ich hatte im Jahre 2013 theoretisch und experimentell bewiesen, dass die Verwendung einer stehenden Säule in Zhang Hengs Seismometer machbar ist, und im Jahre 2014 veröffentlichte ich das Buch „Das Geheimnis um Zhang Hengs Seismometer".(5) Diese Tatsache fand in China jedoch keine Aufmerksamkeit. Zhang Hengs Seismometer wurde aus den Lehrbüchern der Mittelschule gestrichen, weil es zuvor in Zweifel gezogen wurde.

Außerdem wurde auch zugleich selbst das übrige Werk von Zhang Heng mit hineingezogen und gestrichen. Das Seismometer von Zhang Heng mit dem falschen Pendelprinzip wurde nach wie vor im Museum für Wissenschaft und Technologie ausgestellt. Damit die Korrektur der genannten Fehler eine Grundlage bekommt, veranstaltete die chinesische Gesellschaft für die Geschichte von Wissenschaft und Technologie im November 2016 im Hinblick auf die Korrektheit der Schwingungsprüfung mit einer stehenden Säule in Zhang Hengs Seismometer als Ausnahme eine Gutachtersitzung und hielt die Meinung der Experten fest, dass dieses Prinzip korrekt ist. So wurde der Ruhm von Zhang Hengs Seismometer wiederhergestellt. Mir wurde bewusst, dass, wenn ein Wissenschaftler mit einer stehenden Säule erfolgreich eine empfindliche Schwingungsprüfung durchführen will, er drei Hürden nehmen muss:

Die erste Hürde ist, dass man über die entscheidenden mechanischen Abläufe der Schwingungsprüfung mit einer stehenden Säule eine eingehende Analyse und Verständnis braucht. Dabei kann man sich aber nicht der Newtonschen Mechanik bedienen, weil sie zu Zhang Hengs Zeiten noch nicht existierte. Die zweite Hürde ist, dass man fundierte Kenntnisse über Feinmechanik benötigt. Nur so kann man eine regelrecht raffinierte Struktur für die Auflagefläche der stehenden Säule und ein Nivellierungsverfahren des Seismometers entwerfen. Die dritte Hürde ist, dass man die Herstellungstechnologien von Präzisionsgeräten beherrschen und über umfangreiche Techniken und Erfahrungen mit ausgezeichneten Justierverfahren verfügen muss. Sogar der Begründer der Seismologie, Milne, der ein sehr hohes wissenschaftlich-technisches Niveau besaß, konnte, selbst wenn er schon ein empfindliches Seismometer mit einem horizontalen Pendel zu erfinden vermochte, nur die erste Hürde nehmen, weil die technischen Anforderungen an eine Einrichtung für die Auflage der stehenden Säule höher als jene an ein horizontales Pendel sind. Unter den Wissenschaftlern verschiedener Länder, die nach Milne das Seismometer mit stehender Säule untersucht hatten, war, unhöflich gesprochen, kein einziger, der die Fähigkeit besessen hätte, die drei Hürden zu nehmen. So verwundert es nicht, dass sie erfolglos blieben.

Seit 1.800 Jahren gibt es auf der Welt nur Zhang Heng, der erfolgreich eine empfindliche Schwingungsprüfung mit einer stehenden Säule verwirklichen konnte. Darin waren sein tiefgründiger Blick beim Erfassen der Dinge, seine großartige Fähigkeit bei der Analyse und Schlussfolgerung und seine überragende Meisterschaft, schwierige technische Probleme zu lösen, verkörpert. Das ließ in der Tat Fang Zhouzi und andere über das Undenkbare erschrecken – Zhang Hengs wissenschaftlich-technisches Niveau hatte einen Grad erreicht, dem Wissenschaftler verschiedener Länder auch nach 1.800 Jahren hinterher hinken.

In der Weltgeschichte von Wissenschaft und Technologie scheint man über 1.800 Jahre kein Beispiel für eine Persönlichkeit zu finden, die wie Zhang Heng erfolgreich die Schwingungsprüfung mit einer stehenden Säule beherrschte. Selbst Einsteins höchst gelehrte Relativitätstheorie können auf der Welt noch ein paar Menschen verstehen – als die Relativitätstheorie gerade herausgekommen war, erzählte man sich, dass sie nur 3 ½ Menschen verstünden! Darum ist die Schlussfolgerung des Autors: In der Entwicklungsgeschichte von Wissenschaft und Technologie der gesamten Menschheit ist Zhang Heng derjenige mit dem höchsten Niveau von Wissenschaft und Technologie, während derjenige, der die größten wissenschaftlich-technischen Erfolge erzielte, der Wissenschaftler Archimedes (circa 287 – 212 v. Chr.) aus dem alten Griechenland ist.

Archimedes war ein griechischer Mathematiker, Physiker und Ingenieur. Er wurde in Syrakus geboren und war hier auch tätig. Einmal unternahm er eine Reise nach Alexandria und machte dort die Bekanntschaft von Mathematikern, mit denen er später auch weiter korrespondierte. Seine erhaltenen Schriften behandelten vor allem mathematische und physikalische Probleme. So bewies er zum Beispiel, dass sich der Umfang eines Kreises zu seinem Durchmesser wie die Fläche des Kreises zum Quadrat seines Radius' verhält. Obwohl er das Verhältnis U/d noch nicht π genannt hatte, gab er aber ein Verfahren an, es mit beliebiger Genauigkeit anzunähern. Dieses Verfahren stellt vermutlich das älteste numerische Verfahren dar. Mit seinen Ideen zur Flächenberechnung der Parabel nahm Archimedes Grundzüge der späteren Integralrechnung vorweg. Er entwickelte ein stellenwertbasiertes Zahlensystem mit der Basis 10^8, um große Zahlen darzustellen – zu Zeiten, als schon eine Zahl 10.000 als unendlich groß angesehen wurde. Er benötigte derart große Zahlen, um die Zahl der Sandkörner auf der Erde zu berechnen, und mit wie viel Sandkörnern man das Universum auffüllen könnte (das er sich als Kugel von der Größe unseres Sonnensystems vorstellte). Als mathematische Kurve geht auf ihn die archimedische Spirale zurück, die auch heute in der Technik angewendet wird.

In der Physik formulierte Archimedes das Hebelgesetz. Von ihm stammt zudem der berühmte Ausspruch: „Gebt mir einen festen Punkt, und ich hebe die Welt aus den Angeln." Die bekannteste seiner physikalischen Entdeckungen ist wohl das archimedische Prinzip. Es besagt, dass der statische Auftrieb eines Körpers genauso groß wie die Gewichtskraft des von ihm verdrängten Mediums ist. Der Ausgangspunkt dieser Entdeckung war, dass er prüfen sollte, ob eine Krone, die der Herrscher Hieron II. herstellen ließ, aus reinem Gold wäre, ohne sie zu zerstören. Nach einer überlieferten Anekdote, soll er dieses Prinzip gefunden haben, als er in eine Badewanne stieg. In seiner freudigen Erregung soll er nackt auf die Straße gerannt sein und „Heureka!" (Ich habe es gefunden!) gerufen haben. Das archimedische Prinzip ist nicht nur für die Dichtebestimmung, sondern vor allem für die Beurteilung schwimmender Körper bedeutsam. Er fand auch das Prinzip der kommunizierenden Röhren.

In der Technik erwies sich Archimedes bei der Erfindung und Kombination verschiedener Maschinenelemente, wie Schrauben, Flaschenzüge und Zahnräder als ein höchst kreativer Ingenieur. Für die Verteidigung von Syrakus gegen die Angriffe des römischen Heers erfand er eine Wurfmaschine und andere Maschinen, über deren Wirkungsweise nichts Näheres bekannt ist. Von ihm stammt die archimedische Schraube, mit der man Wasser fördern kann. Wahrscheinlich wurde sie damals zum Pumpen von Wasser aus einem Schiffskörper und später zur Bewässerung von Feldern eingesetzt. Heutzutage wird sie auch in Form eines Schneckenförderers für Schüttgut angewendet. Weiterhin erwähnt Cicero mechanische Planetarien, die Archimedes gebaut haben soll.

Das Werk des Archimedes ist im Mittelalter über Byzanz, wo seine Schriften vom 6. bis zum 10. Jahrhundert gesammelt wurden, nach Europa gelangt und ins Lateinische übersetzt worden. Es sollte darauf hingewiesen werden, dass in jüngster Zeit zu zwei wissenschaftlich-technischen Leistungen von Archimedes Zweifel geäußert wurden: Die eine ist die Überlieferung, Archimedes hätte einen Kran gebaut, mit dem er ein ganzes feindliches Schiff hochheben und dann fallen lassen konnte, sodass es zerbrach. Eine Analyse zeigte jedoch, dass man zu Archimedes Zeiten noch keinen großen Kran aus Metall herstellen konnte. Es war aber unmöglich, einen so großen Kran aus Holz zu bauen. Zudem konnte Menschen- oder Tierkraft als Antrieb dieses großen Krans das nicht bewältigen. Hätten die feindlichen Soldaten es außerdem zugelassen, dass ihr Schiff verschnürt wird? In der Tat hätte es gereicht, in den Schiffsboden ein Leck zu schlagen, wenn man ein Schiff zerstören wollte. Man musste dafür also gar nicht unnötig viele Menschen einsetzen, um ein Schiff zu zerstören. Der zweite Zweifel betrifft ein repräsentatives Werk für die Höhe des wissenschaftlich-technischen Niveaus von Archimedes. Er soll nämlich einst allen Frauen, Kindern und Alten der Stadt befohlen haben, ihre Bronzespiegel von zu Hause mitzubringen. Danach sollten alle zusammen das Sonnenlicht mit den Spiegeln auf das Leitschiff des Feindes richten. Im Ergebnis fing das feindliche Schiff durch das Sonnenlicht Feuer, sodass die Schiffsbesatzung Hals über Kopf das Weite suchte. Danach soll der römische Heerführer Marcellus[113] mit einem bitteren Lächeln erklärt haben, dass die vielen Männer auf den Schiffen mit dem einen Archimedes gekämpft, aber gegen dessen Weisheit verloren hätten. Allerdings fand ich, nachdem ich den Vorgang im Jahre 2015 analysiert und berechnet hatte, dass der Fall des Inbrandsetzens eines Schiffes nicht möglich war. Selbst wenn man mehrere Hundert moderne ebene Spiegel mit einem höheren Reflexionsgrad benutzen und das Sonnenlicht auf einen Punkt konzentrieren würde, könnte die Temperatur nicht den Flammpunkt von Holz oder Segelleinen erreichen(6). Danach hatte ich recherchiert, dass in einem amerikanischen Fernsehprogramm „Das Gerücht des Terminators" im Discovery Channel berichtet wurde, dass in Amerika schon mehrmals Versuche durchgeführt wurden, mit vielen Spiegeln Holzbretter zu entzünden, es jedoch nie funktioniert hatte. Deshalb ist es gewiss, dass die 2.000 Jahre überlieferte Geschichte, Archimedes hätte mit Spiegeln ein feindliches Schiff in Brand gesetzt, eine reine Erfindung von Nachfahren ist. Diese Geschichte übte zweifellos für das wissenschaftlich-technische Niveau von Archimedes einen ungünstigen Einfluss aus. Noch dramatischer ist, dass für das Seismometer des ursprünglich herabgesetzten Zhang Heng die Höhe seines wissenschaftlich-technischen Niveaus bewiesen wurde, und ihm noch nach 1.800 Jahren Wissenschaftler verschiedener Länder kaum das Wasser reichen können. Deshalb erklärt der Autor sein Urteil, dass Zhang Heng die Persönlichkeit mit dem höchsten wissenschaftlich-technischen Niveau des Altertums ist, als völlig zutreffend.

Literatur

(1) John Milne: Earthquakes and Other Earth Movements, D. Appleton and Company, 1886, New York
(2) Feng Rui u. a.: Zhang Heng houfeng didongyi de yuanli fuyuan yanjiu (Untersuchungen zur Rekonstruktion des Prinzips von Zhang Hengs Seismometer), Zhongguo dizhen, 2003, Bd. 19, H.4, 358-376
(3) Leopold Leeb: Zhang Heng, kexue yu zongjiao (Zhang Heng, Wissenschaft und Religion), Shehui kexue wenxian chubanshe, 2000, 251-252

---

[113] Der römische Feldherr Marcus Claudius Marcellus (um 268–208 v. Chr.) belagerte um das Jahr 214 v. Chr. Syrakus, scheiterte aber vorerst aufgrund des Geschicks von Archimedes.

(4) Feng Rui u. a.: Zhang Heng didongyi de kexue fuyuan (Wissenschaftliche Rekonstruktion von Zhang Hengs Seismometer), Ziran kexueshi yanjiu, 2006, Bd. 25, erweitertes Heft
(5) Hu Ningsheng: Zhang Heng didongyi de aomi (Das Geheimnis um Zhang Hengs Seismometer), Nanjing daxue chubanshe, 2014
(6) Hu Ningsheng: Quwei lixue xianxiang (Interessante Phänomene der Mechanik), Jiangsu fenghuang jiaoyu chubanshe, 2017, 300

Ein Vorschlag zur Propagierung von Zhang Hengs Seismometer, um den Ruhm der Erfolge von Wissenschaft und Technologie in Chinas Altertum zu mehren

Vorstellung des Hintergrunds

Jedermann in China weiß, dass Zhang Heng in der Östlichen Han-Dynastie ein Seismometer geschaffen hatte. Generationen chinesischer Schüler wissen aus den Lehrbüchern, dass Zhang Heng während der Östlichen Han-Dynastie ein Seismometer erfunden hatte. Sein Seismometer wurde als ein Vorbild einer großen wissenschaftlich-technischen Erfindung Chinas angesehen, und die Chinesen haben sie sich lange Zeit zur Ehre angerechnet und als einen Staatsschatz gewürdigt. Es wurde nicht nur auf Briefmarken gedruckt, sondern diente dem Nationalen Erdbebenamt auch als Wappen. Zhang Hengs Seismometer wurde seit mehr als 100 Jahren in der Gelehrtenwelt des Westens auch immer als „chinesisches Schwingungsprüfgerät" bezeichnet, es wurde untersucht und hochgeschätzt. Sein rekonstruiertes Modell und amerikanischer Mondstaub stellen Symbole für den Fortschritt der Menschheit dar, und sie sind in der Zentrale der Weltorganisation für geistiges Eigentum ausgestellt, damit die Menschen sie bewundern können.

Es ist bedauerlich, dass dieses so einflussreiche Seismometer vor mehr als 1.700 Jahren auf geheimnisvolle Weise verloren ging. Seither wurden Zhang Hengs Modell und das Arbeitsprinzip zu einem tausendjährigen Rätsel. Hinsichtlich der historischen Materialien über das Seismometer ist das berühmteste die Aufzeichnung im „Hou Han Shu · Biografie von Zhang Heng". Der Text umfasst nur 196 Schriftzeichen. Darin muss hinsichtlich der Beschreibung des inneren Aufbaus, wo es heißt, „in der Mitte befindet sich eine Säule" diese Säule unter dem Aspekt der historischen Materialien eine stehende Säule sein. In den letzten Jahren erfuhr Zhang Hengs Seismometer die Aufmerksamkeit von Seismologen vieler Länder. Ab 1969 erschienen in wissenschaftlichen Zeitschriften des Auslands nacheinander scharf formulierte Zweifel und Kritiken an der Version, dass für die Schwingungsprüfung in Zhang Hengs Seismometer eine stehende Säule benutzt wurde. Der Grund war, dass die Wissenschaftler verschiedener Länder in den letzten 130 Jahren mit einer stehenden Säule keine erfolgreiche Schwingungsprüfung realisieren konnten. Sie fanden, dass man im Wesentlichen nicht in der Lage war, eine empfindliche stehende Säule aufzustellen. Aber eine weniger empfindliche stehende Säule, die stehen konnte, fiel nach einer leichten Erschütterung wahllos in eine beliebige Richtung, das heißt, die stehende

Säule fiel nicht in die Richtung der Schwingung. Daraufhin meinten Wissenschaftler verschiedener Länder übereinstimmend, es wäre unmöglich, mit einer stehenden Säule eine Schwingung empfindlich zu prüfen. Deshalb folgerten sie, Zhang Hengs Seismometer wäre eine chinesische Fälschung. Der österreichische Wissenschaftler Leopold Leeb schrieb in seinem Buch, nachdem er diese Ansichten des Auslands zusammengefasst hatte, dass viele chinesische Büchern Zhang Hengs Seismometer preisen würden. Der Grund, dass es zu einem Muster und einem Symbol für die Schöpferkraft der Wissenschaften in China werden konnte, ist hauptsächlich, dass sein Seismometer als „Schatz des Landes" und „nationales Kulturgut" angesehen wird. Aber Zhang Hengs Seismometer wurde nicht von einer exakten Theorie begleitet. Deshalb symbolisiert das Seismometer vielmehr das Träumen der Chinesen von der Vergangenheit, aber repräsentiert nicht eine vollkommene Erscheinung. Es ist eher ein klassischer Ausdruck für die Besonderheiten der Stagnation der Wissenschaften in China.

Danach erschienen im chinesischen Internet zahlreiche Stimmen des Zweifels an Zhang Hengs Seismometer. Fang Zhouzi, der in China für die Entlarvung zahlreicher Schwindler bekannt ist, äußerte: Wenn Zhang Hengs Schwingungsprüfung mit einer stehenden Säule selbst nach 1.800 Jahren durch Wissenschaftler, die mit moderner Mechanik bewaffnet und durch moderne Technik unterstützt sind, nicht realisiert werden konnte, stellt sich doch die Frage, ob Zhang Hengs Seismometer wirklich existiert hatte?

Um die historische Echtheit des Seismometers von Zhang Hengs Erfindung zu bestätigen, führten einige Experten Untersuchungen durch. Innerhalb der historischen Aufzeichnungen ist die Beschreibung im Hou Han Shu keine isolierte Erwähnung, und archäologische Ergebnisse lieferten indirekte Beweise. Das Erdbeben in Longxi, das mit dem in der alten Chronik beschriebenen Seismometer beobachtet wurde, hatte tatsächlich stattgefunden. Über in Vergessenheit geratene gesellschaftliche Hintergründe wurde ein Quellenstudium betrieben, aus dem sich schlussfolgern lässt, dass die Aufzeichnung in den historischen Materialien der Wahrheit entspricht. Aber der springende Punkt, um die Menschen zu überzeugen, bleibt immer noch, einen Beweis nach wissenschaftlichen Prinzipien und mit einem Experiment anzutreten.

Das Nationale Erdbebenamt gründete im Jahre 2004 eine Forschungsgruppe zur wissenschaftlichen Rekonstruktion von Zhang Hengs Seismometer, an der neun Institute teilnahmen, die versuchen sollte zu beweisen, dass die Aufzeichnung im Hou Han Shu zutrifft. Aber diese Gruppe scheiterte nach mehreren Jahren ebenso wie die ausländischen Fachkollegen bei den Experimenten, und deshalb übernahmen sie die Meinung des Auslands, dass man in Zhang Hengs Seismometer nur mit einer pendelnden Säule erfolgreich Schwingungen prüfen könnte. Man entwickelte ein Seismometer von Zhang Heng nach dem Pendelprinzip. Das Erdbebenamt führte über Zhang Hengs Seismometer nach dem Pendelprinzip eine Begutachtung durch, und über diesen Erfolg wurde in den Medien Chinas in großem Stil berichtet (fast tausend Mal!), sodass Zhang Hengs Seismometer nach dem Pendelprinzip in mehreren Museen und im Museum für Wissenschaft und Technologie ausgestellt wurde. Aber wenn diese Gruppe über das eigene Ergebnis berichtete, hatte sie klugerweise immer einige Dinge offen gelassen. Der Leiter der Gruppe verwies darauf, dass die nach dem Pendelprinzip geprüften Schwingungen offensichtlich nicht mit den historischen Aufzeichnungen übereinstimmten. Aber wenn selbst 1.800 Jahre nach Zhang

Heng alle Wissenschaftler in China und im Ausland, die über die moderne Mechanik verfügten und durch moderne Technologie unterstützt wurden, eine Schwingungsprüfung mit stehender Säule nicht verwirklichen konnten, dann konnte man nicht umhin, an der Echtheit der Schwingungsprüfung mit stehender Säule zu zweifeln. Das von dieser Gruppe rekonstruierte Seismometer verkörperte nur das gegenwärtige Niveau. Es wurde also gehofft, dass es künftig wirklich jemanden geben würde, der mit einer stehenden Säule erfolgreich Schwingungen prüft.

Weil das Prinzip von Zhang Hengs Seismometer unablässig von der Seismologie bezweifelt und verneint wurde, gehörte entsprechend dem Programm im Erziehungswesen, nachdem im Herbst des Jahres 2010 die Erziehungsreform gestartet wurde, „Zhang Hengs Seismometer" schon nicht mehr zum Inhalt der Geschichtslehrbücher, sodass in den Geschichtslehrbüchern des Volkserziehungsverlags Chinas der Inhalt von „Zhang Hengs Seismometer" gestrichen wurde. Ab 2016 wurde aus den Lehrbüchern der 7. Klasse der Mittelschule sogar die Vorstellung der Persönlichkeit Zhang Hengs vollständig herausgenommen. Auch die Organisation für geistiges Eigentum der Vereinten Nationen hatte das aus Cloisonné angefertigte, in den Achtzigerjahren von der chinesischen Regierung geschenkte Seismometer von Zhang Heng entfernt, sodass nur das amerikanische Mondgestein in der Ausstellung verblieb.

Der entscheidende wissenschaftliche Beleg zum Beweis der historischen Echtheit des Seismometers ist schon erbracht

Im Jahr 2013 hatte der pensionierte Seniorforscher Hu Ningsheng, der 20 Jahre lang im ehemaligen Entwicklungszentrum für astronomische Geräte Nanjing der Academia Sinica tätig war, die Schwingungsprüfung mit einer stehenden Säule erfolgreich verwirklicht. Hu Ningsheng, der früher Direktor des Werks für astronomische Geräte Nanjing war, ist ein berühmter Experte für astronomische Geräte und Präzisionsmechanik. Gestützt auf seine eigenen langjährigen Erfahrungen mit Präzisionsmechanik hatte er durch eine umfassende Analyse der Mechanik und Versuche bewiesen, dass Zhang Hengs Schwingungsprüfung mit einer stehenden Säule vollkommen korrekt und machbar war. Im Jahr 2014 veröffentlichte er das Buch „Das Geheimnis um Zhang Hengs Seismometer", in dem sich der ausführliche mechanische Beweis befindet.

Im November 2013 beriefen das Forschungsinstitut für Geschichte der Naturwissenschaften und das Akademieinstitut für astrooptische Technologien Nanjing gemeinsam eine wissenschaftliche Konferenz über die Rekonstruktion von Zhang Hengs Seismometer ein. Die an der Konferenz teilnehmenden Experten waren übereinstimmend der Meinung, dass das von Professor Hu Ningsheng vorgeschlagene Prinzip der Schwingungsprüfung mit einer stehenden Säule korrekt und der von ihm demonstrierte Versuch erfolgreich war. Im November 2016 rief die chinesische Gesellschaft für die Geschichte von Wissenschaft und Technologie einschlägige Experten aus zehn Institutionen in Nanjing zu einer Konferenz zur wissenschaftlichen Begutachtung der Forschung des Autors über die Rekonstruktion des Seismometers und der Versuchsergebnisse zusammen. Die Expertengruppe erkannte übereinstimmend an, dass die Säule im Seismometer vom Typ der stehenden Säule sein musste, aber keine hängende Säule sein konnte. Das zeigte, dass die Aufzeichnung im „Hou Han Shu" zuverlässig ist. Dieses Ergebnis wurde von der chinesischen Gesellschaft für die Geschichte von Wissenschaft und Technologie in Form eines offiziellen Gutachtens herausgegeben.

Die große Bedeutung der Propagierung von Zhang Hengs Seismometer

1. Stärkung des Selbstbewusstseins des chinesischen Volkes. Zhang Hengs Seismometer löst nicht nur wissenschaftliche Fragen aus, sondern seine Geschichte hat mehrere Generationen von Chinesen angespornt und erzogen, aktiv für das Hochhalten des Geistes der Wissenschaft zu wirken.
2. Zhang Heng war ein großer Astronom, Mathematiker, Erfinder, Geograph, Kartograph, Literat und Gelehrter Chinas während der Östlichen Han-Dynastie. Er hatte für die Entwicklung der Astronomie, der Maschinentechnik und der Seismologie unauslöschliche Beiträge geleistet. Außer dem Seismometer ist Zhang Heng einer der Repräsentanten der Theorie des sphärischen Himmels. Er verwies darauf, dass der Mond kein eigenes Licht ausstrahlte, sondern dass das Mondlicht das von der Sonne reflektierte Licht ist. Er hatte auch richtig die Ursache für Mondfinsternisse erklärt. Ferner wusste er von der Unendlichkeit des Kosmos und dass die schnelle und langsame Bewegung der Planeten von ihrer Entfernung von der Erde abhängt. Er hatte 2.500 Fixsterne beobachtet und registriert. Er schuf die erste hydraulisch angetriebene Armillarsphäre auf der Welt, die relativ genau Himmelserscheinungen darstellen konnte. Weiter schuf er einen Südzeigewagen, einen automatischen Li-Anzeige-Trommelwagen, einen hölzernen Vogel, der mehrere Li weit fliegen konnte, und vieles mehr. Er hat insgesamt 32 Werke über Wissenschaft, Philosophie und Literatur verfasst. Zum Andenken an Zhang Hengs Leistungen hat man einen Krater auf der Rückseite des Mondes übrigens „Zhang Heng-Krater" genannt, und der kleine Planet 1802 erhielt den Namen „Zhang Heng-Stern".

Konkrete Vorschläge zur Propagierung von Zhang Hengs Seismometer

Indem wir das Obige zusammenfassen, schlagen wir vor:
1. Verstärkung der Propagierung von Zhang Hengs Seismometer. Aufgrund der großen wissenschaftlichen und historischen Bedeutung von Zhang Hengs Seismometer hatte es, als es zuvor auf Zweifel stieß, die allgemeine Aufmerksamkeit und Diskussionen im ganzen Land und sogar in der Wissenschaftswelt des Westens erregt. Deshalb müssen die staatlichen Organe der Propaganda wirksame Maßnahmen treffen, um sich zu bemühen, die dadurch verursachten negativen Einflüsse zu beseitigen. Man sollte auch erwägen, ob man einen Preis für die beste Berichterstattung über Zhang Hengs Seismometer stiften sollte, um dieses Vorhaben zu fördern.
2. Das Erziehungsministerium wird gebeten, die Mittelschullehrbücher zu korrigieren. In den Lehrbüchern ist auf die Wissenschaftlichkeit von Zhang Hengs Seismometer

hinzuweisen. Die Inhalte, die nicht gestrichen werden sollten, sind als korrekter Inhalt darzustellen, und erneut ist der großen Persönlichkeit von Zhang Heng der ihr gebührende Platz in Wissenschaft und Geschichte einzuräumen.
3. Die Chinesische Gesellschaft für Wissenschaft und Technologie wird gebeten, das Modell von Zhang Hengs Seismometer nach dem Pendelprinzip, von dem bewiesen wurde, dass es falsch ist, nicht mehr auszustellen, und einheitlich Zhang Hengs Seismometer mit einer stehenden Säule zu finanzieren, anzufertigen und auszustellen, und es an die lokalen Museen für Wissenschaft und Technologie zu verteilen. So soll das wahre Bild der Geschichte wiederhergestellt werden.
4. In Bezug auf den Fall, dass die Organisation für Geistiges Eigentum der Vereinten Nationen das von der chinesischen Regierung geschenkte Seismometer von Zhang Heng aus Cloisonné aus ihrer Ausstellung genommen hatte, wird vorgeschlagen, dass unsere Regierung erneut ein Seismometer von Zhang Heng schenkt, das mit stehender Säule funktioniert.

Anlagen:
1. Expertenmeinung auf der Gutachtersitzung über die Forschung zum Prinzip der stehenden Säule in Zhang Hengs Seismometer und die Versuchsergebnisse
2. Der von Professor Hu Ningsheng gelieferte Beweis in der Mechanik

Versuch über die Ursache, warum Fahrräder nicht umfallen

Hinsichtlich der in diesem Buch erwähnten schwierigen Probleme im Weltmaßstab können einige mit einfachen Versuchen aufgeklärt werden. Zum Beispiel schadet es bezüglich des Fahrrads nichts, wenn folgender Versuch unternommen wird:
Zuerst werden wir den Lenker fixieren, sodass er sich nicht mehr drehen lässt. Hierfür verwenden wir zwei mehradrige Plasteschnüre, die das rechte und das linke äußere Ende des Lenkers fest mit der Sattelstütze verbinden (am besten nimmt man eine Wäscheleine, um die beiden Schnüre an den Enden des Lenkers in Form des Buchstabens „A" festzubinden). Dann steigt der Radfahrer auf das Rad und fährt mit mittlerer Geschwindigkeit, wobei er sich bemüht, das Rad durch Schwenken des Oberkörpers vor dem Umfallen zu bewahren. Im Allgemeinen braucht man nur wenige Sekunden, bis das Fahrrad zu der Person umfällt, die das Rad begleitet. Das beweist: Die Kreiselwirkung der Räder des Fahrrads und das Schwenken des Körpers können das Rad nicht vor dem Umfallen bewahren. Im Gegenteil, wenn man die Schnur durchschneidet und das Rad sich wieder frei drehen lässt, kann das Fahrrad ohne umzufallen normal fahren.

Mit einer stehenden Säule kann man tatsächlich Schwingungen prüfen

Weil es nicht einfach ist, eine geeignete stehende Säule für den Versuch zu finden, können wir den Versuch anstelle der stehenden Säule mit einer gewöhnlichen Trinkflasche durchführen.

Wir können eine volle Trinkflasche aus Plastik umgedreht auf ein Buch mit einem harten Deckel stellen, das auf einem Tisch liegt. Jetzt befindet sich der Schwerpunkt der Flasche innerhalb der Berührfläche des Flaschenverschlusses auf der Erde (auf dem Buch). Darum muss die Flasche stehen können, ohne umzufallen. Danach verschiebt eine Person das Buch mit beiden Händen mit mittlerer Geschwindigkeit etwa 2 Zentimeter nach vorn. Da der Flaschenverschluss mit dem Buch nach vorn verschoben wird, während der obere Teil des Flaschenkörpers infolge der Trägheit nicht nach vorn verschoben wird, fällt der Schwerpunktvektor der Flasche in den hinteren Rand des Bereichs des Flaschenverschlusses. Daraufhin fällt die Flasche in die Bewegungsrichtung des Buches. Das zeigt auch, dass die Fallrichtung der stehenden Säule in die Bewegungsrichtung der Erdbewegung weist.

Weil die Wissenschaftler bei ihren Versuchsergebnissen angegeben hatten, dass die stehende Säule, nachdem sie eine leichte Erschütterung erfahren hatte, in eine beliebige Richtung gefallen war, konnte im Verlaufe von 130 Jahren nicht einer die Ursache dafür erklären. Die gelehrte Ursache können Sie jetzt leicht finden. Das Verfahren ist folgendes: Sie können an eine Seite der Trinkflasche zehn, zwanzig Münzen (die in Papier eingewickelt sind) binden, sodass die Flasche ein einseitiges Gewicht hat. Dann bemühen Sie sich, die Flasche auf das Buch zu stellen. Jetzt stoßen Sie das Buch leicht nach vorn, aber die Flasche wird in die Richtung des einseitigen Gewichts fallen. Danach stellen Sie die Flasche mit dem einseitigen Gewicht in verschiedenen Richtungen auf das Buch. Wenn Sie das Buch leicht stoßen, wird die Flasche in die jeweilige Richtung fallen – es sieht so aus, als fiele sie in eine beliebige Richtung. Das Interessante ist, dass Wissenschaftler verschiedener Länder nicht die Ursache dafür finden konnten, dass die stehende Säule beliebig in verschiedene Richtungen gefallen war. So war es nicht verwunderlich, dass sie die Schwingungsprüfung mit der stehenden Säule nicht bestätigen konnten.

Über den Autor

Hu Ningsheng wurde im Oktober 1934 in seiner angestammten Heimat Shengzhou in der Provinz Zhejiang geboren. Im Juli 1949 trat er in die Volksbefreiungsarmee ein. Er studierte an der Universität für Militärpolitik Ostchinas. Später wechselte er in das erste Luftfahrtinstitut der Luftstreitkräfte und wurde dort Dozent.

Nachdem er im Jahr 1959 das Studium der Himmelskörpermessung an der Fakultät für mathematische Astronomie der Nanjing Universität abgeschlossen hatte, beschäftigte er sich in der (jetzigen) Gesellschaft für astronomische Geräte der Chinesischen Akademie der Wissenschaften bis zur Pensionierung mit der Entwicklung und Fertigung astronomischer Teleskope. Danach wurde er Direktor des Zivilisator-Entwicklungsinstituts in Nanjing. Ab dem Jahr 2014 begann er, populärwissenschaftliche Bücher zu verfassen. Er hat die beiden Bücher „Das Geheimnis um Zhang Hengs Seismometer" und „Interessante Phänomene der Mechanik" veröffentlicht.

Hu Ningsheng erhielt einen Preis erster Klasse für wissenschaftlich-technischen Fortschritt der chinesischen Akademie der Wissenschaften, zweimal den Preis für wichtige wissenschaftlich-technische Errungenschaften der chinesischen Akademie der Wissenschaften und den Staatspreis zweiter Klasse für wissenschaftlich-technischen Fortschritt. Außerdem wurde der Autor mit einer von der Nationalen Wissenschaftskonferenz herausgegebenen Urkunde als hervorragender Wissenschaftler für bedeutende geleistete Beiträge in Wissenschaft und Technologie ausgezeichnet.

Im Artikel über die Kulturrevolution in Wikipedia sind 21 im ganzen Land erzielte Ergebnisse aus Wissenschaft und Technik und im Aufbau aufgeführt, die u. a. den ersten Satelliten, die erste Wasserstoffbombe und Hybrid-Wasserreis beinhalten. Darunter ist als 14. Ergebnis ein fotoelektrisches Astrolab für die astronomische Zeitmessung und die Breitengradmessung genannt. Der Leiter der Entwicklungsgruppe war der Autor dieses Buches.

Die Deutsche Nationalbibliothek verzeichnet diese Publikation in der Deutschen Nationalbibliografie; detaillierte bibliografische Daten sind im Internet über http://dnb.dnb.de abrufbar.

Impressum

© Fachverlag NW in der Carl Ed. Schünemann KG, Bremen
www.schuenemann-verlag.de

1. Auflage 2018

Nachdruck sowie jede Form der elektronischen Nutzung – auch auszugsweise –
nur mit Genehmigung des Verlages.

Satz und Buchgestaltung: Carl Ed. Schünemann KG
Bearbeitung der Illustrationen: B. Wysfeld

Printed in EU 2018

ISBN 978-3-95606-414-2